抖音小店

一本通

开店+装修+推广+运营

陈达远◎编著

中国铁道出版社有限公司
CHINA RAILWAY PUBLISHING HOUSE CO., LTD.

图书在版编目（CIP）数据

抖音小店一本通：开店+装修+推广+运营/陈达远编著.—北京：
中国铁道出版社有限公司，2022.7（2025.4 重印）

ISBN 978-7-113-29066-5

Ⅰ.①抖… Ⅱ.①陈… Ⅲ.①网络营销 Ⅳ.①F713.365.2

中国版本图书馆CIP数据核字（2022）第065675号

书　　名：抖音小店一本通：开店 + 装修 + 推广 + 运营
　　　　　DOUYIN XIAODIAN YIBENTONG：KAIDIAN+ZHUANGXIU+TUIGUANG+YUNYING
作　　者：陈达远

责任编辑：张亚慧　　编辑部电话：（010）51873035　　电子邮箱：lampard@vip.163.com
编辑助理：张秀文
封面设计：宿　萌
责任校对：苗　丹
责任印制：赵星辰

出版发行：中国铁道出版社有限公司（100054, 北京市西城区右安门西街 8 号）
印　　刷：三河市宏盛印务有限公司
版　　次：2022 年 7 月第 1 版　2025 年 4 月第 6 次印刷
开　　本：710 mm×1 000 mm 1/16　印张：15　字数：252 千
书　　号：ISBN 978-7-113-29066-5
定　　价：69.00 元

近年来，线上购物呈快速增长的态势，越来越多的人开始通过线上进行购物。除了淘宝、京东和拼多多等电商平台之外，各短视频平台也成为很多用户的主要购物渠道。而抖音又是近年来发展得比较好的短视频平台之一，因此，很多人养成了看抖音短视频和直播购物的习惯。

因为在抖音平台中商家和运营者要想通过短视频和直播销售商品，需要先通过"抖音精选联盟"将商品添加到账号橱窗中，而抖音小店与"抖音精选联盟"又是强关联的，商家可通过抖音小店的后台直接将商品上传至"抖音精选联盟"中，所以，许多商家都开通了自己的抖音小店。

抖音小店覆盖服饰鞋包、珠宝文玩、美妆、3C 家电、个护家清、母婴和智能家居等多个品类，大部分线下有实体店或者运营网店的商家，都可以注册和自己业务范围一致的小店。

虽然许多商家都觉得开一个抖音小店很有必要，但是他们连如何开店都不知道，更不用说如何进行店铺装修、推广和运营。为了帮助大家更好地玩转抖音小店，笔者结合个人实战经验推出了本书。本书通过 12 章内容、130 多个干货技巧，对抖音小店的干货内容进行解读。读者只需读懂并运用书中的知识，即可快速学会开设抖音小店的流程。

本书讲解得比较详细，很多运营技巧甚至展示了具体的操作步骤。所以，即便是不了解抖音小店的读者，也能快速读懂本书，并运用书中的知识掌握相关技巧。

需要特别提醒的是，在编写本书时，笔者是基于当前各平台和软件截取的实际操作图片，但书从写作到出版需要一段时间，在这段时间里，软件界面与功能也许会有调整和变化，比如，有的内容删除了，有的内容增加了，这是软件开发商做的更新，请在阅读时，根据书中的思路，举一反三，进行学习。

本书由陈达远编著，由于知识水平所限，书中难免有错误和疏漏之处，恳请广大读者批评、指正。

编　者

2022 年 3 月

目　录

目录

目录

第**1**章

入驻开店：
快速开通属于
你的抖音小店

商家和运营者要想运营一个抖音小店，需要先完成入驻开店的相关工作，获得属于自己的店铺。本章讲解入驻开店的相关知识，帮助大家快速开通属于自己的抖音小店。

1.1 抖音小店的电脑端入驻流程

商家和运营者可通过电脑端入驻抖音小店，开一家属于自己的店铺。本节介绍抖音小店的电脑端入驻流程。

1.1.1 第1步：查看入驻资料

在正式入驻之前，商家和运营者需要先查看入驻资料，并根据自身要入驻的账号类型准备好资料。下面介绍抖音小店入驻资料的查看方法。

▶▶ 步骤1 进入抖店官网的"首页"，向上滑动页面，❶单击页面中的"入驻材料与费用"按钮，即可看到"入驻材料与费用"板块；❷在该板块中选择开店主体和店铺类型；❸单击下方的"查询"按钮，如图1-1所示。

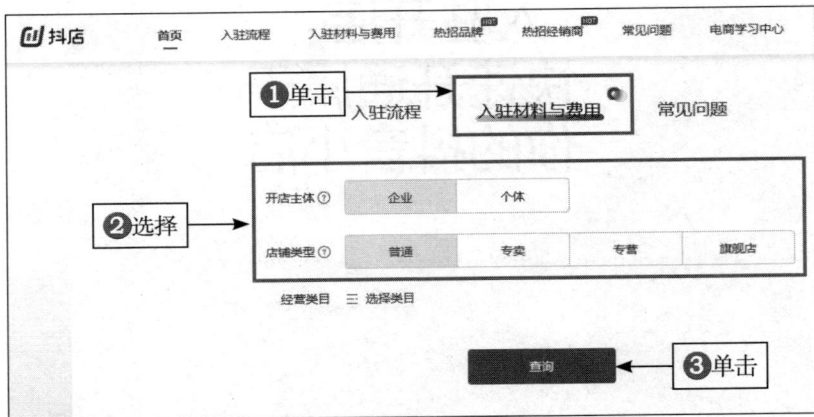

图1-1 单击"查询"按钮

专家指点：在抖店平台中，开店主体和店铺类型不同，入驻账号的具体材料和费用也不尽相同。商家和运营者可以根据自身要入驻的账号类型选择开店主体和店铺类型，查看某个账号类型需要准备的入驻材料和费用；也可以同时查看几种自己可以入驻的账号类型分别需要准备的入驻材料和费用，并从中选择一个或几个合适的账号类型进行材料和费用等方面的准备。

▶▶ 步骤2 在弹出的"入驻所需材料、费用"页面中，查看具体账号类型所需的入驻材料，如图1-2所示。如果商家和运营者要查看具体的入驻材料，还可以单击页面中的"展示更多"按钮。图1-3所示为企业普通类抖音小店账号入驻所需的具体材料。

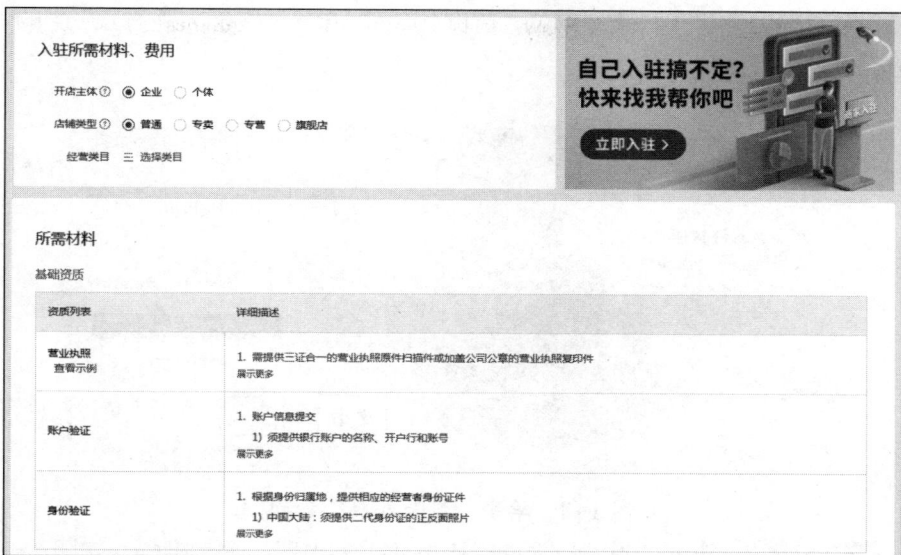

图 1-2 "入驻所需材料、费用"页面

图 1-3 企业普通类抖音小店账号入驻所需的具体材料

1.1.2 第2步：登录账号

了解并准备好账号入驻所需的材料后，商家和运营者可以在抖店平台中登录账号，开始入驻。具体来说，商家和运营者可通过如下步骤登录账号。

▶▶ 步骤1 进入抖店官网的"首页"页面，单击"其他入驻方式"中的"抖音入驻"按钮，如图 1-4 所示。

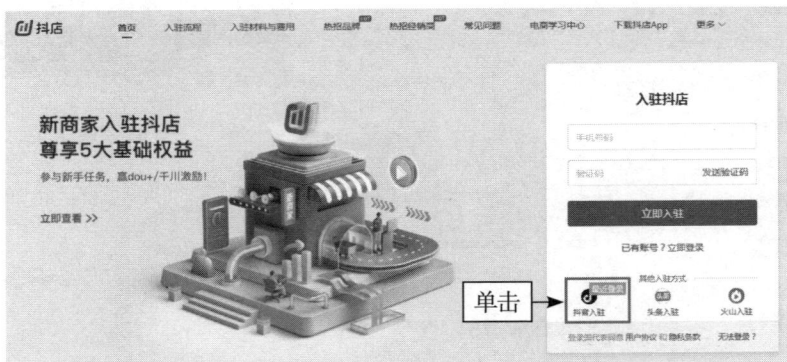

图 1-4　单击"抖音入驻"按钮

▶▶ 步骤2 进入"抖音"页面，该页面中会出现一个二维码，如图 1-5 所示，商家和运营者进入抖音 App 的搜索界面中扫描该二维码。

图 1-5　"抖音"页面

▶▶ 步骤3 进入抖音 App 的"推荐"界面，点击 🔍 图标，如图 1-6 所示。

▶▶ 步骤4 进入抖音搜索界面，点击 🔲 图标，如图 1-7 所示。

▶▶ 步骤5 进入"扫码"界面，将手机摄像头对准页面中的二维码进行扫描，如图 1-8 所示。

▶▶ 步骤6 进入"抖音授权"界面，点击下方的"同意协议并授权"按钮，如图 1-9 所示。

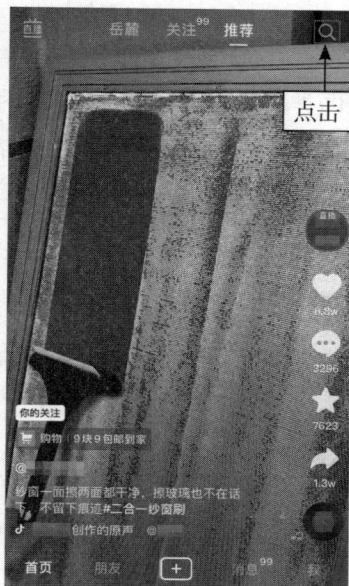

图 1-6　点击 🔍 图标

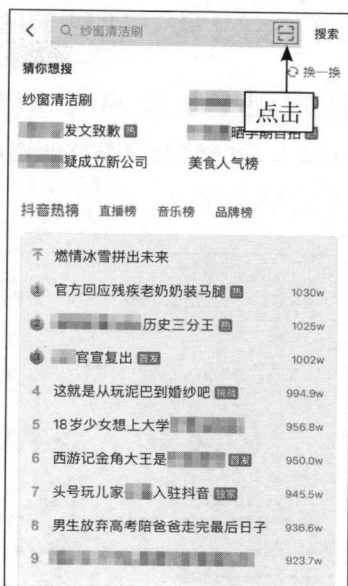

图 1-7　点击 图标

图 1-8　将手机摄像头对准页面中的二维码

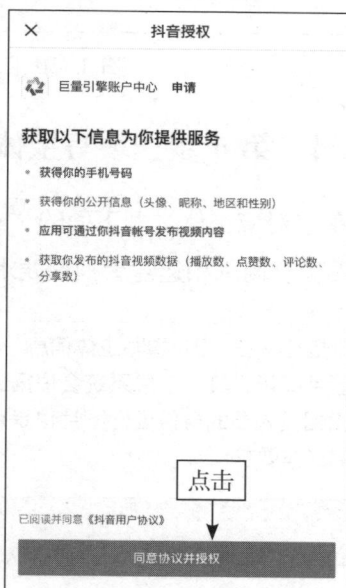

图 1-9　点击"同意协议并授权"按钮

▶▶ 步骤7 即可用抖音账号登录抖店平台。

1.1.3　第3步：选择主体类型

登录抖店平台后，自动跳转至"请选择主体类型"页面，如图1-10所示，商家在该页面中根据自身需要选择合适的主体类型（单击对应主体类型下方的"立即入驻"按钮）。

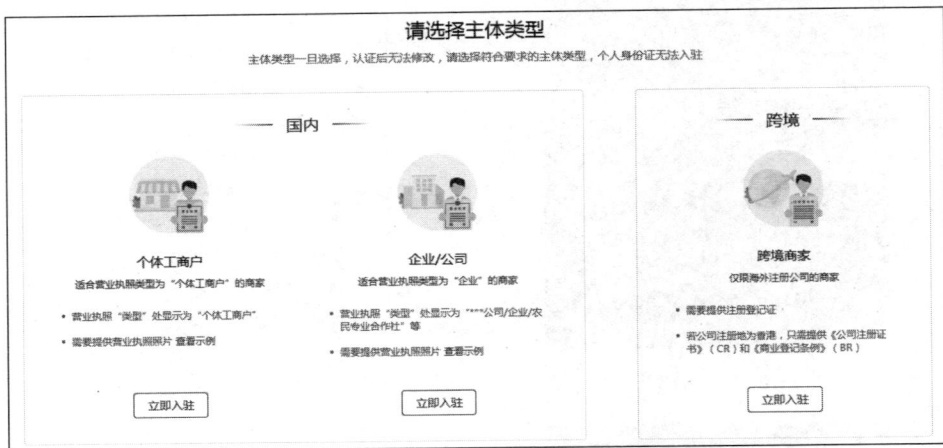

图1-10　"请选择主体类型"页面

1.1.4　第4步：填写主体信息

单击对应主体类型下面的"立即入驻"按钮后，自动进入"01.填写主体信息"页面。商家和运营者根据要求上传经营证件和相关人员的身份证件图片。

> 专家指点：在"01.填写主体信息"页面中，商家只需上传经营证件和相关人员的身份证件图片即可，其他信息系统会根据上传的图片自动进行填写。不过，抖店平台对经营证件和相关人员的身份证件图片也是有一定要求的，商家和运营者可以在页面右侧查看图片的具体要求。

当然，选择的账号主体不同，"01.填写主体信息"页面中要填写的信息也不同。例如，企业／公司类主体需要填写的主体信息包括营业证信息和法定代表人信息。图1-11所示为企业／公司类主体需要填写的部分主体信息。

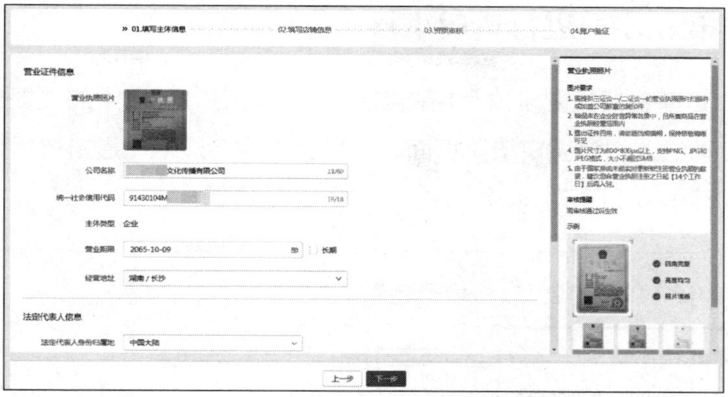

图1-11 企业/公司类主体需要填写的部分主体信息

1.1.5 第5步: 填写店铺信息

单击图1-11中的"下一步"按钮,即可进入"02.填写店铺信息"页面。商家和运营者在该页面中填写"店铺基本信息""经营类目"和"管理人信息"的相关内容,如图1-12所示。

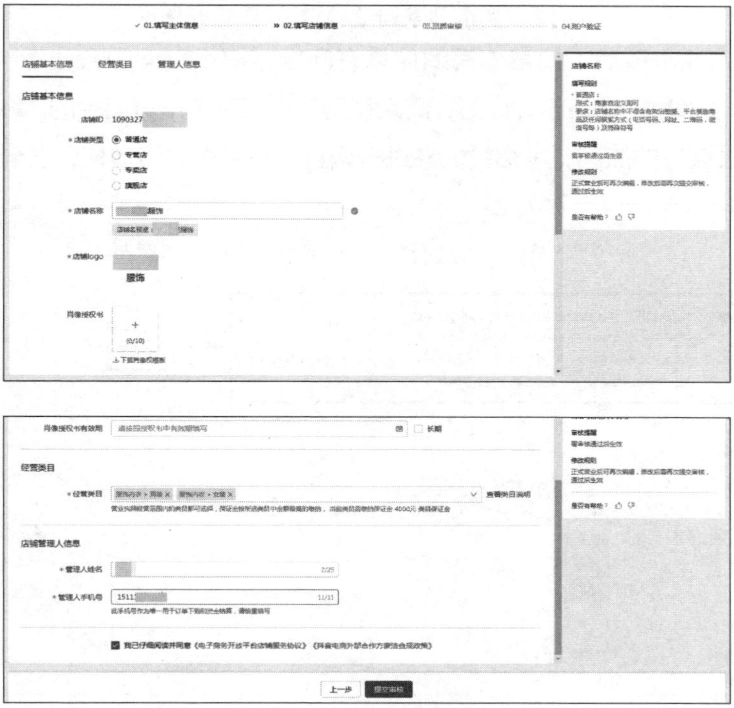

图1-12 "02.填写店铺信息"页面

1.1.6 第6步：进行资质审核

商家和运营者根据要求填写店铺信息，并单击图 1-12 中的"提交审核"按钮之后，自动进入"资质审核"页面，并且页面中会显示"最新资质提交资质审核中"，如图 1-13 所示。

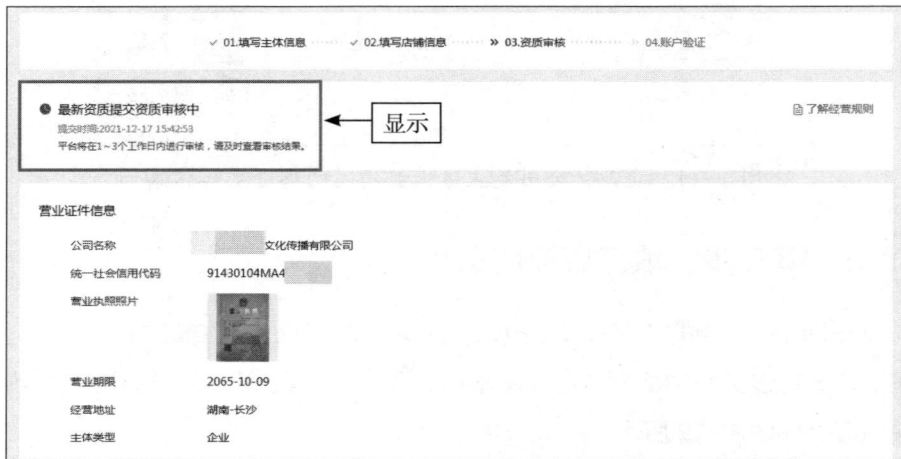

图 1-13 显示"最新资质提交资质审核中"

系统完成审核后，如果填写的信息有问题，那么页面中会显示"审核未通过……"，如图 1-14 所示。此时，商家和运营者可以单击页面中的"编辑"按钮，根据审核未通过的原因，对相关信息进行调整，并再次申请审核，直至审核通过。

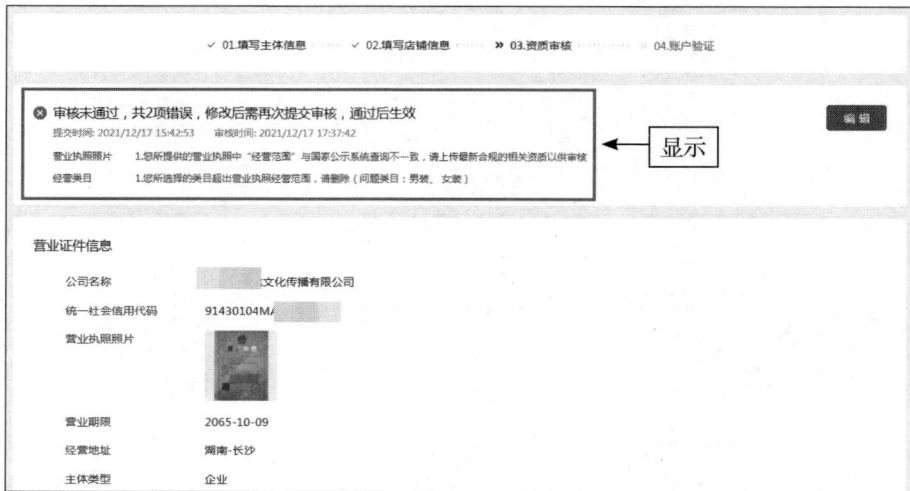

图 1-14 显示"审核未通过……"

1.1.7　第 7 步：进行账户验证

审核通过后，自动跳转至“账户验证”页面，如图 1–15 所示。商家需要根据页面提示填写相关信息，进行账户验证。账户验证成功后，自动跳转至抖店平台的“首页”页面。

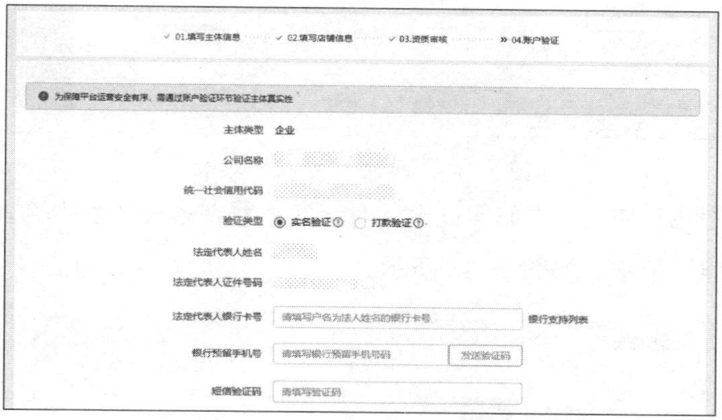

图 1–15　“账户验证”页面

1.1.8　第 8 步：缴纳保证金

首次进入抖店平台时，“首页”页面中会出现缴纳保证金的提示。商家可通过如下步骤，缴纳保证金，完成抖音小店的入驻。

▶▷ 步骤 1　进入抖店官网的“首页”页面，单击“缴纳保证金”按钮，如图 1–16 所示。

图 1–16　单击“缴纳保证金”按钮

第 1 章　入驻开店：快速开通属于你的抖音小店

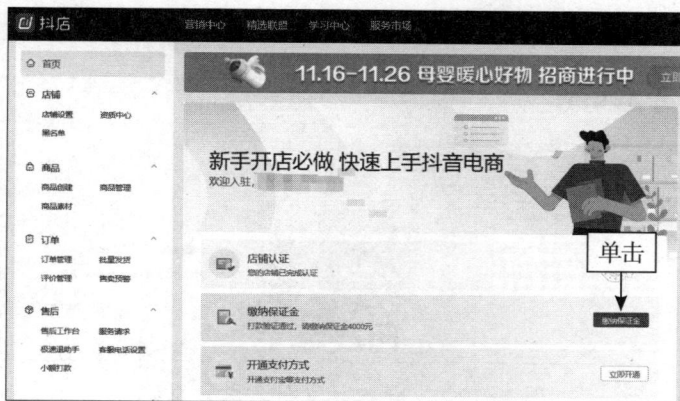

▶▷ 步骤2 进入"保证金"页面，单击"充值"按钮，如图 1-17 所示。

图 1-17 单击"充值"按钮

▶▷ 步骤3 弹出"充值保证金"对话框，❶在该对话框中输入充值金额；❷单击"充值"按钮，如图 1-18 所示。

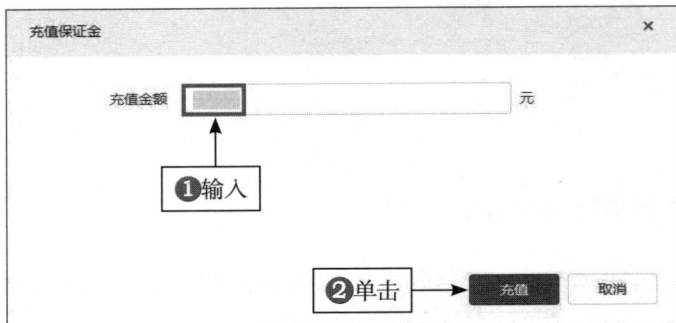

图 1-18 单击"充值"按钮

▶▷ 步骤4 进入"请选择支付方式"页面，如图 1-19 所示。商家只需登录支付宝 App，并扫描图 1-19 中的二维码，即可完成保证金的缴纳。至此完成整个入驻流程。

图 1-19 "请选择支付方式"页面

1.2　抖音小店的其他入驻操作

除了用电脑端入驻抖音小店之外，商家还需要完成一些其他的入驻操作。本节讲解抖音小店的其他入驻操作，帮助零基础的商家更好地完成入驻的相关工作。

1.2.1　抖音小店的移动端入驻操作

除了电脑端之外，商家还可以通过移动端入驻抖音小店。下面介绍通过移动端入驻抖音小店的方法。

▶▶ 步骤1　进入抖音 App 的"我"界面，点击"商品橱窗"按钮，如图 1-20 所示。

▶▶ 步骤2　进入"商品橱窗"界面，点击"开通小店"按钮，如图 1-21 所示。

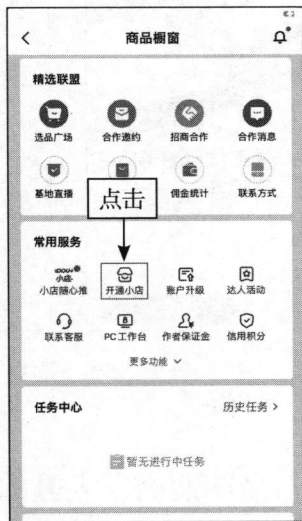

图 1-20　点击"商品橱窗"按钮　　图 1-21　点击"开通小店"按钮

▶▶ 步骤3　进入"首页"界面，❶选中"我已经阅读并同意上述授权及《账号绑定服务协议》"复选框；❷点击界面下方的"立即入驻"按钮，如图 1-22 所示。

▶▷ 步骤4 进入"选择认证类型"界面，商家需要根据自身情况在该界面中选择合适的认证类型。以认证个体工商户为例，商家可以点击"个体工商户"后面的"立即认证"按钮，如图1-23所示。

▶▷ 步骤5 进入"主体信息"界面的"主体信息"板块，如图1-24所示。商家需要依次填写主体信息和店铺信息，并进行平台审核及账户验证。具体来说，商家完成一项操作后，即可进入下一步的操作。例如，商家完成主体信息的填写后，只需点击界面下方的"下一步"按钮，即可进入"店铺信息"板块，并根据提示填写店铺的相关信息。

▶▷ 步骤6 完成主体信息和店铺信息的填写，进行平台审核及账户验证后，即可完成抖音小店的入驻。

 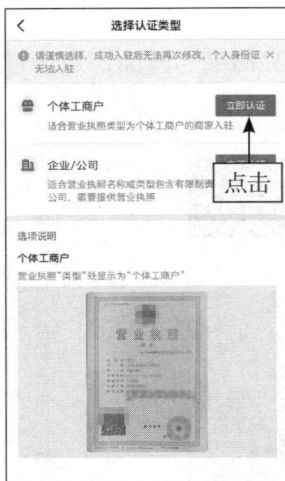 

图1-22 点击"立即入驻" 图1-23 点击"立即认证" 图1-24 "主体信息"
　　　　 按钮　　　　　　　　　　 按钮　　　　　　　　　　 板块

1.2.2 全球购商家入驻的操作流程

从1.1.3节中可以看出，抖音小店的主体可分为国内主体和跨境电商。那么，商家要如何选择跨境电商主体，并完成全球购商家的入驻呢？具体操作步骤如下。

▶▷ 步骤1 进入抖音电商全球购平台的"首页"页面，单击"立即入驻"按钮，如图1-25所示。

图 1-25　单击"立即入驻"按钮

▶▶ 步骤2　进入抖店页面，单击█图标，如图 1-26 所示。

图 1-26　单击█图标

▶▶ 步骤3　在出现的登录方式选择对话框中，单击"抖音登录"按钮，如图 1-27 所示。

图 1-27　单击"抖音登录"按钮

▶▶ 步骤4 进入"请选择主体类型"页面，单击"跨境"下方的"立即入驻"按钮，如图 1-28 所示。

▶▶ 步骤5 进入"01.填写主体信息"页面，如图 1-29 所示。商家需要根据页面提示填写主体信息，并单击页面下方的"下一步"按钮。

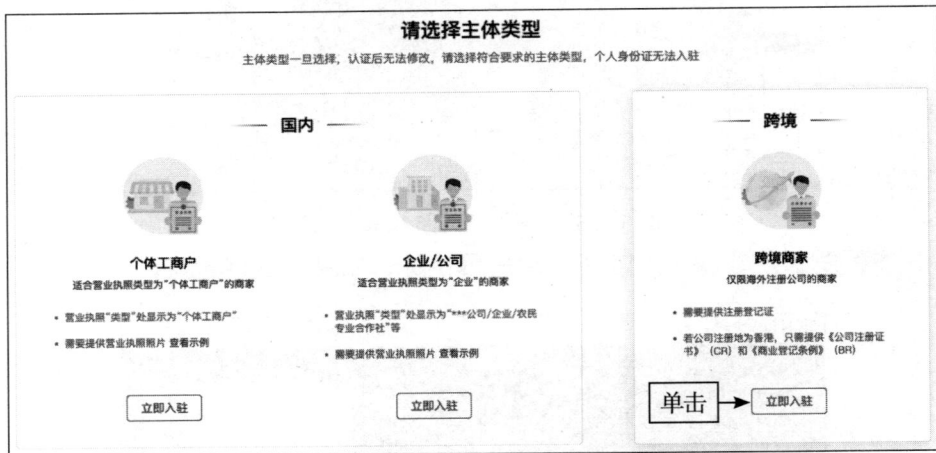

图 1-28 单击"立即入驻"按钮

图 1-29 "01.填写主体信息"页面

▶▶ 步骤6 依次完成填写店铺信息、资质审核和账户验证，即可完成全球购商家的入驻。

1.2.3 全球购商家入驻的保证金缴纳

全球购商家入驻抖音小店同样需要缴纳保证金，具体操作步骤如下。

▶▶ 步骤1 使用全球购商家的账号登录抖店平台，单击"首页"页面中的"缴纳保证金"按钮，如图1-30所示。

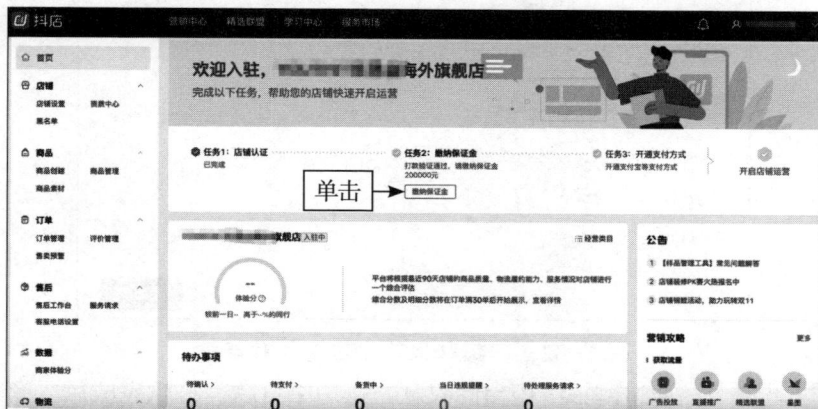

图1-30 单击"缴纳保证金"按钮

▶▶ 步骤2 进入"保证金"页面，单击"充值"按钮，如图1-31所示。

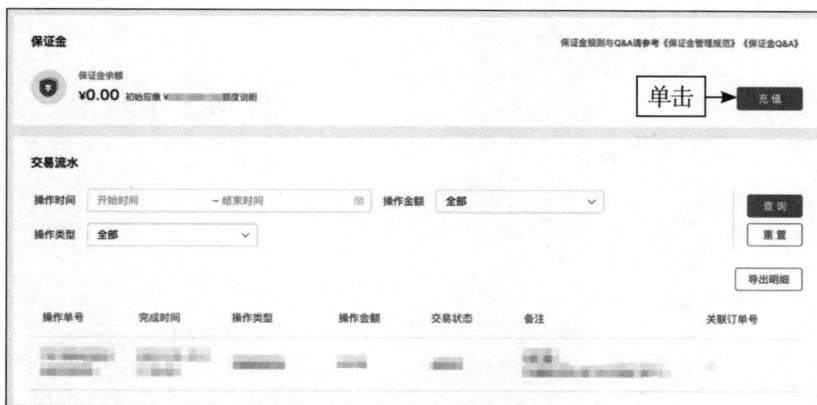

图1-31 单击"充值"按钮

▶▶ 步骤3 弹出"获取收款方信息"对话框，如图1-32所示。商家需要记下对话框中的收款方账户。

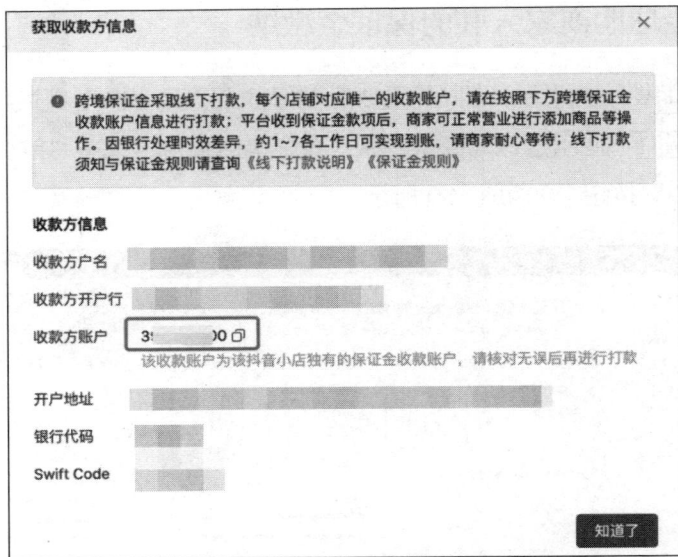

图 1-32   "获取收款方信息"对话框

▶▷ 步骤4   通过网银或柜台向收款方账户中打款。打款完成后，商家可以等待打款到账，完成保证金的缴纳，也可以在图1-31中查询交易流水。

第**2**章

入驻答疑：
解决入驻过程
中的种种问题

　　如果此前没有进行过入驻的相关操作，那么商家在入驻时，甚至是入驻后会遇到一些问题。本章帮助大家快速解决入驻过程中及入驻后遇到的种种问题。

2.1 抖音小店入驻过程中的常见问题

在入驻抖音小店的过程中，商家可能会遇到一些问题。本节解答抖音入驻过程中的常见问题，帮助大家做好入驻的相关工作。

2.1.1 店铺入驻过程中遇到问题该如何咨询

在入驻抖音小店时，商家可能会遇到一些自己无法解决的问题，此时商家可以通过联系商服进行咨询，获得问题的答案。具体来说，商家可通过如下步骤咨询入驻过程中遇到的问题。

▶▶ 步骤1 进入抖店官网的"首页"页面，单击"联系商服"按钮，如图2-1所示。

图2-1 单击"联系商服"按钮

▶▶ 步骤2 在弹出的"在线客服"对话框中，商家可以单击对话框中要咨询的问题所在的位置，如图2-2所示。

▶▶ 步骤3 商家向在线客服发送对应的问题，在线客服会给出问题的答案，如图2-3所示。

> 专家指点：除了单击"在线客服"对话框中对应问题所在的位置之外，商家还可以通过在输入框中输入想要咨询的问题来寻找问题的答案。

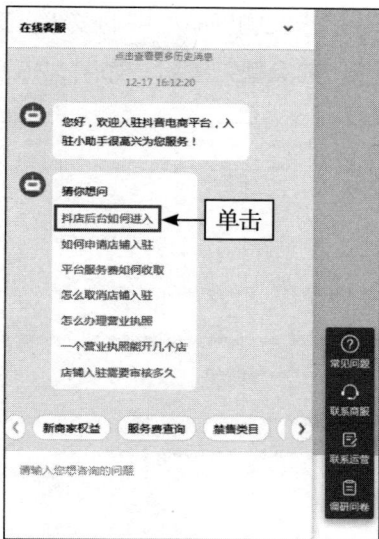

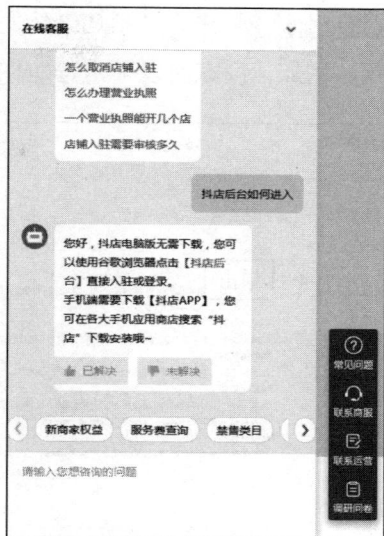

图 2-2　单击要咨询的问题所在的位置　图 2-3　在线客服给出问题的答案

2.1.2　店铺入驻过程中有哪些常见的问题

在抖店平台中为用户提供了常见问题的查看入口，如果大家在注册过程中遇到了问题，可通过如下步骤从中寻找问题的答案。

▶▶ 步骤1　进入抖店官网的"首页"页面，单击右侧的"常见问题"按钮，如图 2-4 所示。

图 2-4　单击"常见问题"按钮

▶▶ 步骤2 进入"抖店介绍"页面，单击左侧导航栏中的按钮，查看对应的问题。例如，商家可以单击导航栏中的"店铺类型"按钮，如图2-5所示。

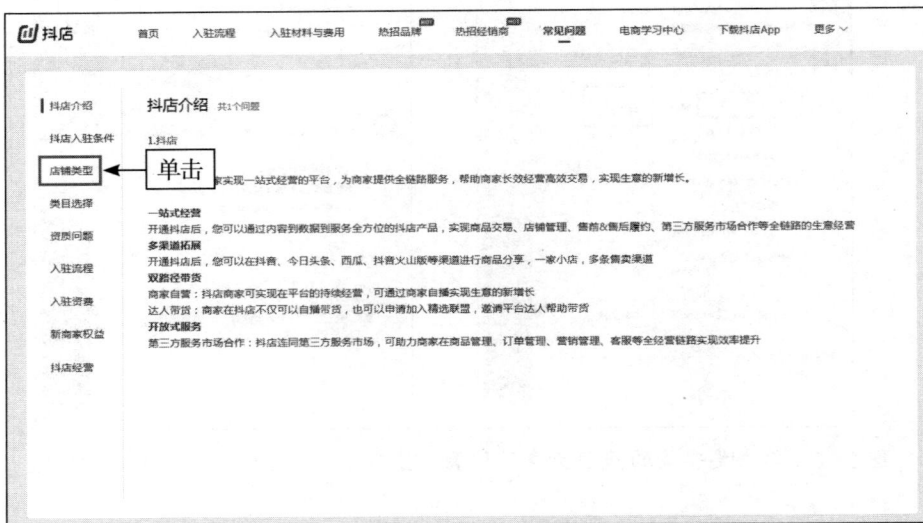

图2-5 单击"店铺类型"按钮

▶▶ 步骤3 进入"店铺类型"页面，查看与店铺类型相关的问题，如图2-6所示。如果商家入驻抖店时不知道如何选择店铺类型，可以查看该页面中的内容，并根据页面中的问答，选择自己适合的店铺类型进行入驻。

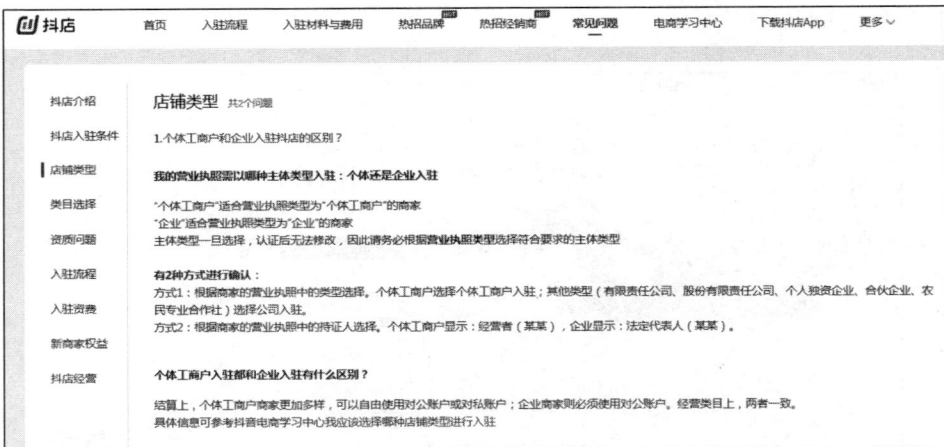

图2-6 "店铺类型"页面

2.1.3　入驻过程中的商标注册证问题

在入驻抖音小店的过程中，如果商家不能提供商标注册证就直接售卖商品，可能会存在侵权的风险。那么，什么是商标注册证？商家如何判断自己是否要提供商标注册证呢？

商标注册证是指已申请成功的 R 标。我们经常可以看到很多商品的外包装上都有 R 标，这就说明这些商品的商标已经注册了。

如果商家在抖店平台中选择旗舰店、专营店或专卖店进行入驻，那么就需要提供品牌资质和商标注册证；如果商家在抖店平台中选择普通店进行入驻，那么只要店铺命名不涉及品牌，就不需要提供品牌资质和商标注册证，反之则需要提供。

2.1.4　什么情况下需要提交品牌授权书

品牌授权书是指品牌方授权代理人使用品牌商标从事经销行为的书面文件。品牌授权书主要分为两种：一种是普通授权书（适用于专营店或专卖店），另一种是独占授权书（适用于旗舰店）。如果商家入驻的是非自有的品牌（他人注册的品牌）店铺，那么需要提供品牌授权书，否则商家不能成功完成注册，并且此时使用商标进行销售的行为可能会被视为侵权。

2.1.5　是否需要提供行业资质

在入驻抖音小店时，有的行业是需要提供相关资质的。那么，什么是行业资质？商家如何判断自己是否需要提供行业资质呢？

行业资质是指从事某种特定行业行为需具备的资格和满足与该资格相适应的标准要求。行业资质相当于是做一件事情的门槛，如果抖店要求商家提供行业资质，那么就说明商家选择的店铺所在的行业对销售者是有一定要求的。

在入驻抖店时，部分类目是需要提供行业资质的，这在入驻时系统会进行提示。如果出现相关的提示信息，那么商家需要提供对应的行业资质。例如，入驻食品饮料类抖音小店，商家通常需要提供经营主体的《食品经营许可证》或《食品生产许可证》。

2.2　抖音小店入驻后的常见问题

成功入驻抖音小店后，商家可能也会遇到一些问题。本节为大家解答抖音小店入驻后的常见问题。

2.2.1　如何修改店铺管理人姓名和手机号

当经营信息发生变化时，商家需要对店铺的管理人姓名和手机号进行修改。

进入抖店后台依次单击左侧导航栏中的"店铺"按钮和"店铺设置"按钮，即可进入店铺设置的"基本信息"页面，该页面中会显示"管理人信息"板块，如图2-7所示。商家只需单击"管理人姓名"或"管理人手机号"后方的☑图标，并重新输入新的姓名或手机号，即可完成"管理人姓名"或"管理人手机号"的修改。

图2-7　修改"管理人信息"

2.2.2　如何进行小店的店铺升级

运营抖音小店一段时间之后，商家可以将店铺升级为专卖店、专营店或旗舰店。本节为大家讲解小店的店铺升级方法。

1. 将普通店铺升级为专卖店

如果商家注册的是普通店铺，那么只要获得品牌方的授权，可通过如下步骤将店铺升级为专卖店。

▶▶ 步骤1 进入抖店后台，❶依次单击左侧导航栏中的"店铺"按钮和"店铺设置"按钮；❷在右侧窗口中切换至"店铺升级"选项卡；❸单击对应店铺类型下方的"升级"按钮（这里以升级专卖店为例进行说明），如图2-8所示。

图 2-8 单击"升级"按钮

▶▶ 步骤2 进入"店铺升级 / 升级店铺"页面，❶在该页面中设置店铺的基本信息；❷单击"新建品牌资质"按钮，如图2-9所示。

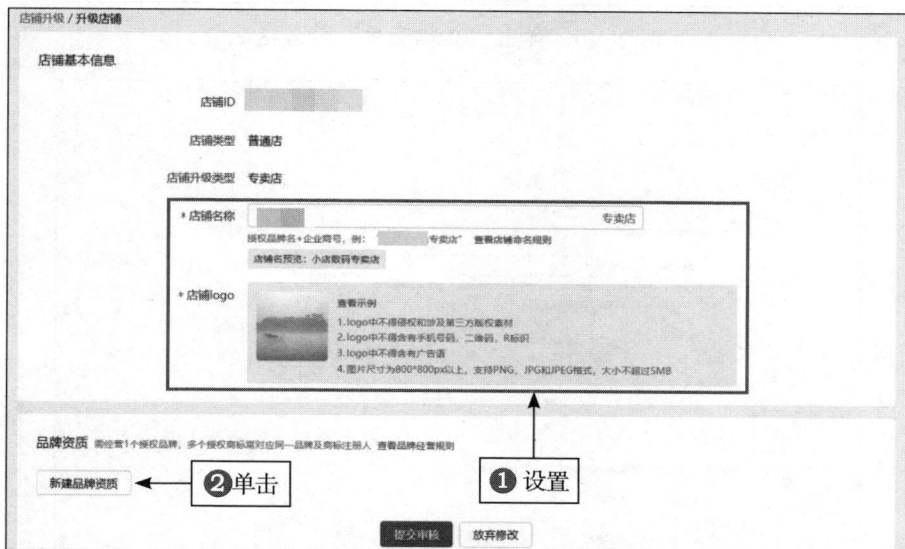

图 2-9 单击"新建品牌资质"按钮

▶▷ 步骤3 弹出"品牌资质"对话框，如图 2-10 所示。商家需要根据提示，在该对话框中填写品牌资质的相关信息。

▶▷ 步骤4 收起"品牌资质"对话框，单击"品牌资质"板块中的"复用品牌资质"按钮，如图 2-11 所示。

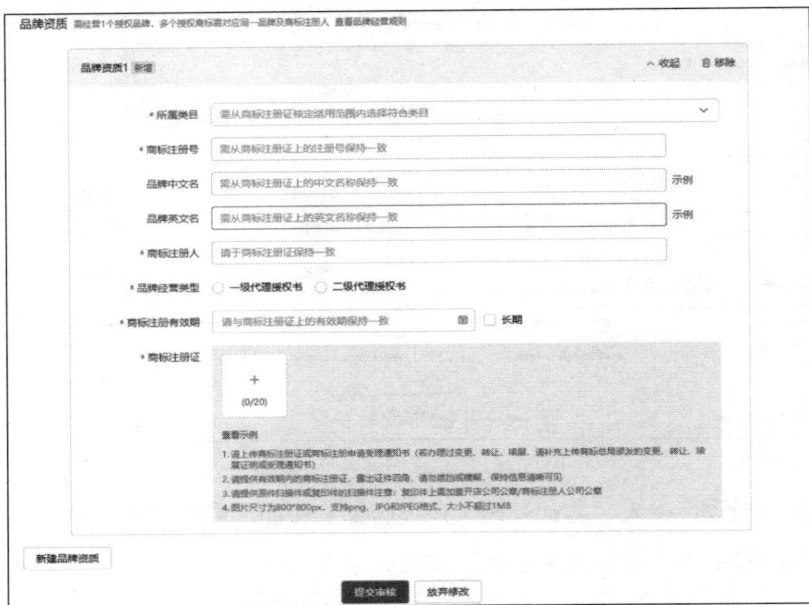

图 2-10　弹出"品牌资质"对话框

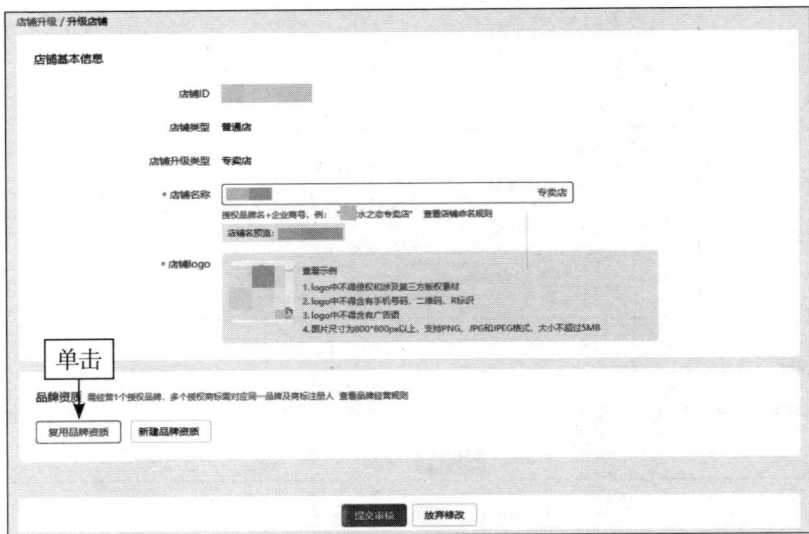

图 2-11　单击"复用品牌资质"按钮

▶▶ 步骤5 弹出"选择品牌资质"对话框，在该对话框中选中对应品牌前方的复选框，并单击下方的"确定"按钮，如图2-12所示。

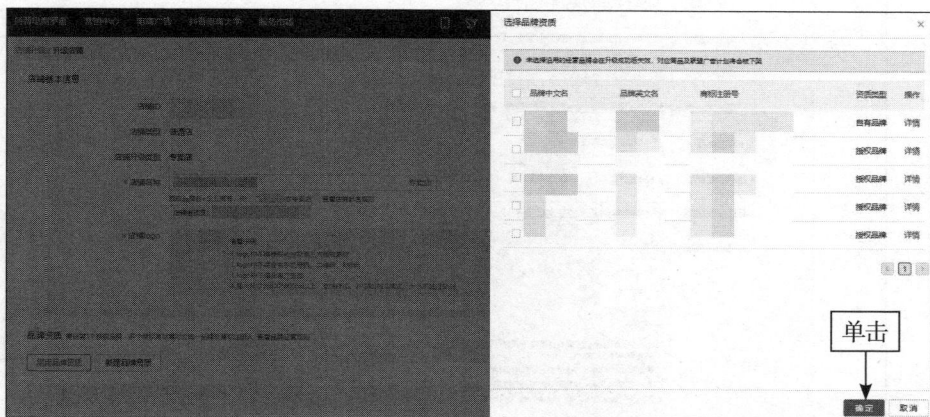

图2-12 弹出"选择品牌资质"对话框

▶▶ 步骤6 自动返回"升级店铺"页面，单击下方的"提交审核"按钮，弹出"确认提交？"对话框，单击"确认"按钮，如图2-13所示。

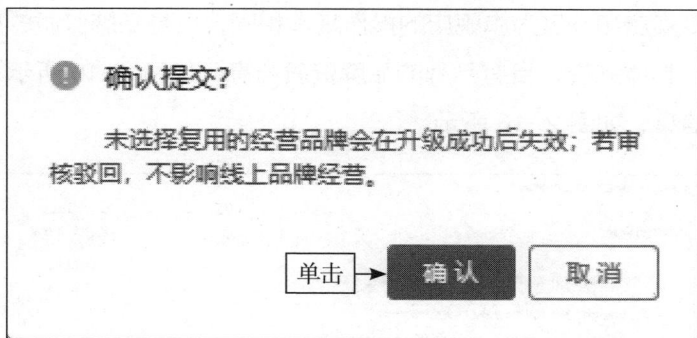

图2-13 单击"确认"按钮

▶▶ 步骤7 即可提交店铺升级审核，审核通过后，商家的店铺便可以完成升级。

2. 将普通店铺升级为专营店

将普通店铺升级为专卖店和升级为专营店的操作基本相同，如果商家要将自己的店铺升级为专营店，只需按照将普通店铺升级为专卖店的方法进行操作即可。但这两种店铺升级时，品牌资质的相关信息有一些差异。将普通店铺升级为专营店时的品牌资质信息，如图2-14所示。

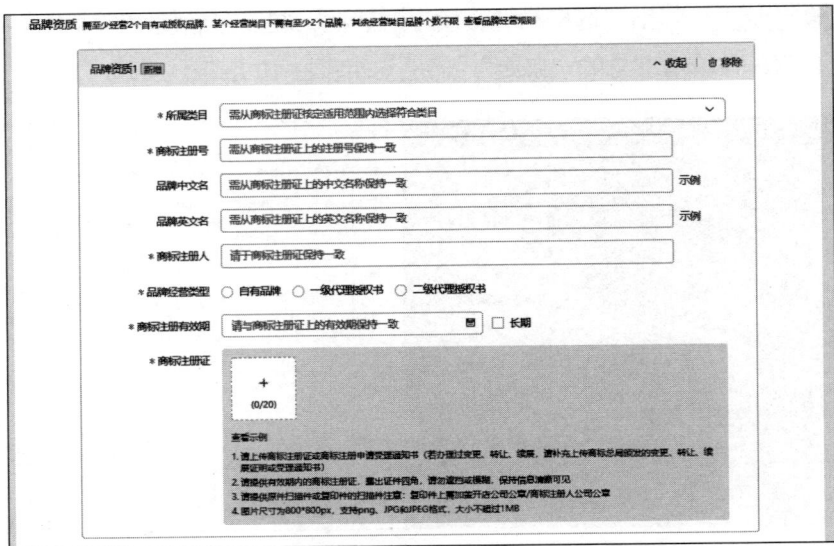

图 2-14　将普通店铺升级为专营店时的品牌资质信息

3. 将普通店铺升级为旗舰店

除了将普通店铺升级为专卖店和专营店之外还可以升级为旗舰店。将普通店铺升级为专卖店和升级为旗舰店的操作基本相同，只是品牌资质的相关信息会有一些差异。具体来说，自有品牌的品牌资质信息，如图 2-15 所示；授权品牌的品牌资质信息，如图 2-16 所示。

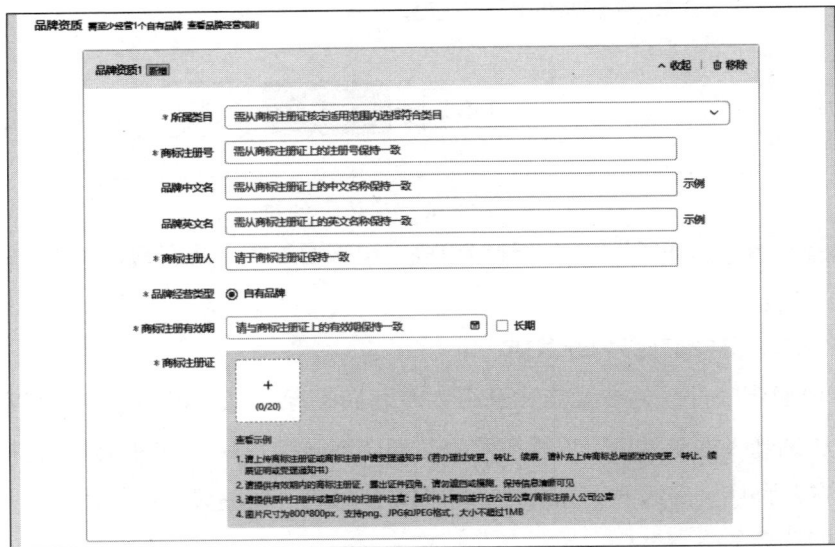

图 2-15　自有品牌的品牌资质信息

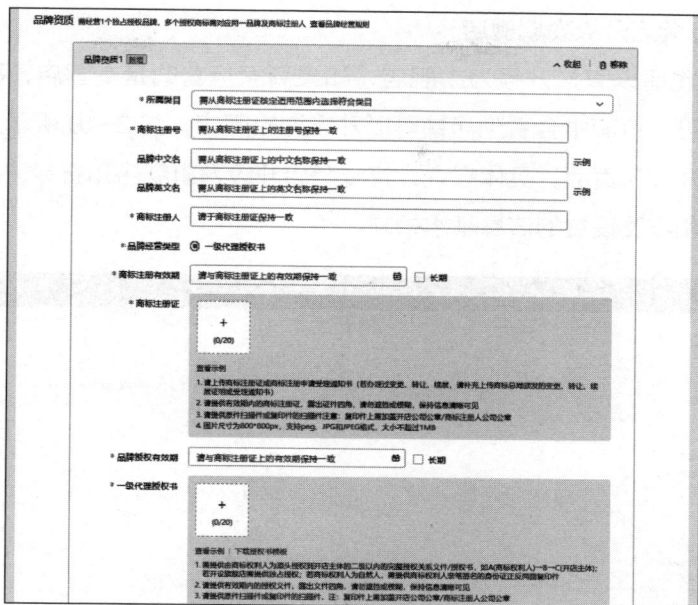

图 2-16 授权品牌的品牌资质信息

4. 将专卖店升级为旗舰店

如果商家运营的是专卖店，那么在抖店的"店铺升级"页面中会看到店铺可以升级为旗舰店。图 2-17 所示为专卖店的抖店"店铺升级"页面。

图 2-17 专卖店的抖店"店铺升级"页面

需要注意的是，将普通店铺升级为专卖店和将专卖店升级为旗舰店的操作基本相同，但是品牌资质的相关信息会存在一些差异。具体来说，将专卖店升级为旗舰店的品牌资质和将普通店铺升级为旗舰店授权品牌的品牌资质信息是相同的。

5. 将专营店升级为旗舰店

专营店也可以直接升级为旗舰店，如果商家运营的是专营店，那么在抖店的"店铺升级"页面中会看到店铺可以升级为旗舰店。图 2-18 所示为专营店的抖店"店铺升级"页面。具体来说，将专卖店升级为旗舰店和将专营店升级为旗舰店的操作和需要设置的信息基本相同。

图 2-18　专营店的抖店"店铺升级"页面

另外，旗舰店还可以在"店铺升级"页面中进行店铺类型的修改。图 2-19 所示为旗舰店的抖店"店铺升级"页面。商家只需单击页面中的升级按钮，并按照普通店铺的升级方法进行操作，即可完成店铺类型的更改。

图 2-19　旗舰店的抖店"店铺升级"页面

2.2.3 入驻后如何完成合同签订

入驻抖音小店后，商家可以签订《电子商务开放平台店铺服务协议》，获得相关的权利和服务。具体操作步骤如下。

▶▶ 步骤1 进入抖店后台，❶依次单击左侧导航栏中的"店铺"按钮和"店铺设置"按钮；❷在右侧窗口中切换至"合同协议"选项卡；❸单击"电子商务开放平台店铺服务协议"所在的位置，如图2-20所示。

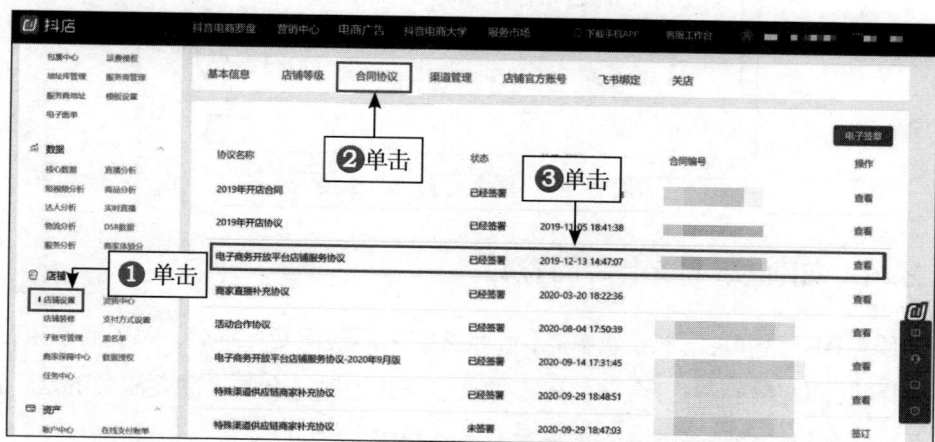

图2-20 单击"电子商务开放平台店铺服务协议"所在的位置

▶▶ 步骤2 在弹出的页面中单击"电子商务开放平台店铺服务协议"后面的"签订"按钮，如图2-21所示。

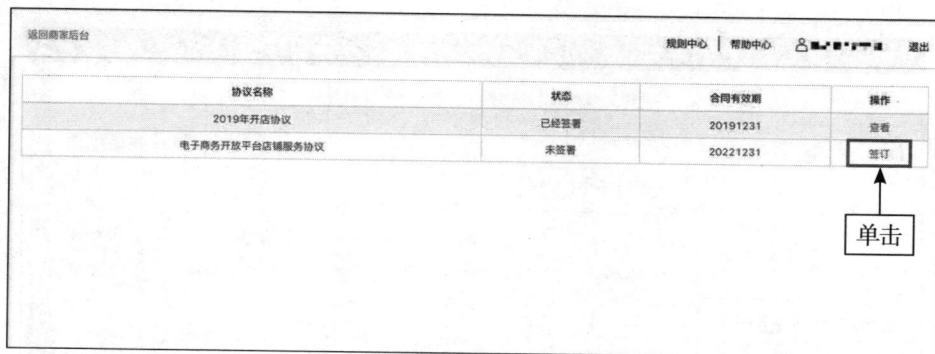

图2-21 单击"签订"按钮

▶▶ 步骤3 在弹出的"合同协议"对话框中单击下方的"同意"按钮，如图2-22所示，即可完成合同的签订。

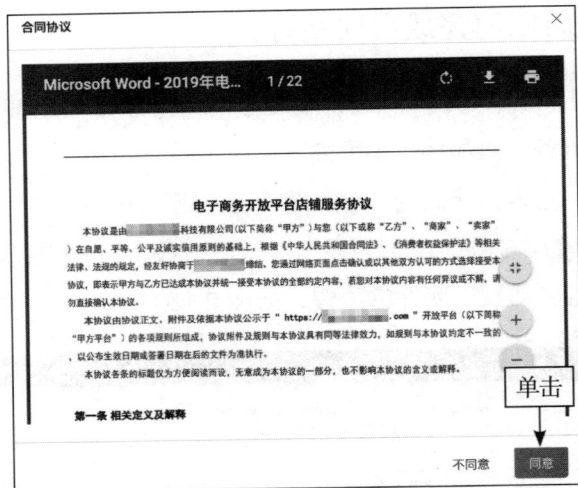

图 2-22　单击"同意"按钮

2.2.4　如何实现线上合同签订

线下签订合同耗时长、效率低，而且签完之后还需要保存好。对于商家来说，与其花费心力在线下签订合同，还不如直接在线上签订合同。需要注意的是，在线上签订合同，需要先申请电子签章。具体操作步骤如下。

▶▶ 步骤1　进入抖店后台，❶依次单击左侧导航栏中的"店铺"按钮和"店铺设置"按钮；❷切换至"合同协议"选项卡；❸单击页面中的"电子签章"按钮，如图 2-23 所示。

图 2-23　单击"电子签章"按钮

▶▶ 步骤2 进入“电子签章”页面，单击“申请电子签章”按钮，如图 2-24 所示。

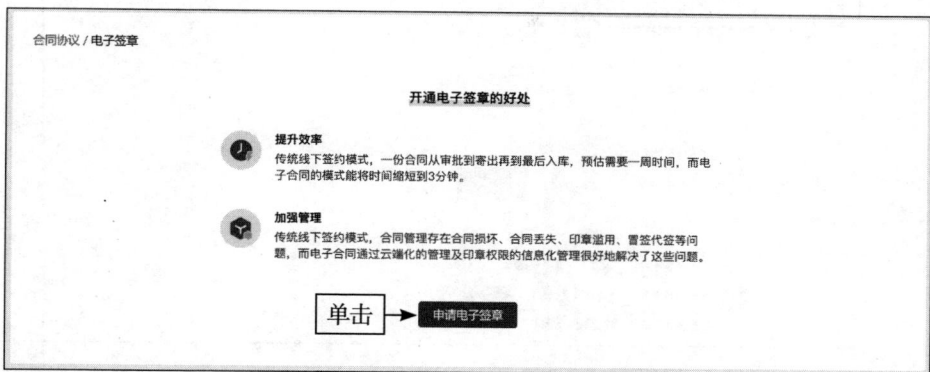

图 2-24 单击“申请电子签章”按钮

▶▶ 步骤3 进入“01.实名认证”板块，如图 2-25 所示。商家需要根据提示填写该板块中的相关信息，并单击“提交”按钮。

图 2-25 “实名认证”板块

▶▶ 步骤4 提交电子签章申请，如果申请通过，“申请结果”板块中会显示“电子签章申请成功”，如图 2-26 所示；如果申请失败，“申请结果”板块中会显示签章失败的原因，如图 2-27 所示。

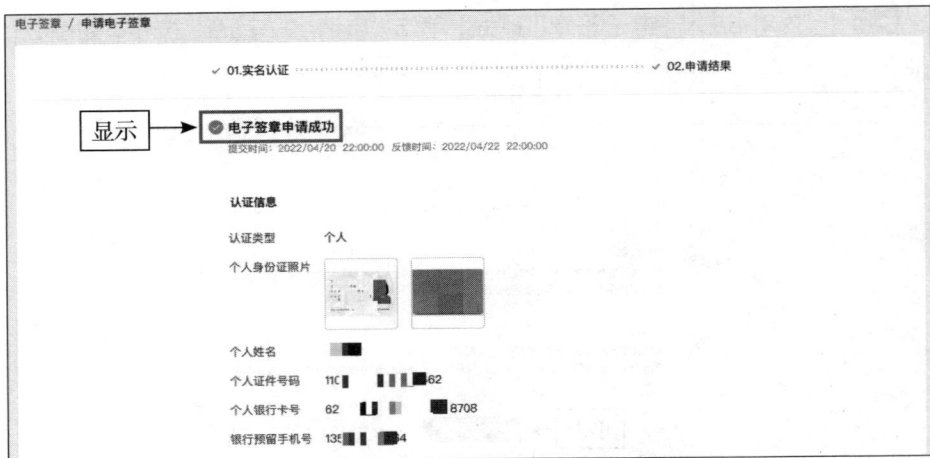

图 2-26　显示"电子签章申请成功"

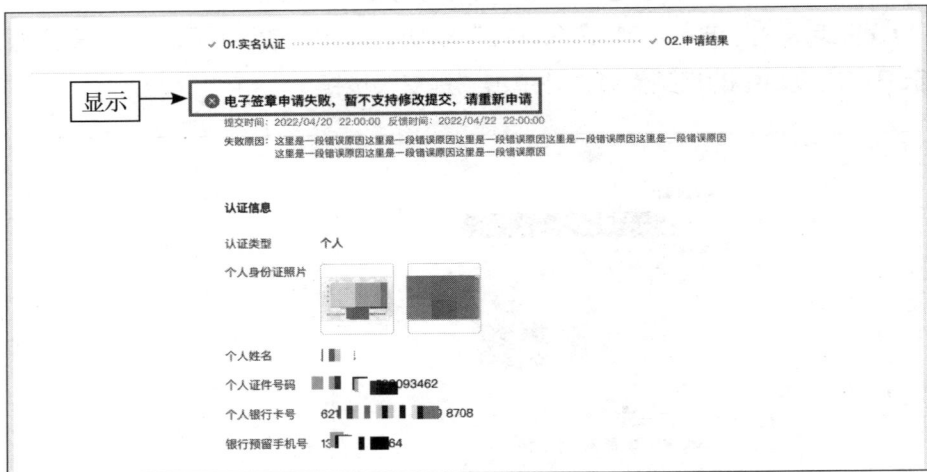

图 2-27　显示电子签章申请失败及原因

2.3　抖音小店退店时的常见问题

　　当抖音小店的运营效果达不到预期，或者因为其他原因不想再继续运营时，部分商家可能会选择退店，放弃入驻小店。本节讲解抖音小店退店时的常见问题，帮助大家更好、更快地完成退店的相关操作。

2.3.1　入驻过程中如何放弃入驻

　　有的商家一时兴起做起抖音小店的入驻，但是因为入驻过程中遇到问题，所以想要放弃入驻。那么，此时商家应该如何放弃入驻呢？

只要入驻的过程中页面下方出现"放弃入驻"链接，即可放弃入驻。例如，当入驻审核未通过时，商家可以单击"入驻页"页面下方的"放弃入驻"链接，如图2-28所示。

图 2-28　单击"放弃入驻"链接

弹出"放弃入驻"对话框，单击"确定"按钮，如图2-29所示，即可放弃入驻。

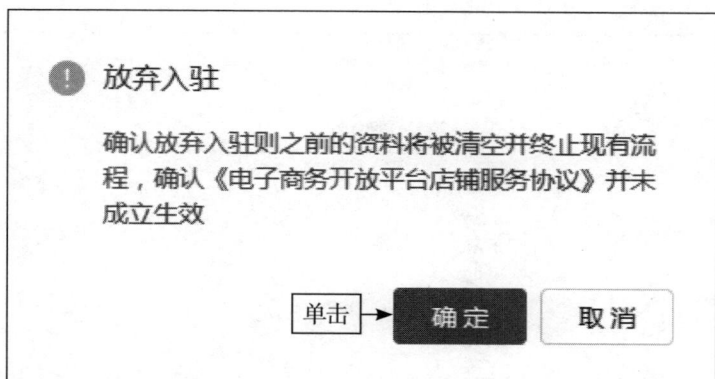

图 2-29　单击"确定"按钮

2.3.2　商家退店如何关闭抖音小店

如果商家确定要退店，就需要通过一定的操作来关闭抖音小店。这样可以避免商家在不知情的情况下产生订单，却未能及时发货从而影响店铺的声誉。具体操作步骤如下。

▶▶ 步骤1 进入抖店后台，❶依次单击左侧导航栏中的"店铺"按钮和"店铺设置"按钮；❷在右侧窗口中切换至"关店"选项卡，仔细阅读关店注意事项；❸单击页面下方的"申请关店"按钮，如图2-30所示。

图 2-30 单击"申请关店"按钮

▶▶ 步骤2 进入"01 请确认身份"页面，如图2-31所示。商家根据提示在该页面中填写身份信息，并单击下方的"下一步"按钮。

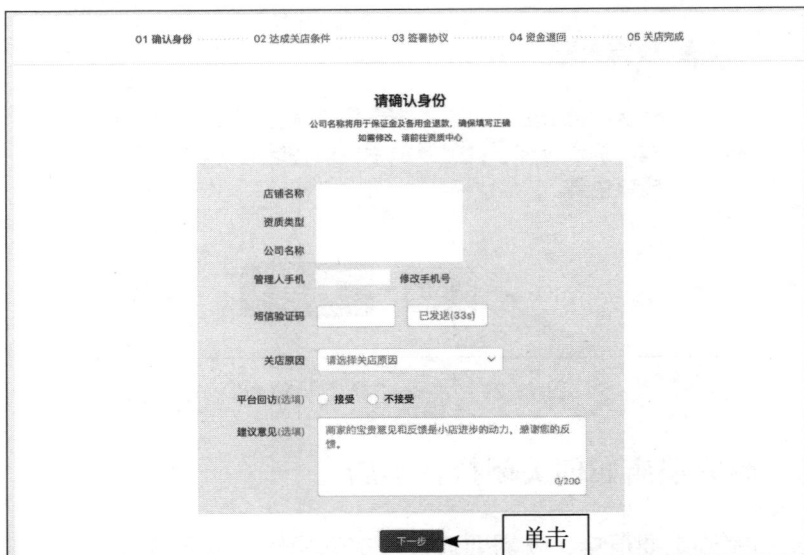

图 2-31 "01 请确认身份"页面

▶▶ 步骤3 进入"02 达成关店条件"页面，如图2-32所示。商家需要查看并满足页面中列出的所有条件（如果有条件未达到，需要进行相关操作达到条件），单击下方的"下一步"按钮。

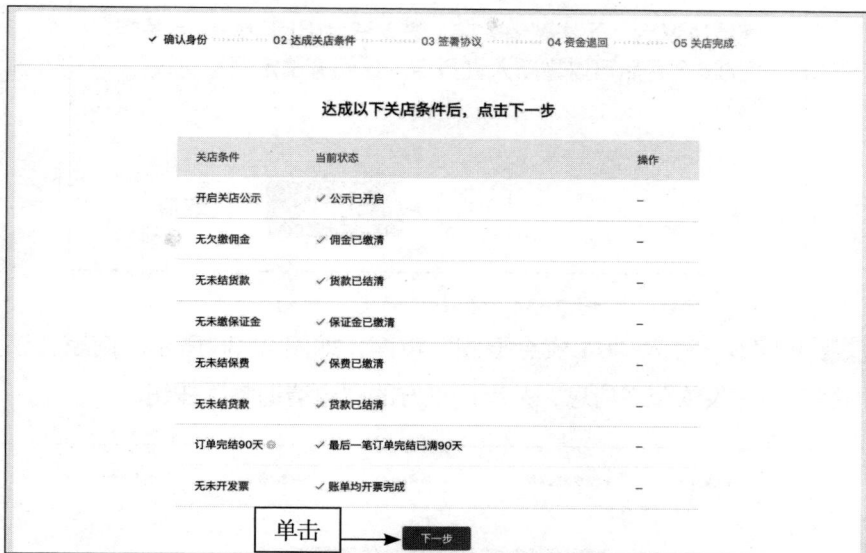

图 2-32　单击"下一步"按钮

▶▶ 步骤4　弹出"03 签署协议"页面，该页面中会显示《终止协议》的相关内容，如果商家确定要关闭抖音小店，可以单击下方的"同意协议"按钮，如图 2-33 所示。

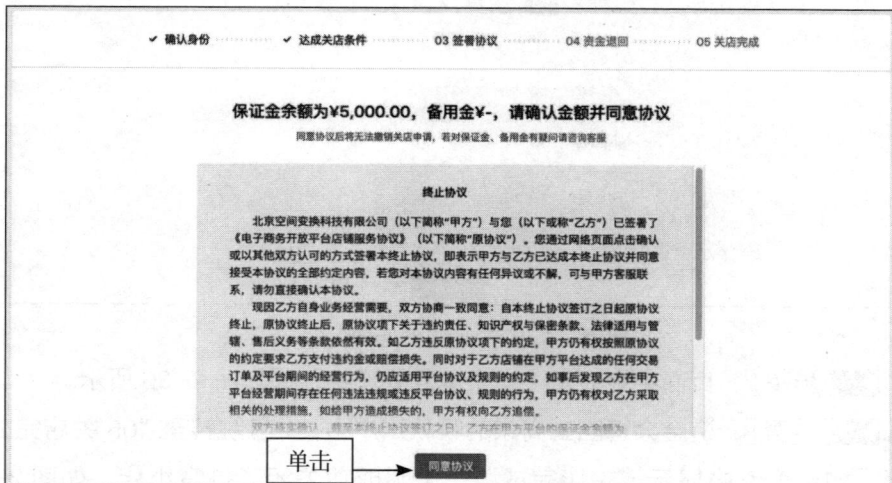

图 2-33　单击"同意协议"按钮

▶▶ 步骤5　弹出"同意协议"对话框，单击"确定"按钮，如图 2-34 所示。

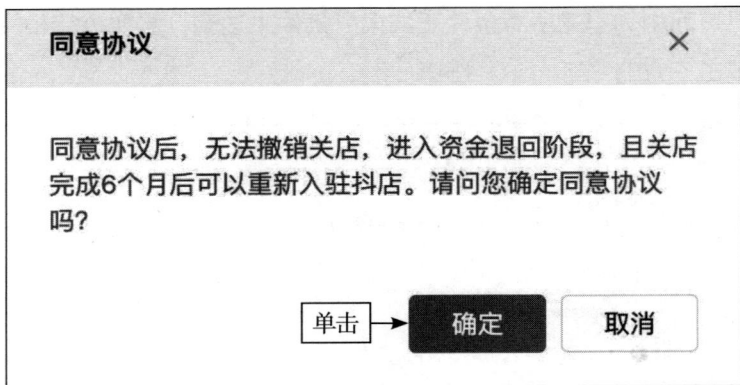

图 2-34　单击"确定"按钮

▶▷ 步骤6　进入"04 资金退回"页面，如图 2-35 所示。商家在该页面中根据提示填写收款账户信息，并单击下方的"申请退款"按钮。

图 2-35　"04 资金退回"页面

▶▷ 步骤7　页面中会显示"资金退回处理中"，如图 2-36 所示。

▶▷ 步骤8　资金会退回到商家的收款账户中，并且跳转至"05 关店完成"页面，如果页面中显示"关店完成"，说明成功关闭了抖音小店，如图 2-37 所示。

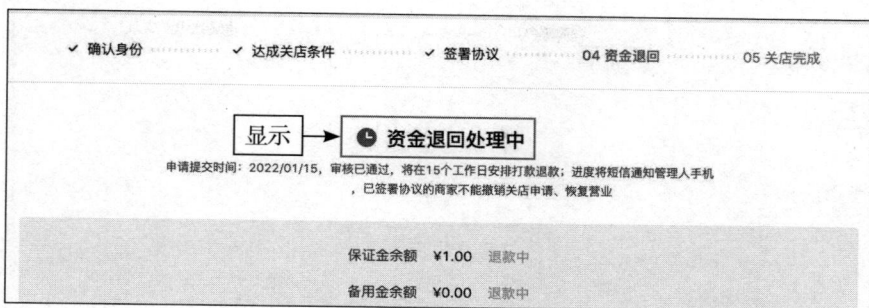

图 2-36 显示"资金退回处理中"

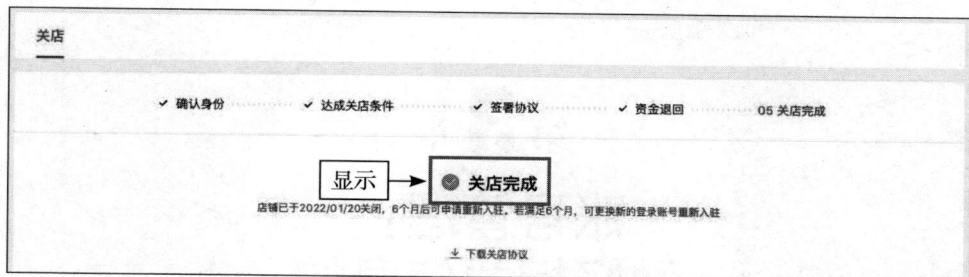

图 2-37 显示"关店完成"

2.3.3 商家退店后如何重新开店

如果商家已经通过关闭操作将店铺关闭，却想再次获得属于自己的抖音小店，那么此时便可以选择重新开店。具体来说，如果商家要用同一个营业执照重新进行开店，那么需要在退店后超过 6 个月（退店的时间可以用原账号登录进行查看），使用不同的账号执行入驻操作。如果商家使用的是不同的营业执照，则不需要在退店后再等待 6 个月。

第 **3** 章

账号管理：
做好相关信息的
设置和调整

为了更好地管理和运营抖店账号，提高店铺的运营效率，商家需要对账号的相关信息进行设置和调整。本章讲解账号管理的相关知识，帮助大家做好相关信息的设置和调整。

3.1　店铺官方账号的相关操作

在运营抖音小店的过程中，商家可以绑定店铺官方账号，并通过一些简单的操作加强对账号的管理，提高店铺的运营效率。本节讲解店铺官方账号的一些相关操作。

3.1.1　将抖音号绑定为店铺官方账号

商家可以将抖音号绑定为店铺官方账号，这不仅是对抖音号进行授权，还能实现店铺与抖音号信息的共享。那么，商家要如何将抖音号绑定为店铺官方账号呢？具体操作步骤如下。

▶▶ 步骤1　进入抖店平台，❶依次单击左侧菜单栏中的"店铺"按钮和"店铺官方账号"按钮，进入"店铺官方账号"页面；❷单击页面中的"立即绑定"按钮，如图3-1所示。

图3-1　单击"立即绑定"按钮

▶▶ 步骤2　进入"抖音号绑定"页面，页面中会出现一个二维码，如图3-2所示，商家需要登录抖音号并扫描该二维码。

▶▶ 步骤3　扫码成功后，"抖音号绑定"页面中会出现抖音号的相关信息，单击下方的"确认绑定"按钮，如图3-3所示。

▶▶ 步骤4　即可将抖音号绑定为店铺官方账号。

图 3-2 "抖音号绑定"页面

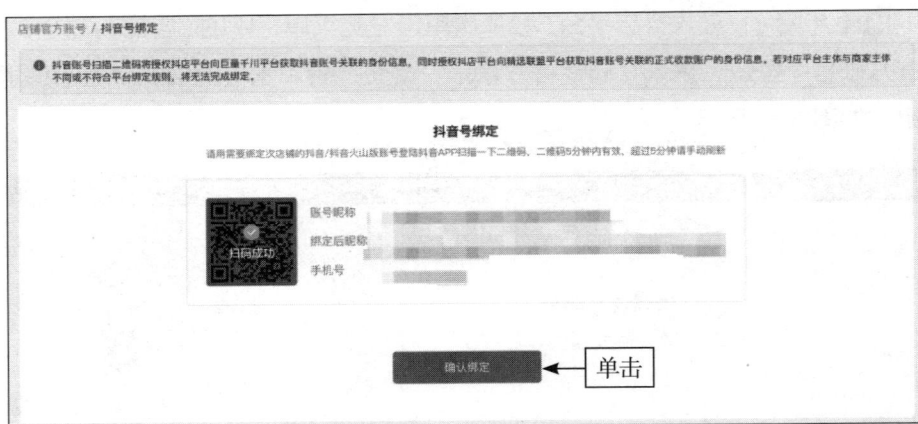

图 3-3 单击"确认绑定"按钮

3.1.2 将店铺官方账号认证为企业号

将抖音号绑定店铺官方账号后，商家还可以直接将官方账号认证为企业号，具体操作步骤如下。

▶▶ 步骤1 进入抖店平台，❶依次单击左侧菜单栏中的"店铺"按钮和"店铺官方账号"按钮，进入"店铺官方账号"页面；❷单击"认证蓝 V 企业号"按钮，如图 3-4 所示。

▶▶ 步骤2 在弹出的"重要消息"对话框中，单击"去认证"按钮，如图 3-5 所示。

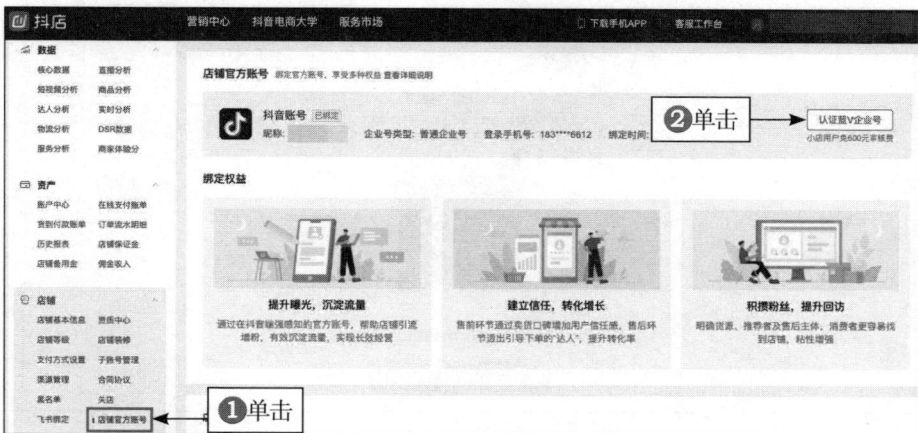

图 3-4 单击"认证蓝 V 企业号"按钮

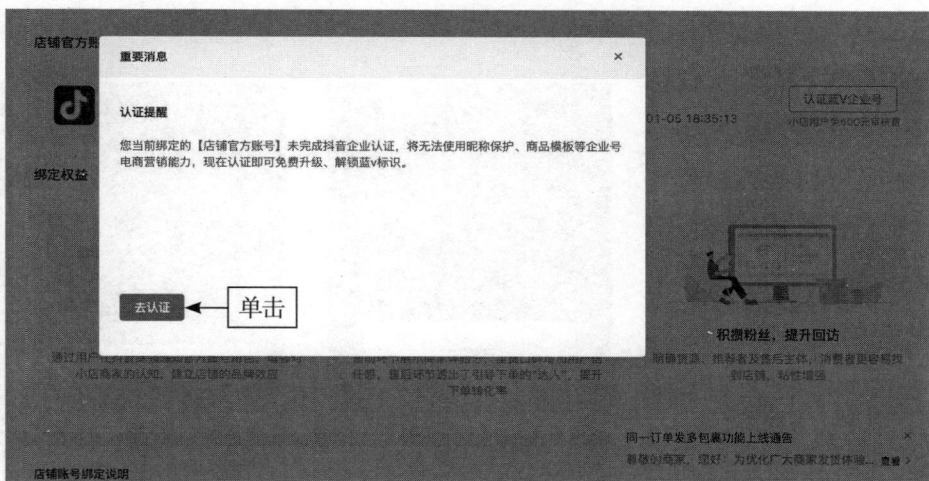

图 3-5 单击"去认证"按钮

▶▶ 步骤3 进入"认证蓝 V 企业号"页面,该页面中会出现一个二维码,如图 3-6 所示,商家需要使用抖音 App 进行扫码。

▶▶ 步骤4 通过抖音 App 的扫码功能扫描图 3-6 中的二维码后,进入"企业号蓝 V 认证申请"界面,❶选中"我已仔细阅读并同意《抖音企业号认证服务协议》"前面的复选框;❷点击"确认认证"按钮,如图 3-7 所示。

▶▶ 步骤5 进入"账号绑定申请"界面,同时界面中弹出"识别成功"对话框,点击"我知道了"按钮,如图 3-8 所示。

图 3-6 　"认证蓝 V 企业号"页面

▶▶ 步骤6　返回"企业号蓝 V 认证申请"界面，同时界面中弹出"认证成功"对话框，如图 3-9 所示。

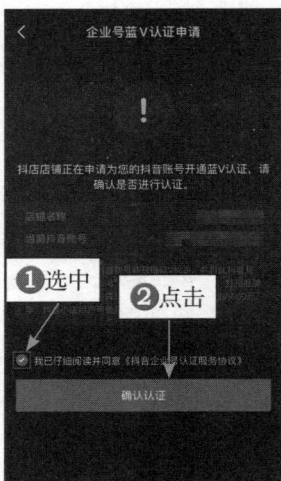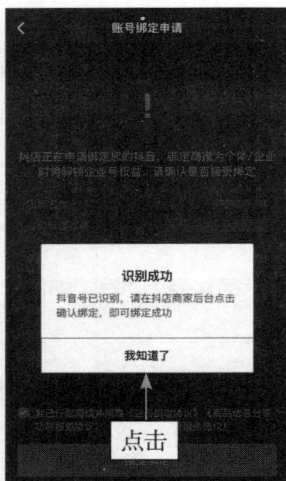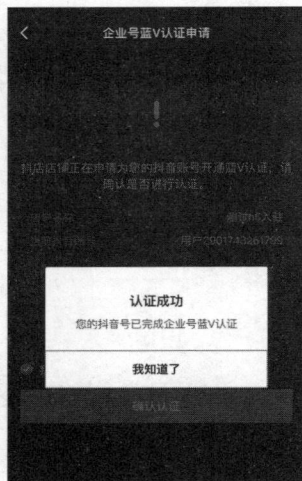

图 3-7　点击"确认认证"　图 3-8　点击"我知道了"　图 3-9　"认证成功"
　　　　　按钮　　　　　　　　　　按钮　　　　　　　　　　　对话框

▶▶ 步骤7　返回"认证蓝 V 企业号"页面，❶选中"我已阅读过并同意《抖音企业号认证服务协议》"前方的复选框；❷单击下方的"确认绑定"按钮，如图 3-10 所示。

▶▶ 步骤8　返回"店铺官方账号"页面，如果页面中显示"已认证企业号"，说明认证企业号成功，如图 3-11 所示。

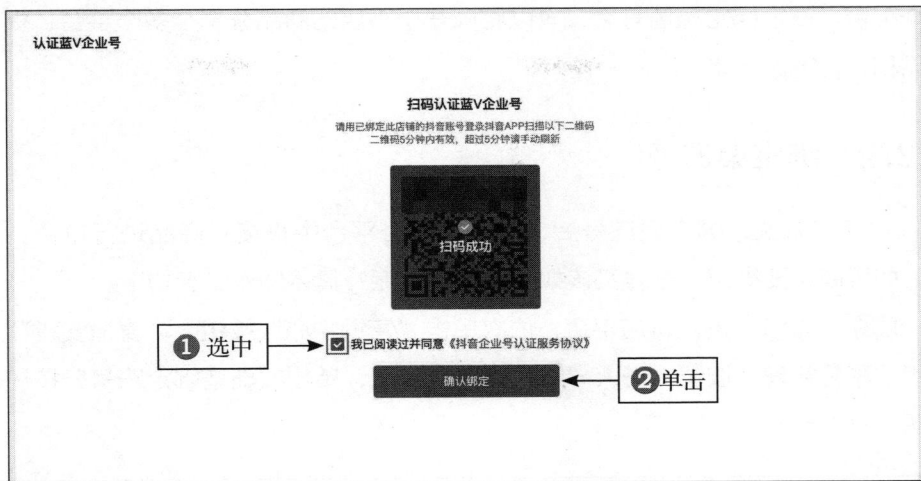

图 3-10 单击"确认绑定"按钮

图 3-11 显示"已认证企业号"

3.2 为店铺绑定渠道号

商家可以通过为抖音小店绑定渠道号来实现多个渠道的 App 账号为店铺引流，从而有效地提升店铺的收益。那么，什么是渠道号？商家又该怎样绑定和解绑渠道号呢？

3.2.1 什么是渠道号

渠道号，简单地理解就是用同一个抖音小店账号登录字节跳动公司旗下的多个平台。商家绑定渠道号后，可以将同一个小店的商品分享至多个平台，提高商品和店铺的曝光量。

3.2.2 绑定渠道号

对商家来说，绑定渠道号后，即可在多个平台中直接对商品进行宣传。那么，如果商家要绑定渠道号又该如何进行操作呢？具体操作步骤如下。

▶▶ 步骤1 进入抖店平台，依次单击"营销中心"按钮、"直播卖货"按钮和"账号管理"按钮，进入"账号管理"页面，单击"新增绑定账号"按钮，如图 3-12 所示。

图 3-12 单击"新增绑定账号"按钮

▶▶ 步骤2 进入"新增绑定账号"页面，❶选中抖音前面的单选按钮；❷单击"登录需要绑定的账号"链接，如图 3-13 所示。

▶▶ 步骤3 在弹出的"手机登录"对话框中，❶输入手机号码和验证码；❷单击下方的"登录"按钮，如图 3-14 所示。

▶▶ 步骤4 返回"新增绑定账号"页面，单击下方的"确定绑定"按钮，即可完成渠道号的绑定。

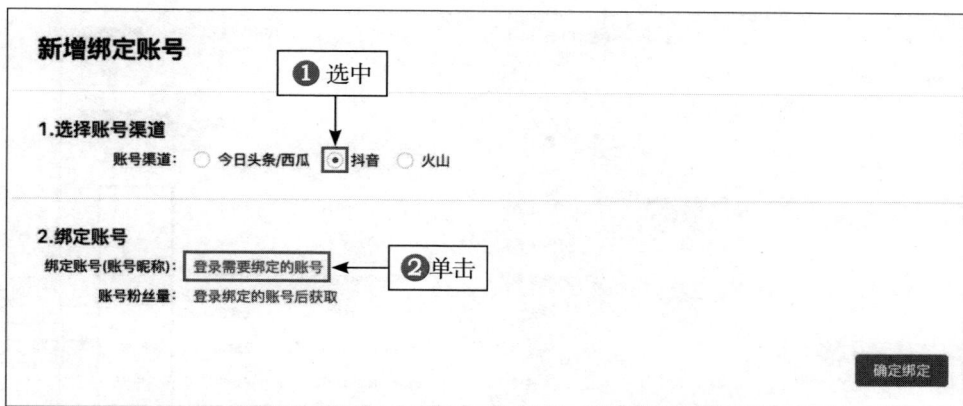

图 3-13 单击"登录需要绑定的账号"链接

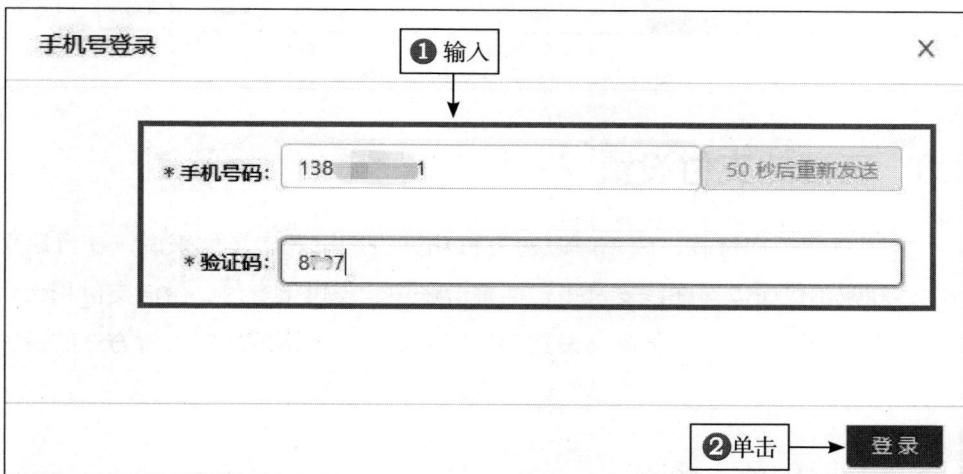

图 3-14 单击"登录"按钮

3.2.3 解绑渠道号

    商家可以通过简单的操作，将已绑定的渠道号解绑。商家在抖店平台中依次单击"营销中心"按钮、"直播卖货"按钮和"账号管理"按钮，进入"账号管理"页面，该页面中的操作一栏会显示"解除绑定"按钮，如图 3-15 所示。商家只需单击对应渠道号后方的"解除绑定"按钮，即可完成渠道号的解绑操作。

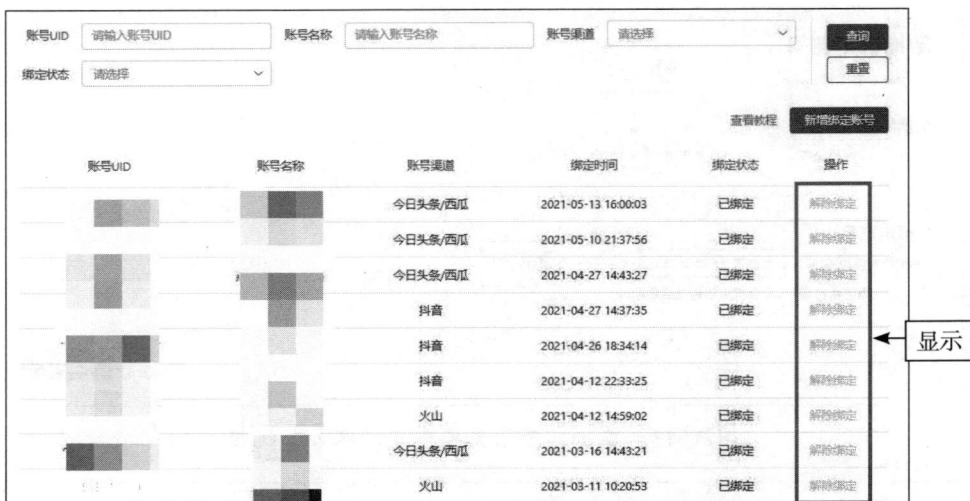

图 3-15　显示"解除绑定"按钮

3.3　店铺的支付设置

为了方便用户付款，商家可以对支付功能进行设置。具体来说，在抖店平台中，商家不仅可以对在线支付（包括聚合账户、支付宝支付、微信支付和合众支付）进行设置，还可以将商品设置为货到付款。本节讲解店铺支付方式的设置技巧。

3.3.1　开通聚合账户

开通聚合账户之后，用户购买店铺中的商品时，可通过支付宝、银行卡、余额和 Dou 分期等方式进行付款。那么，商家要如何开通聚合账户呢？具体操作步骤如下。

▶▶ 步骤 1　进入抖店平台，❶依次单击左侧导航栏中的"店铺"按钮和"支付方式设置"按钮，进入"支付方式设置"页面的"在线支付设置"选项卡；❷单击该板块中的"聚合账户"按钮，进入"聚合账户"页面；❸单击"立即开通"按钮，如图 3-16 所示。

▶▶ 步骤 2　进入"开通聚合账户"页面，核对"资质信息"板块的信息，向下滑动页面至"绑卡信息"板块，如图 3-17 所示。商家需要根据提示在该页面中填写相关信息，并单击"提交"按钮。

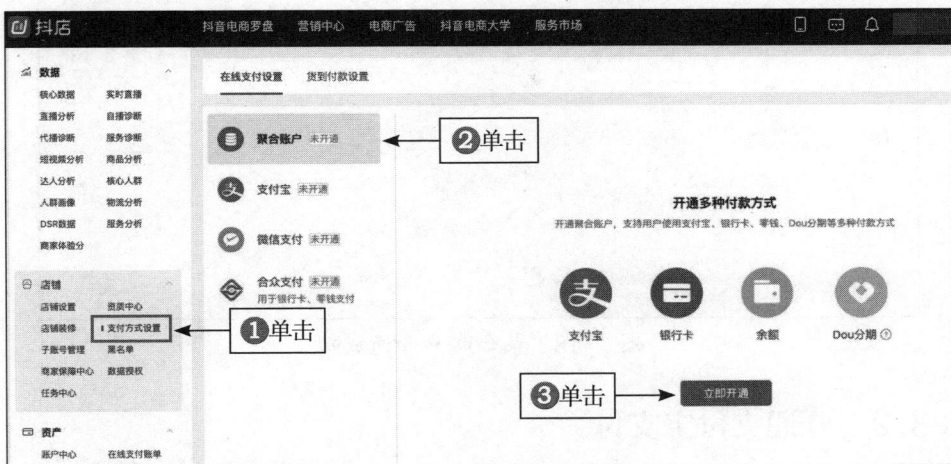

图 3-16 单击"立即开通"按钮

图 3-17 "绑卡信息"板块

▶▶ 步骤3 如果新跳转的页面中显示了"已开通信息"板块，并且支付宝支付、银行卡支付和余额支付显示已开通，说明聚合账户开通成功，如图 3-18 所示。

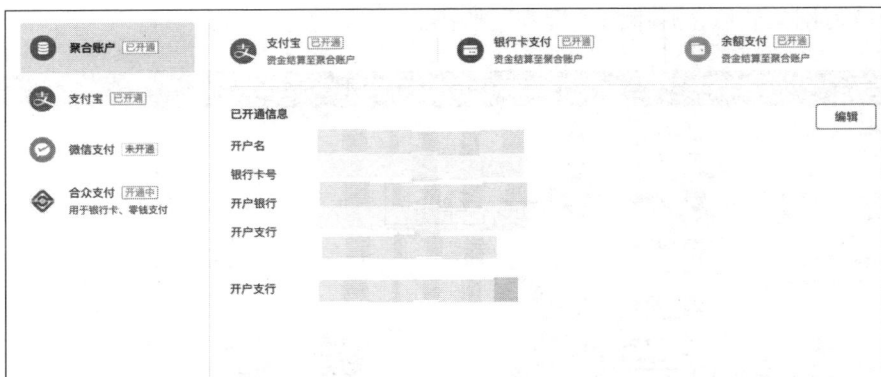

图 3-18　聚合账户开通成功

3.3.2　开通支付宝支付

除了开通聚合账户之外，商家还可以根据自身需求开通具体的支付方式。具体操作步骤如下。

▶▶ 步骤1　进入抖店平台，依次单击"店铺"按钮和"支付方式设置"按钮，进入"支付方式设置"页面的"在线支付设置"选项卡，❶单击菜单栏中的"支付宝"按钮，进入"支付宝"页面；❷单击页面中的"立即开通"按钮，如图 3-19 所示。

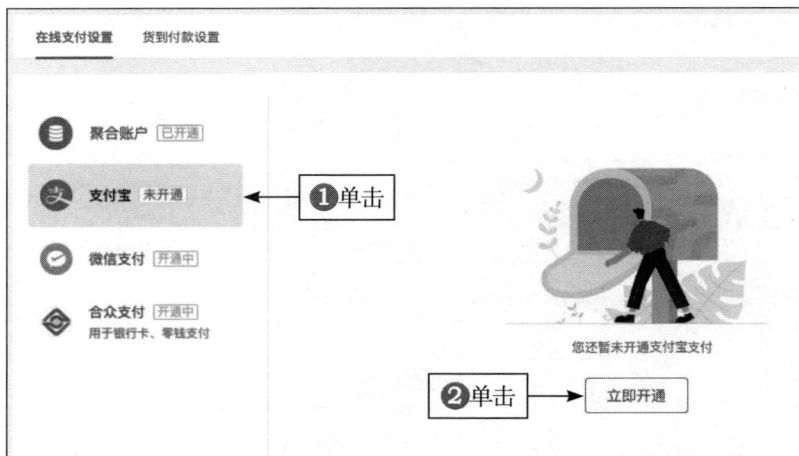

图 3-19　单击"立即开通"按钮

▶▶ 步骤2　进入"开通支付宝支付"页面，核对"资质信息"板块的信息，向下滑动页面至"绑卡信息"板块，如图 3-20 所示。商家需要根据提示在该页面中填写相关信息，并单击"提交"按钮。

图 3-20　"绑卡信息"板块

▶▶ 步骤3　如果新跳转的页面中显示已开通支付宝支付的相关信息，说明支付宝支付开通成功。

3.3.3　开通微信支付

近年来，随着移动支付技术的发展，越来越多的人开始习惯使用微信进行支付。对此，商家可以通过如下步骤开通微信支付功能，让用户使用微信就能完成支付。

▶▶ 步骤1　进入抖店平台，单击"店铺"按钮和"支付方式设置"按钮，进入"支付方式设置"页面的"在线支付设置"选项卡，❶单击菜单栏中的"微信支付"按钮，进入"微信支付"页面；❷单击"立即开通"按钮，如图 3-21所示。

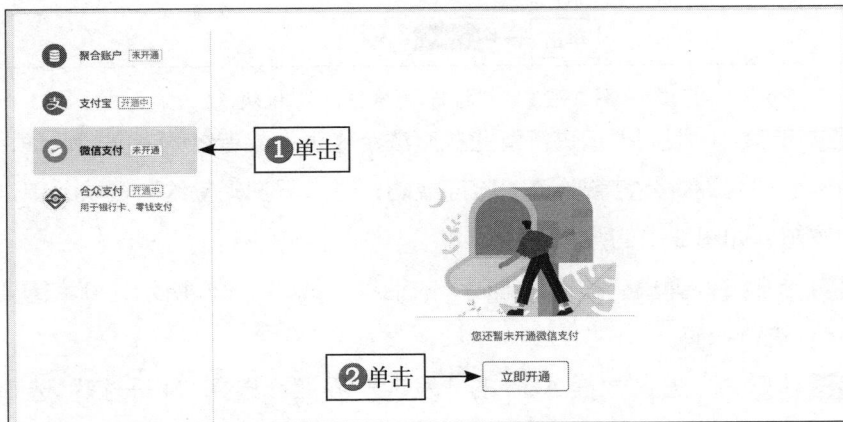

图 3-21　单击"立即开通"按钮

▶▶ 步骤2 进入"开通微信支付"页面，核对"资质信息"板块和"绑卡信息"板块的信息，向下滑动页面至"超级管理员信息"板块，如图 3-22 所示，商家需要根据提示在该页面中填写超级管理员的相关信息。

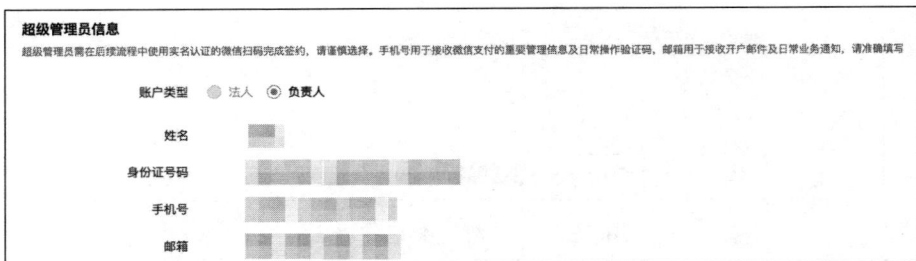

图 3-22 "超级管理员信息"板块

▶▶ 步骤3 向下滑动页面至"特殊资质信息"板块，如图 3-23 所示，商家根据提示在该页面中填写特殊资质的相关信息，并单击页面下方的"提交"按钮。

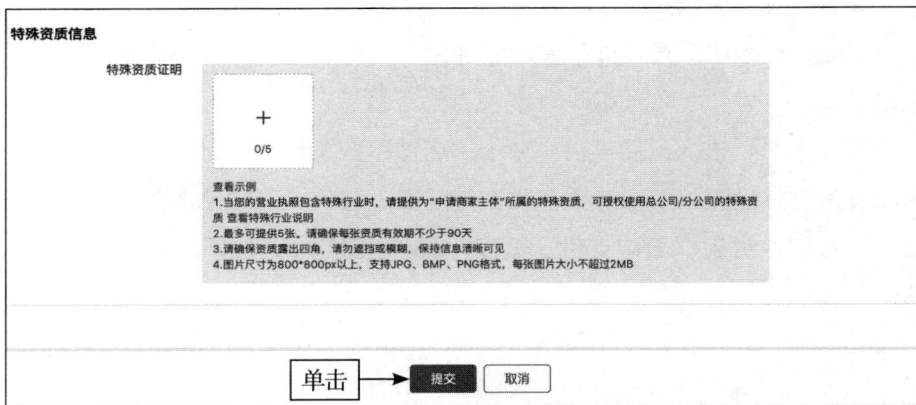

图 3-23 "特殊资质信息"板块

▶▶ 步骤4 根据提示进行营业执照法定代表人或者经营者实名认证，以及营业执照公司名称对公打款验证。验证成功，进入"扫码签约"板块，单击"去签约"按钮，如图 3-24 所示。

▶▶ 步骤5 弹出"扫描二维码"对话框，如图 3-25 所示，商家需要使用微信 App 进行扫码。

▶▶ 步骤6 进入微信 App 的"发现"界面，选择"扫一扫"选项，如图 3-26 所示。

▶▶ 步骤7 进入"扫一扫"界面，将手机摄像头对准图 3-25 中的二维码，如图 3-27 所示。

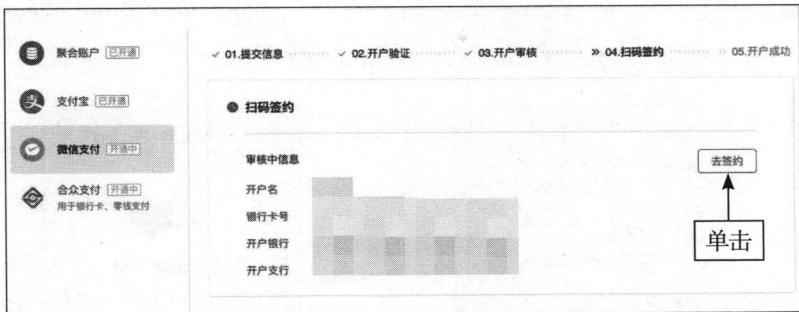

图 3-24　单击"去签约"按钮

图 3-25　弹出"扫描二维码"对话框

图 3-26　选择"扫一扫"选项　　图 3-27　"扫一扫"界面

▶▶ 步骤8 进入"协议签署"界面，核对界面中的相关信息，确认无误后，单击下方的"确认开户意愿并签署"按钮，如图 3-28 所示。

▶▶ 步骤9 进入"提示-微信商户平台"界面，如果界面中显示"已签约成功"，就说明微信支付开通成功，如图 3-29 所示。

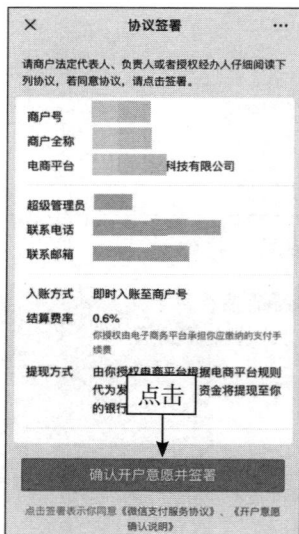

图 3-28　点击"确认开户意愿并签署"按钮　图 3-29　微信支付开通成功

需要注意的是，在开通微信支付之前，商家需要先开通聚合账户。否则，商家点击微信支付页面中的"立即开通"按钮后，弹出"开通微信支付，需要先完成聚合账户开通"对话框，如图 3-30 所示。

图 3-30　弹出"开通微信支付，需先完成聚合账户开通"对话框

3.3.4 开通合众支付

开通合众支付后，商家可通过抖音等 App 中绑定的银行卡和零钱功能，向购物的用户收取货款。那么，商家要如何开通合众支付功能呢？具体操作步骤如下。

▶▶ 步骤1 进入抖店平台，单击"店铺"按钮和"支付方式设置"按钮，进入"支付方式设置"页面的"在线支付设置"选项卡，❶单击菜单栏中的"合众支付"按钮，进入"合众支付"页面；❷单击"立即开通"按钮，如图 3-31 所示。

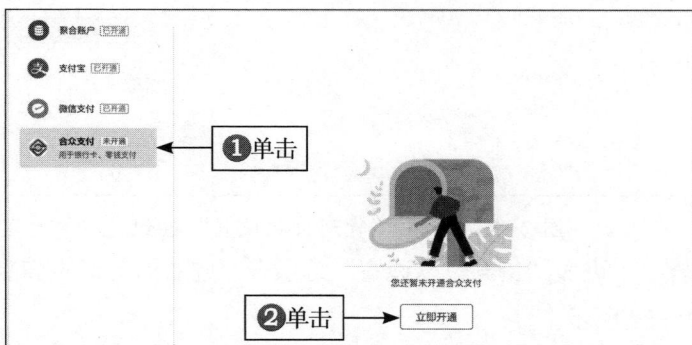

图 3-31 单击"立即开通"按钮

▶▶ 步骤2 进入"开通合众支付"页面，在该页面中核对资质信息、填写绑卡信息，并单击下方的"提交"按钮，提交开通合众支付功能申请。

▶▶ 步骤3 如果页面中显示"信息审核通过"，说明合众支付功能开通成功，如图 3-32 所示。

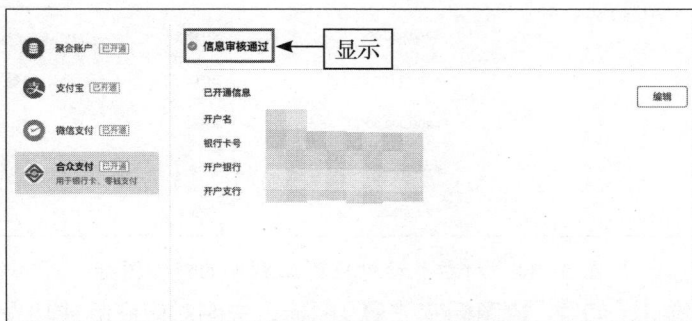

图 3-32 合众支付功能开通成功

3.3.5 设置货到付款

抖店平台中支持将商品设置成货到付款，具体操作步骤如下。

▶▶ 步骤1 进入抖店平台的"在线支付设置"选项卡，单击"货到付款设置"按钮，如图3-33所示。

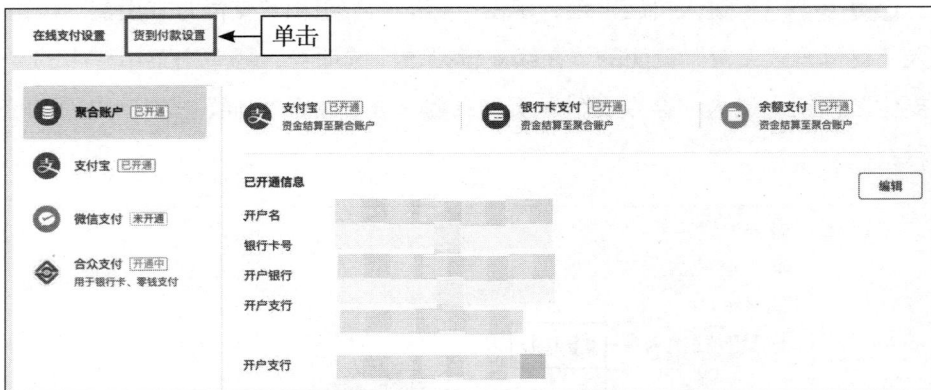

图3-33 单击"货到付款设置"按钮

▶▶ 步骤2 进入"货到付款设置"选项卡，向右滑动对应商品右侧的⬭图标，如图3-34所示。

图3-34 向右滑动对应商品右侧的⬭图标

▶▶ 步骤3 如果⬭图标变成⬤图标，说明对应商品成功设置成货到付款，如图3-35所示。

类目	保证金额度	货到付款状态	操作
DIY电脑	￥200,000.00	未开通	
MP3/MP4/iPod/录音笔	￥200,000.00	未开通	
ZIPPO/瑞士军刀/眼镜	￥20,000.00	未开通	变化
茶	￥200,000.00	未开通	
女鞋	￥20,000.00	已开通	
手机	￥200,000.00	未开通	
男鞋	￥20,000.00	未开通	
电子/电工	￥20,000.00	未开通	

图 3-35　对应商品成功设置成货到付款

3.4　店铺子账号的管理

　　店铺子账号可以理解成店铺官方账号的附属账号，商家可通过一定的操作，根据员工的工作内容为其新建子账号，让员工拥有商品管理、订单管理、客服功能、活动功能等权限。本节讲解店铺子账号的管理操作技巧，增加商家对店铺子账号的了解。

3.4.1　新建子账号

　　为了让员工更好地进行相关操作，商家可以为特定员工新建账号。新建子账号的具体操作步骤如下。

　　▶▶ 步骤 1　进入抖店平台，依次单击左侧菜单栏中的"店铺"按钮和"子账号管理"按钮，进入子账号管理页面的"账户管理"选项卡。单击"新建账号"按钮，如图 3-36 所示。

　　▶▶ 步骤 2　弹出"新建账号"对话框，如图 3-37 所示。商家根据提示在对话框中设置相关信息，并单击下方的"新建"按钮。

　　▶▶ 步骤 3　返回"账户管理"板块，如果该板块中出现了刚刚新建的账号，并且显示账号"已启用"，说明子账号新建成功，如图 3-38 所示。

第 3 章

账号管理：做好相关信息的设置和调整

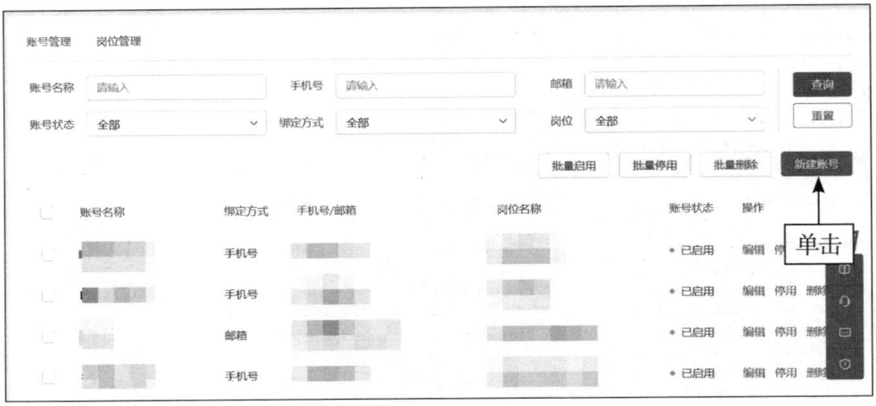

图 3-36　单击"新建账号"按钮

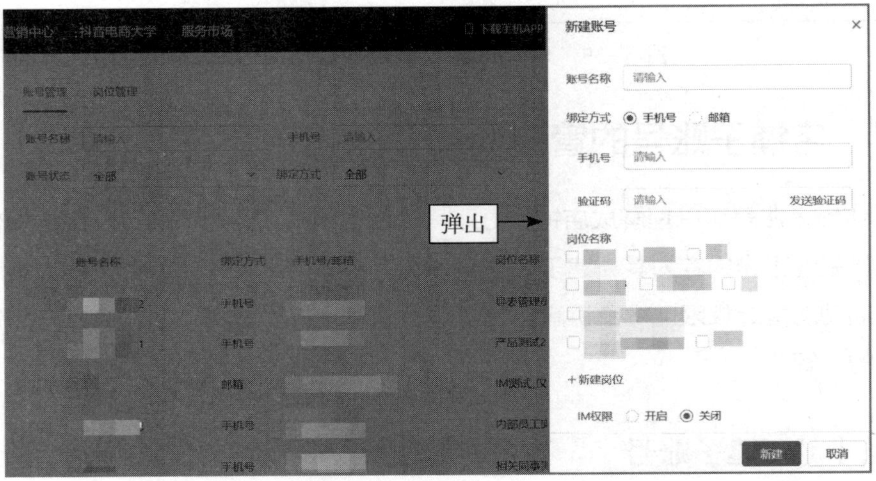

图 3-37　弹出"新建账号"对话框

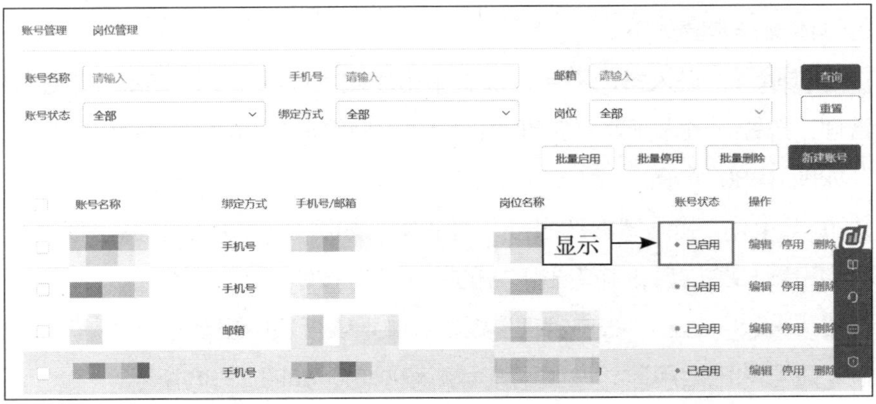

图 3-38　子账号新建成功

3.4.2 删除子账号

除了新建子账号之外，商家还可以删除子账号。具体来说，商家可以进入抖店平台的"账户管理"选项卡，单击该选项卡中对应子账号后方的"删除"按钮，如图 3-39 所示。执行操作后，即可删除对应的子账号。

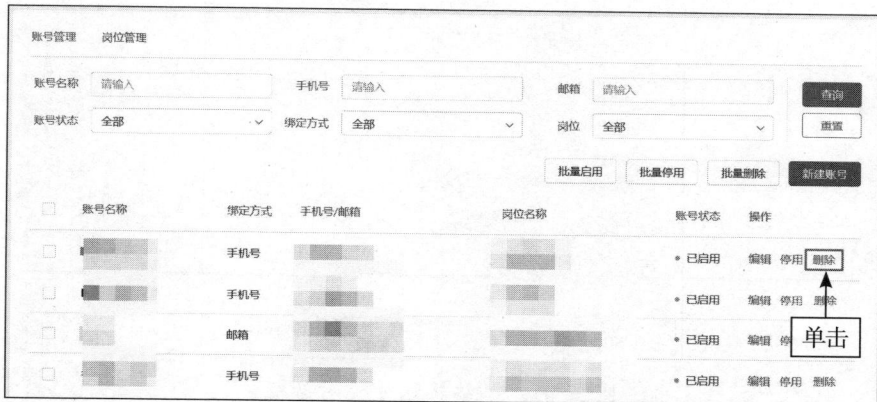

图 3-39 单击"删除"按钮

3.4.3 编辑子账号信息

如果员工的工作内容发生变化，商家还可以通过对子账号的编辑，调整员工账号的权限，具体操作步骤如下。

▶▶ 步骤1 进入抖店平台的"账户管理"板块，单击该选项卡中对应子账号后面的"编辑"按钮，如图 3-40 所示。

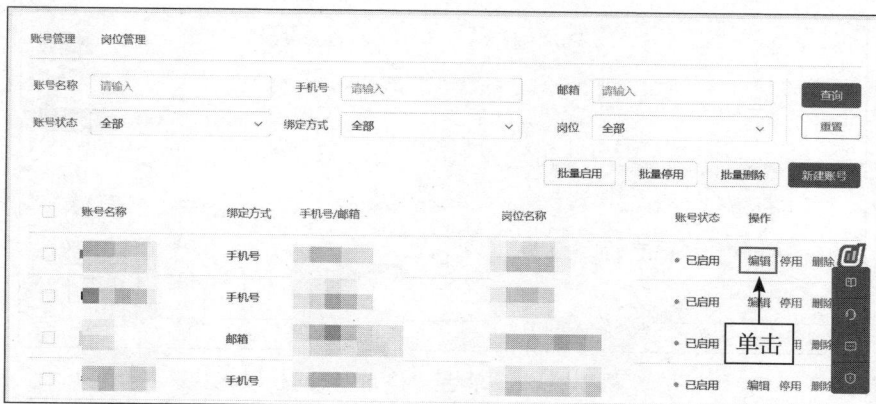

图 3-40 单击"编辑"按钮

▶▶ 步骤 2 弹出"编辑账号"对话框，如图 3-41 所示。商家根据自身需求设置该对话框中的相关信息，并单击"保存"按钮。

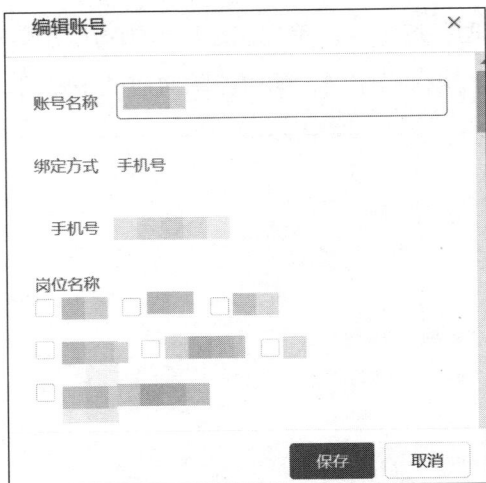

图 3-41 "编辑账号"对话框

▶▶ 步骤 3 即可保存已调整的子账号信息，完成对子账号信息的编辑。

3.4.4 停用与启用子账号

如果商家觉得某个子账号不再使用，则停用该账号。具体来说，商家进入抖店平台的"账户管理"选项卡，单击该选项卡中对应子账号后面的"停用"按钮，如图 3-42 所示，即可停用对应的子账号。

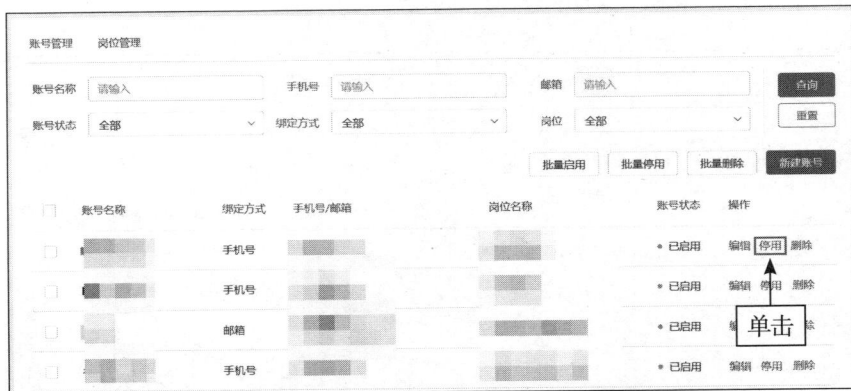

图 3-42 单击"停用"按钮

如果已经停用的子账号需要再次使用，商家可通过简单的操作重新启用该账号。具体来说，商家可以进入抖店平台的"账户管理"选项卡，单击该选项卡中需要再次使用的子账号后面的"启用"按钮，如图 3-43 所示，即可重新启用该子账号。

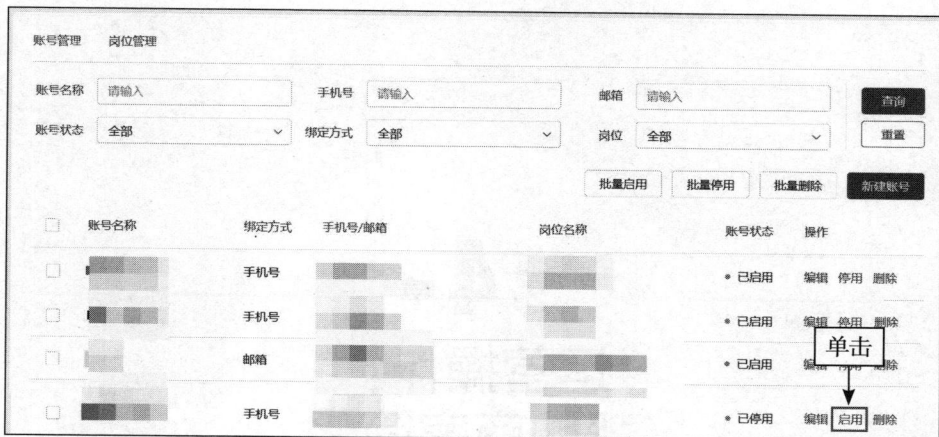

图 3-43　单击"启用"按钮

账号管理：做好相关信息的设置和调整

第 **4** 章

运营操作：
帮助商家简化
工作，提升效率

很多事都是有技巧的，抖音小店的运营操作也是如此。本章介绍抖音小店的一些运营操作技巧，帮助大家简化店铺运营工作，提升运营效率。

4.1　运营店铺的常见操作技巧

为了更好地运营店铺，提高运营的效率，商家需要掌握一些常见的操作技巧。

4.1.1　快速切换店铺

如果商家使用同一个手机号注册了多个店铺，那么可以通过如下操作步骤切换店铺，进入对应的店铺。

▶▶ 步骤1　进入抖店的"首页"页面，❶单击页面右侧的 图标；❷在弹出的面板中选择"切换店铺"选项，如图4-1所示。

图4-1　选择"切换店铺"选项

▶▶ 步骤2　进入"选择店铺"页面，如图4-2所示。商家只需单击对应店铺下方的"进入店铺"按钮，即可进入对应的店铺，实现店铺的切换。

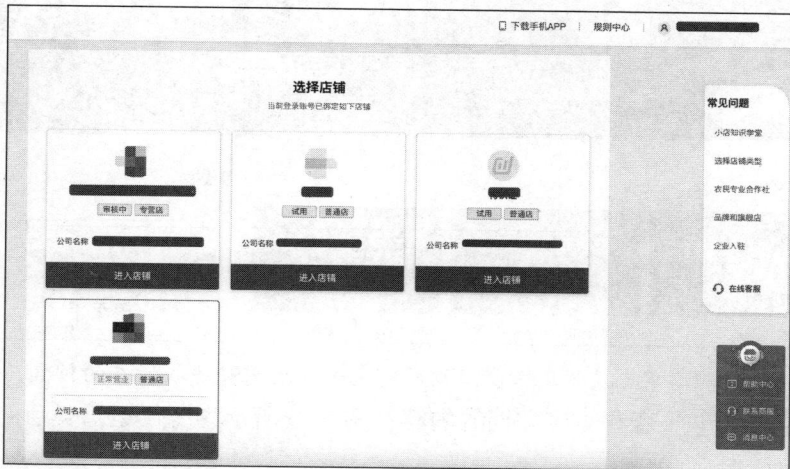

图4-2　"选择店铺"页面

4.1.2　消息的设置和查阅

通知消息是商家获得信息的重要渠道之一，商家可以通过抖店支持的功能对通知消息进行查阅和设置。图4-3所示为抖店App支持的通知消息功能。

- 支持商家快速了解店铺经营的相关通知：点击顶部【处罚预警】【店铺动态】【商品消息】【订单消息】查看相关通知，也可以在【其他消息】中查看【售后消息】【账户资金】【官方通知】
- 支持商家订阅不同类型的平台通知消息
- 支持商家设置通知消息在手机上的提醒类型，选择是否开启声音和震动提醒

图4-3　抖店App支持的通知消息功能

4.1.3　查看官方的公告

为了及时了解抖店平台的相关规则和新资讯，商家需要查看官方的公告。对此，商家可通过如下操作在抖音电商学习中心中查看抖店的相关公告。

▶▶ 步骤1　进入抖音电商学习中心平台的"首页"页面，单击右侧"公告栏"板块中《代运营类目商服绑定关系变更公告》所在的位置，如图4-4所示。

图4-4　单击《代运营类目商服绑定关系变更公告》所在的位置

▶▶ 步骤2　查看对应文档的内容。图4-5所示为《代运营类目商服绑定关系变更公告》的内容。

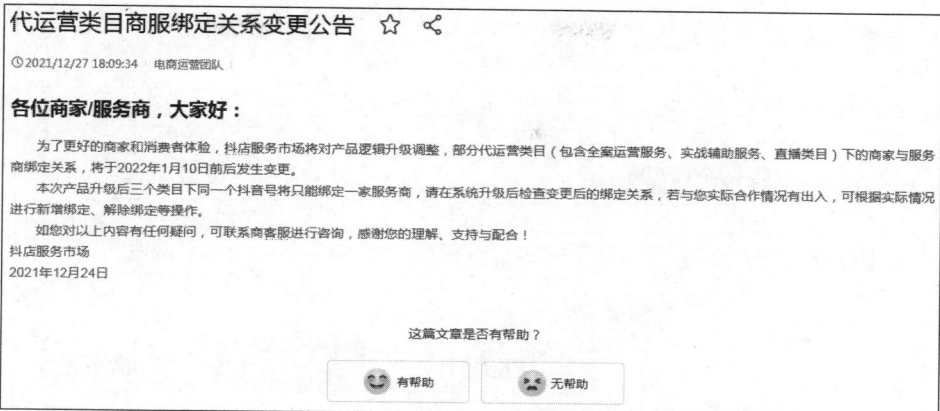

代运营类目商服绑定关系变更公告　☆　⤳

🕐 2021/12/27 18:09:34　电商运营团队

各位商家/服务商，大家好：

　　为了更好的商家和消费者体验，抖店服务市场将对产品逻辑升级调整，部分代运营类目（包含全案运营服务、实战辅助服务、直播类目）下的商家与服务商绑定关系，将于2022年1月10日前后发生变更。

　　本次产品升级后三个类目下同一个抖音号将只能绑定一家服务商，请在系统升级后检查变更后的绑定关系，若与您实际合作情况有出入，可根据实际情况进行新增绑定、解除绑定等操作。

　　如您对以上内容有任何疑问，可联系商客服进行咨询，感谢您的理解、支持与配合！

抖店服务市场
2021年12月24日

这篇文章是否有帮助？

😊 有帮助　　😣 无帮助

图 4-5　《代运营类目商服绑定关系变更公告》的内容

4.1.4　使用飞鸽提升客服效率

　　飞鸽是抖店的一款交流沟通软件，商家可以使用该软件与消费者进行交流，解决销售过程中出现的问题，提升客服的效率。具体来说，商家可通过如下操作，下载并登录飞鸽客户端。

　　▶▶ 步骤1　进入飞鸽官网平台，单击页面左侧的"下载 Win 桌面客户端"按钮，如图 4-6 所示。

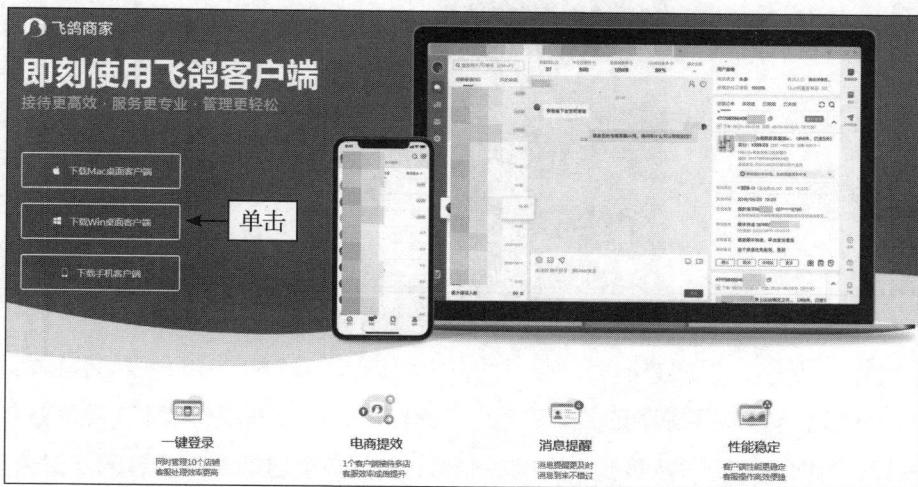

图 4-6　单击"下载 Win 桌面客户端"按钮

　　▶▶ 步骤2　在弹出的"新建下载任务"面板中，单击下方的"下载"按钮，如图 4-7 所示。

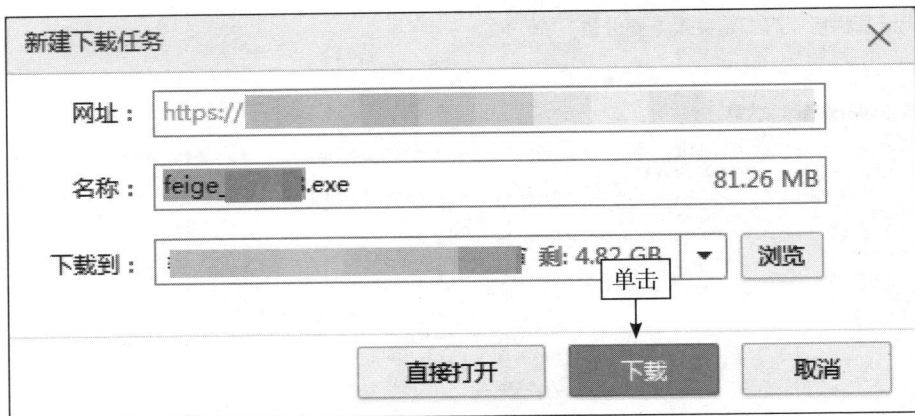

图 4-7 单击"下载"按钮

▶▶ 步骤3 下载完成后，根据系统提示安装并运用飞鸽客户端，即可进入飞鸽客户端。在弹出的登录面板中，商家可以选择用手机、邮箱和抖音等方式登录，如图 4-8 所示。

图 4-8 弹出登录面板

▶▶ 步骤4 根据要求登录账号后，即可进入飞鸽客户端的聊天窗口页面，如图 4-9 所示。需要说明的是，商家可以单击飞鸽客户端聊天窗口页面上方的 ➕ 图标，根据提示同时登录多个店铺的账号，实现多个店铺聊天信息的实时管理。

除了掌握飞鸽客户端的登录方法之外，商家还需要了解飞鸽客户端的相关信息和操作方法。

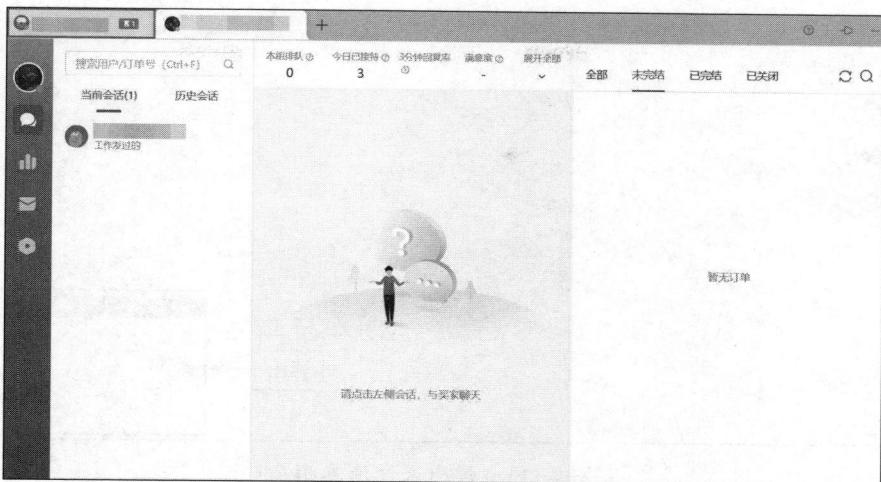

图 4-9　进入飞鸽客户端的聊天窗口页面

　　例如，登录飞鸽客户端之后，右击电脑任务栏中的 图标，弹出一个账号状态面板，商家可以在该面板中切换客服状态或打开聊天窗口和主窗口，如图 4-10 所示。

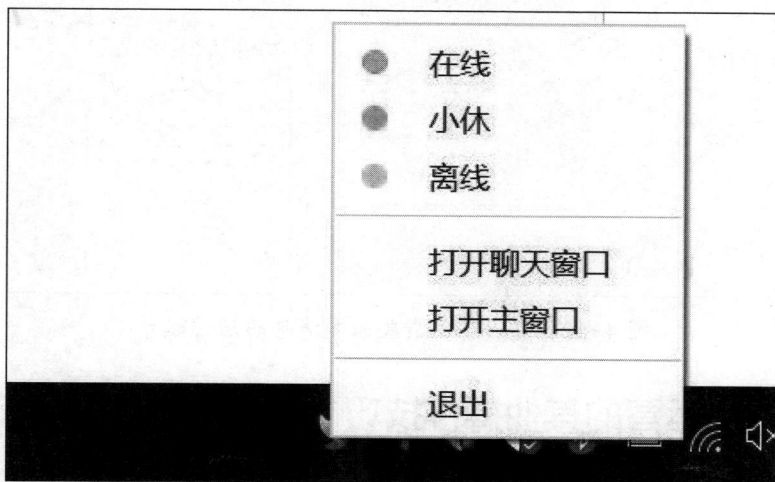

图 4-10　弹出账号状态面板

　　又如，当有新消息时，页面下方弹出未读消息框，如图 4-11 所示。商家看到未读消息框后，需要单击弹出的消息框，及时与相关人员进行沟通。

　　另外，进入飞鸽客户端的聊天窗口页面后，如果还有未回复的消息，那么页面上方会突出显示对应的店铺账号，而且会显示待回复的用户数量，如图 4-12 所示。

图 4-11　弹出未读消息框

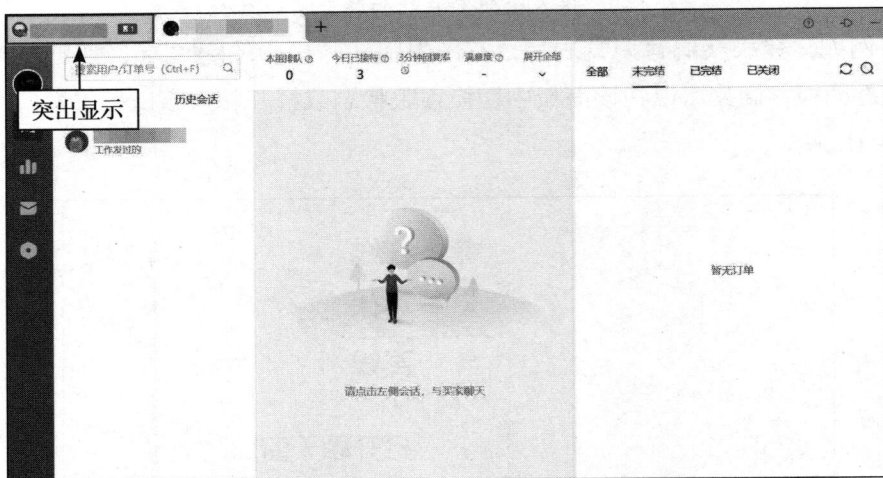

图 4-12　突出显示需要回复消息的店铺账号

4.2　店铺运营的其他操作技巧

在抖音小店的运营过程中，除了本章 4.1 节中提到的操作技巧之外，商家还需要掌握一些其他的操作技巧。

4.2.1　完成店铺新手任务

入驻抖店平台后，商家应该立刻完成新手任务，这不仅可以熟悉相关操作，而且完成任务之后还能获得专属流量。那么，商家要如何完成新手任务呢？下面介绍具体的操作步骤。

▶▶ 步骤1 进入抖店平台，依次单击左侧导航栏中的"店铺"按钮和"任务中心"按钮，即可进入"任务中心"页面，如图4-13所示。该页面中会为商家展示各种需要完成的任务，单击对应任务后方的按钮。

图4-13 进入任务中心页面

专家指点：任务中心页面中包括四个板块，即"能力认证""新手启动""提升流量"和"经营进阶"。这些板块中都有一些对应的任务，商家可以根据需求先完成某个板块的任务，也可以根据板块的呈现顺序依次完成各项任务。

▶▶ 步骤2 自动跳转至对应任务的操作入口页面，商家只需根据提示进行操作，即可完成对应的任务。

完成任务后，商家还可以通过如下步骤查看任务奖励的明细。

▶▶ 步骤1 进入抖店平台的"任务中心"页面，单击右侧"任务总览"板块中的"明细"按钮，如图4-14所示。

▶▶ 步骤2 在弹出的"奖励明细"面板中会显示完成任务已获得的奖励，如图4-15所示。

图 4-14　单击"明细"按钮

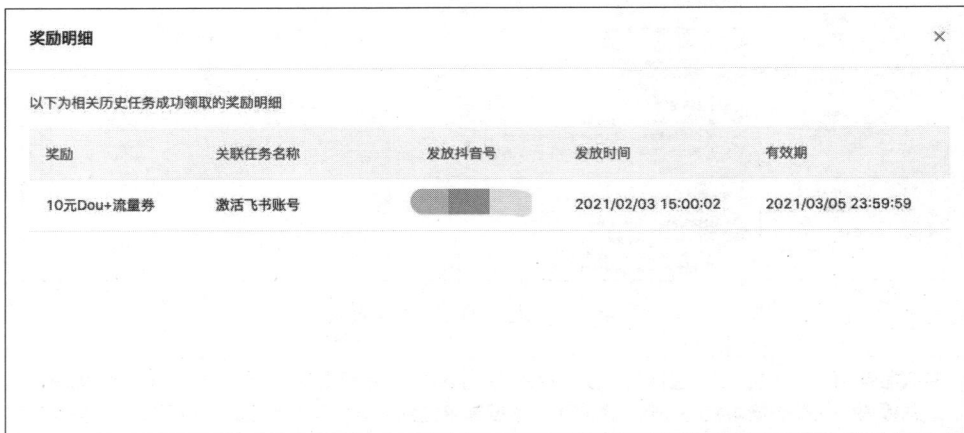

图 4-15　弹出"奖励明细"面板

4.2.2　与平台进行 API 对接

商家可通过与平台进行 API（Application Programming Interface，应用编程接口）对接，实现定制功能和数据的同步。具体操作步骤如下。

▶▶ 步骤1　进入抖店平台的"首页"页面，将鼠标停留在导航栏的"更多"按钮上会弹出一个下拉列表框，单击"开放平台"按钮，如图 4-16 所示。

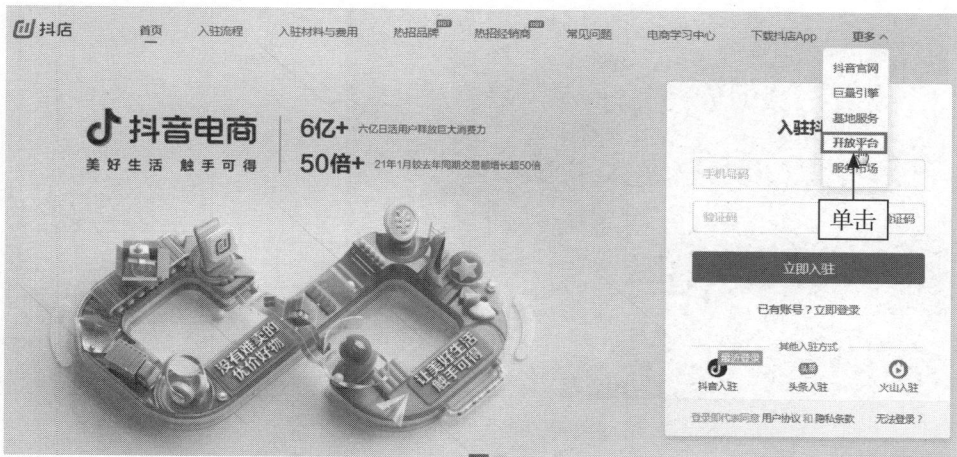

图 4-16　单击"开放平台"按钮

▶▶步骤2　进入"抖店 | 开放平台"的官网默认页面，单击右上方的"登录 / 注册"按钮，如图 4-17 所示。

图 4-17　单击"登录 / 注册"按钮

▶▶步骤3　进入"抖店 | 开放平台"的账号登录页面，商家可以在右侧的"欢迎登录抖店开放平台"板块中选择登录的方式。以选择手机登录为例，❶商家需要输入手机号和验证码；❷单击"登录"按钮，如图 4-18 所示。

▶▶步骤4　进入"抖店 | 开放平台"的"应用中心"页面，页面中弹出"完成开发者认证后，才能创建应用"对话框，单击"立即认证"按钮，如图 4-19 所示。

图 4-18　单击"登录"按钮

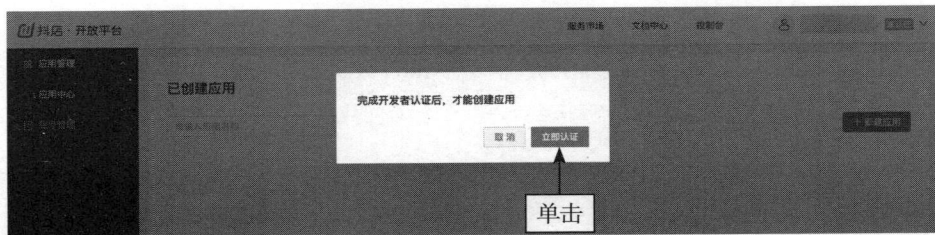

图 4-19　单击"立即认证"按钮

▶▶ 步骤5　根据提示进行认证操作，认证完成后，单击图 4-19 中的"＋新建应用"按钮，进入"创建应用"页面的"01.选择应用业务类型"板块，单击"电商后台应用"下方的"选择"按钮，如图 4-20 所示。

图 4-20　单击"选择"按钮

▶▶ 步骤6　进入"02.确定应用类目"板块，❶在该板块中选择类目；❷单击"下一步"按钮，如图 4-21 所示。

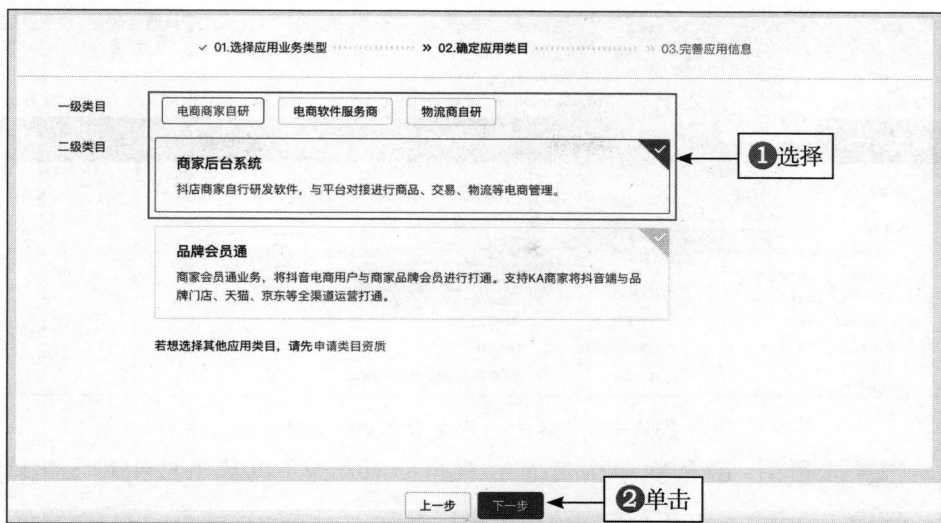

图 4-21　单击"下一步"按钮

▶▶ 步骤7　进入"03.完善应用信息"板块，❶在该板块中输入应用名称和描述；❷选中"同意《抖店开放平台服务协议》"复选框；❸单击"确定创建"按钮，如图 4-22 所示，即可完成应用的创建。

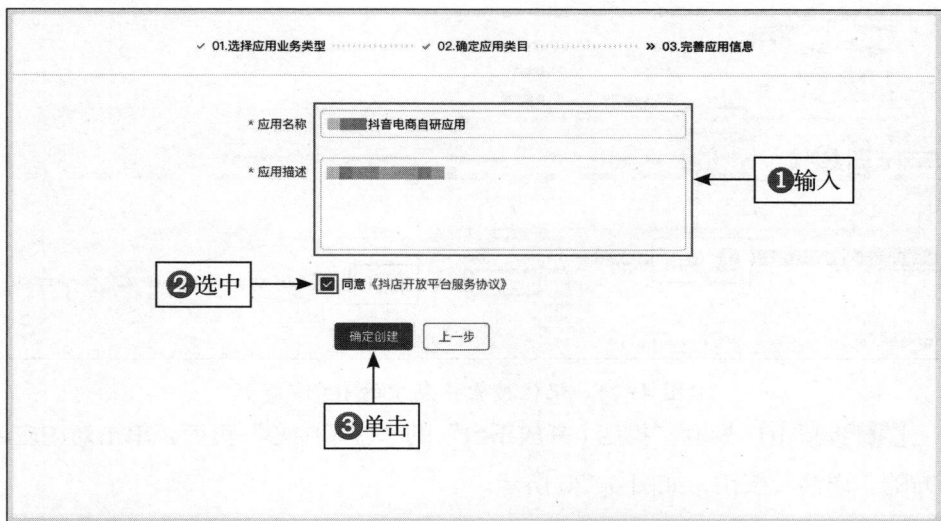

图 4-22　单击"确定创建"按钮

▶▶ 步骤8　使用 Chrome 浏览器登录抖店后台，❶单击页面上方的"视图"按钮；❷依次单击下拉列表框中的"开发者"按钮和"开发者工具"按钮，如图 4-23 所示。

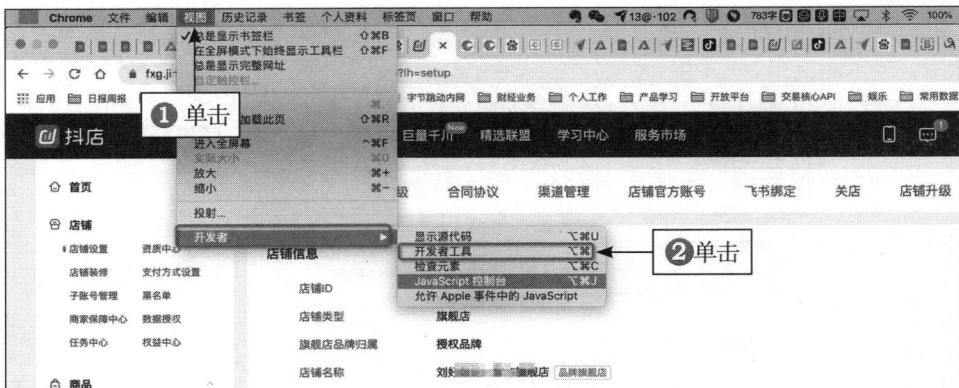

图 4-23　单击"开发者工具"按钮

▶▶步骤9　❶依次单击页面下方的 Network（网络）按钮和 XHR 按钮；❷输入 getshoplist（购物清单）进行搜索，记住搜索信息中的 ID 信息，如图 4-24 所示。

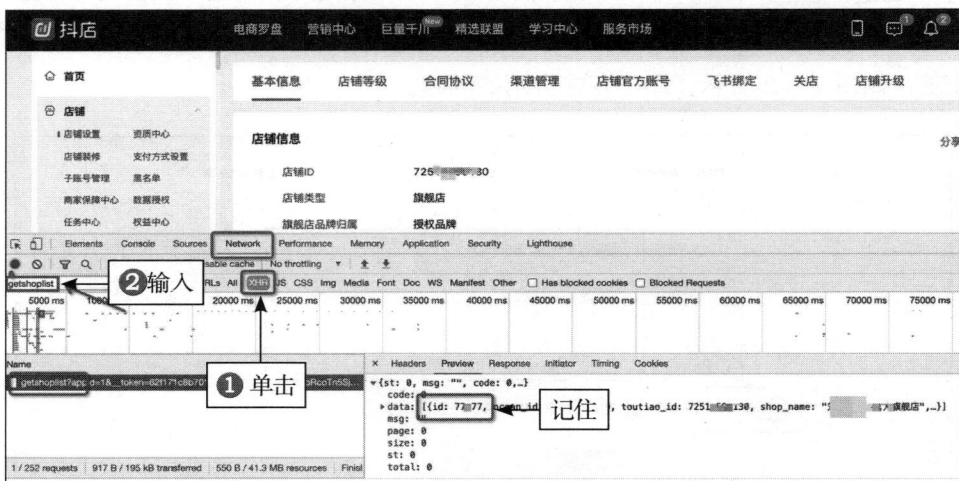

图 4-24　记住搜索信息中的 ID 信息

▶▶步骤10　返回"抖店丨开放平台"的"应用中心"页面，单击对应应用下方的"详情"按钮，如图 4-25 所示。

▶▶步骤11　进入对应的应用中心，❶单击左侧导航栏中的"授权管理"按钮，进入"授权管理"页面；❷单击"＋添加店铺授权"按钮，如图 4-26 所示。

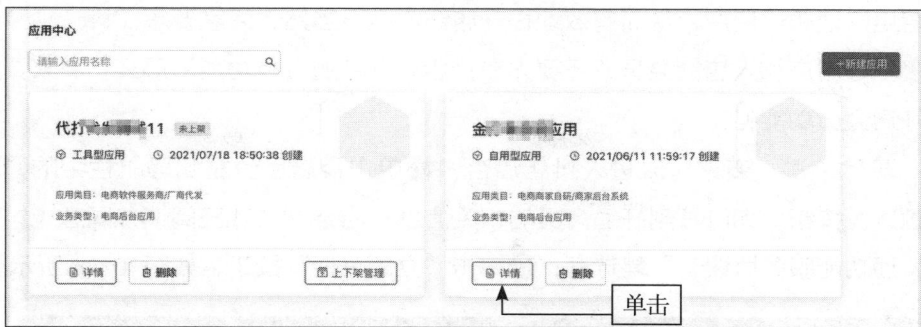

图 4-25　单击"详情"按钮

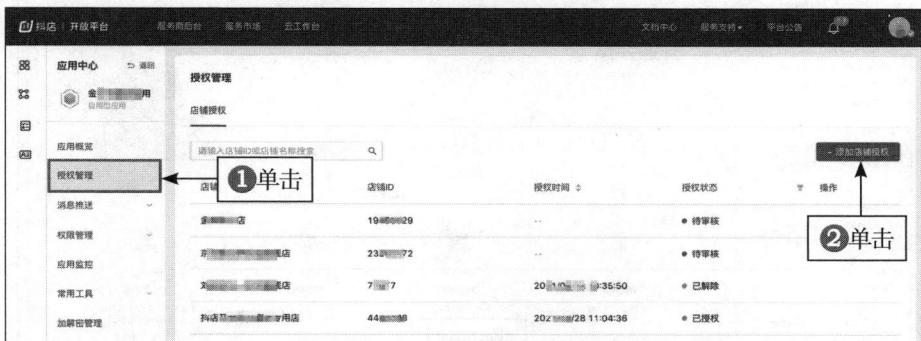

图 4-26　单击"＋添加店铺授权"按钮

▶▶步骤 12　在弹出的"添加店铺授权"对话框中，❶输入之前记住的店铺ID；❷单击"提交审核"按钮，如图 4-27 所示。

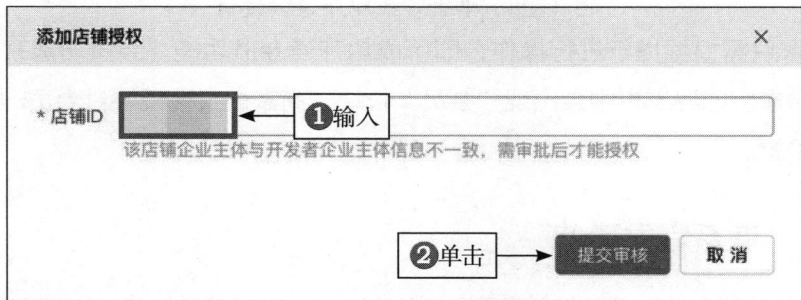

图 4-27　单击"提交审核"按钮

▶▶步骤 13　即可为应用添加店铺授权，实现 API 的对接。

4.2.3　开通会员功能

抖音电商上线了"店铺会员"功能，商家可以引导用户加入店铺会员，让运营更好地触达用户，从而有效地提升店铺收益。当然，商家要想在抖音平台中直接引导用户加入店铺会员，还要先在抖店后台开通会员功能。那么，商家要如何开通会员功能呢？

具体来说，商家可以进入抖店后台，❶单击抖店后台左侧导航栏中的"人群触达"按钮，即可看到开通会员的相关信息；❷选中"我已阅读并同意《抖店会员通功能服务协议》"复选框；❸单击"立即开通"按钮，如图4-28所示。

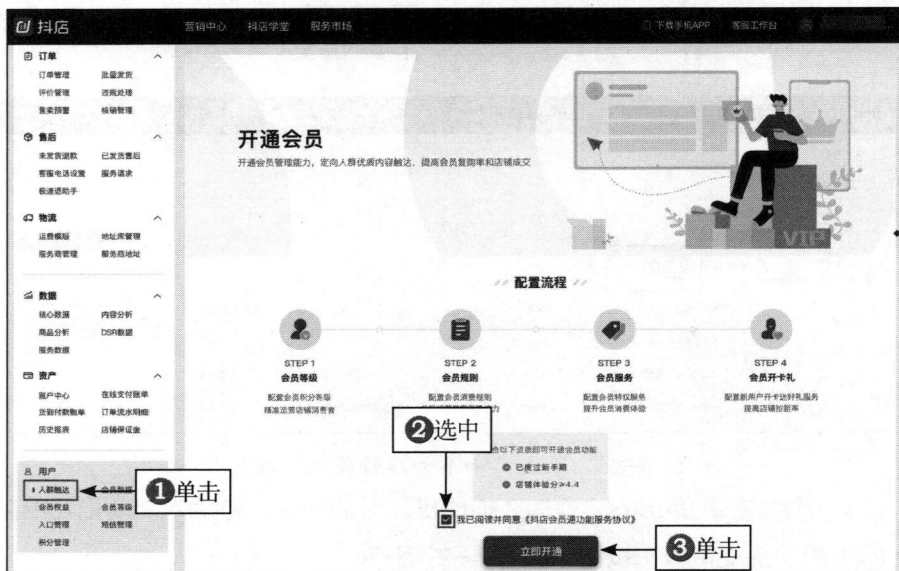

图4-28　单击"立即开通"按钮

商家只需根据提示进行操作，即可成功开通会员功能。会员功能开通后，抖店后台左侧的导航栏中会出现"会员"板块，商家进入该板块对会员的相关信息进行设置。

4.2.4　联系官方运营

商家主动联系抖音电商官方运营，这样做不仅可以获得更多专属资源和福利，还可以优先体验相关功能。那么，商家如何联系抖音电商官方运营呢？具体操作步骤如下。

▶▶ 步骤1　进入抖店平台的"首页"页面，单击右下方的"联系运营"按钮，如图4-29所示。

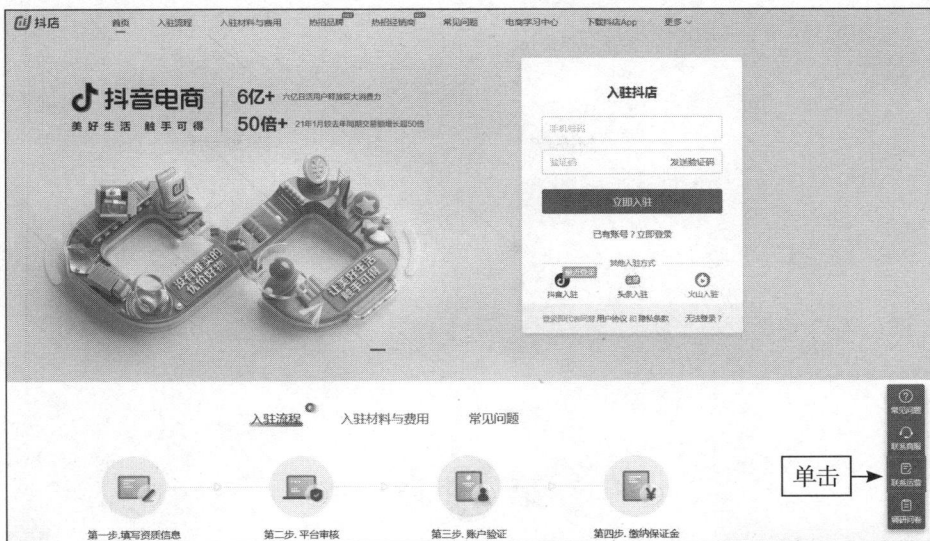

图 4-29　单击"联系运营"按钮

▶▷ 步骤2　弹出"联系抖音电商官方运营"对话框，如图 4-30 所示。商家只需根据要求填写信息，选中"我已阅读并同意《注意事项及法律声明》"复选框，单击"提交"按钮，即可提交信息。信息提交完成后，抖音官方运营会与商家取得联系。

图 4-30　"联系抖音电商官方运营"对话框

第 **5** 章

商品管理：
提高商品创建
和管理的效率

　　商品管理包含的范围很广，无论是创建和添加商品，还是对店铺或橱窗中的商品进行相关调整，都属于商品管理的范畴。本章讲解商品管理的相关知识，帮助大家有效地提高商品创建和管理的效率。

5.1　创建抖店商品的技巧

商家要想通过抖店后台获得收益，先要创建商品，为用户提供购买渠道。本节介绍创建抖店商品的技巧。

5.1.1　创建单个商品

很多商家习惯一个一个地创建商品，对商品的信息进行详细设置。那么，商家要如何在抖店后台中创建单个商品呢？具体操作步骤如下。

▶▶ 步骤1　进入抖店后台的"首页"页面，单击左侧导航栏中的"商品创建"按钮，如图5-1所示。

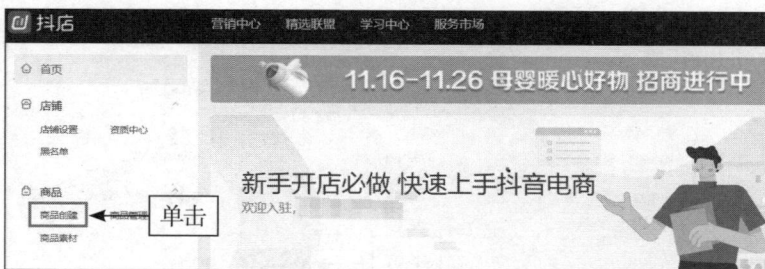

图5-1　单击"商品创建"按钮

▶▶ 步骤2　进入商品创建页面的"选择商品类目"板块，如图5-2所示。商家需要根据商品类别选择类目，并单击"下一步"按钮。

图5-2　"选择商品类目"板块

▶▷ 步骤3　进入商品创建页面的"基础信息"板块，如图 5-3 所示。商家需要在该面板中填写商品的相关信息，并单击"发布商品"按钮，即可提交商品的相关信息。

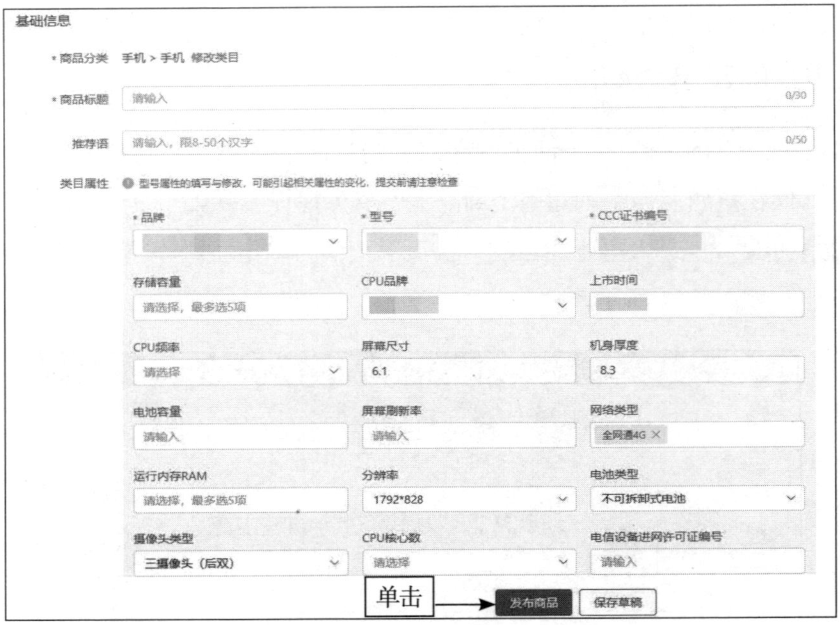

图 5-3　"基础信息"板块

▶▷ 步骤4　只需根据系统提示设置图文、价格库存、服务与履约的相关信息，便可以完成商品的创建。

5.1.2　创建组合商品

除了创建单个商品之外，商家还可以创建组合商品（将已经通过审核的多种商品组合在一起进行销售，可以看成是进行捆绑销售）。那么，商家要如何创建组合商品呢？具体操作步骤如下。

▶▷ 步骤1　进入抖店后台，❶单击左侧导航栏"商品"板块中的"商品管理"按钮，进入商品管理页面；❷切换至"售卖中"选项卡，如图 5-4 所示。

▶▷ 步骤2　❶单击"售卖中"选项卡中的"新建商品"按钮，弹出一个列表框；❷单击"组合商品"按钮，如图 5-5 所示。

▶▷ 步骤3　进入商品信息编写页面，如图 5-6 所示。商家只需在该页面中依次填写基础信息、规格信息、类目价格信息、图文信息、支付设置、服务与资质信息，并单击页面下方的"发布商品"按钮，即可完成组合商品的创建。

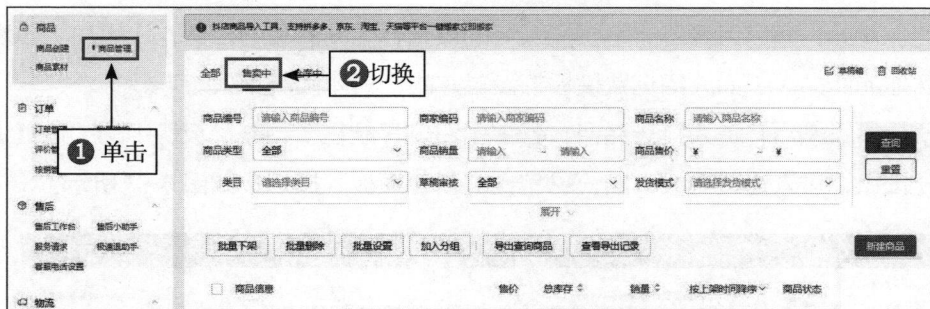

图 5-4 切换至"售卖中"选项卡

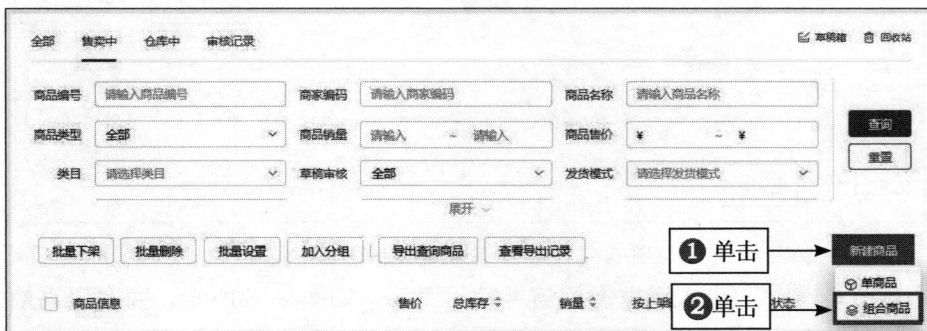

图 5-5 单击"组合商品"按钮

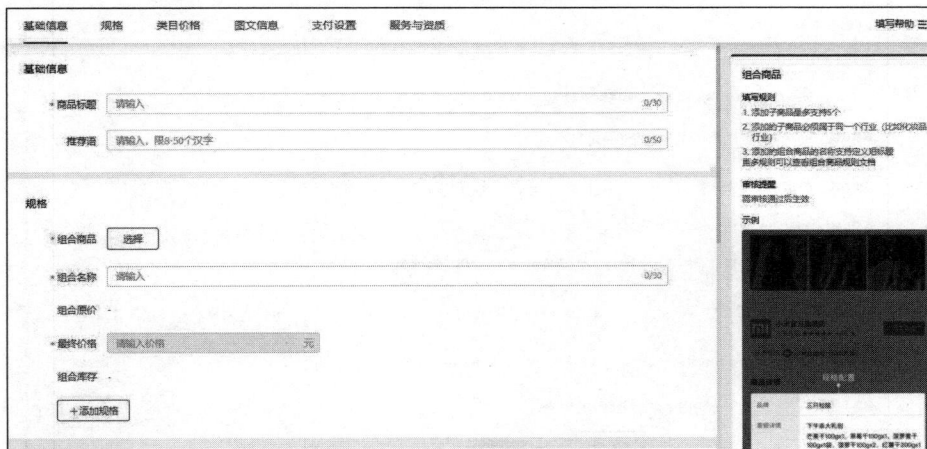

图 5-6 商品信息编写页面

5.1.3 设置运费模板

有的用户在购物时会比较注重运费的价格，如果运费太高，他们就会放弃购买。对此，商家可通过"运费模板"的设置，控制商品的运费，让用户更愿意购买你的商品。下面介绍运费模板的设置方法，具体操作步骤如下。

▶▶ 步骤1 进入抖店后台，❶单击左侧导航栏"物流"板块中的"运费模板"按钮，进入运费模板页面；❷单击"新建模板"按钮，如图5-7所示。

图 5-7 单击"新建模板"按钮

▶▶ 步骤2 进入运费模板信息编写页面，如图5-8所示。商家只需根据提示编写信息，并单击页面下方的"保存"按钮，即可完成运费模板的设置。

图 5-8 运费模板信息编写页面

5.1.4　制作粉丝商品卡

粉丝商品卡是直接发送给已关注粉丝的一种商品形态，商家可以通过粉丝商品卡的制作，提高商品的触达率和粉丝的购买率。具体操作步骤如下。

▶▶ 步骤1　进入抖店后台的"首页"页面，单击导航栏中的"商品素材"按钮，如图5-9所示。

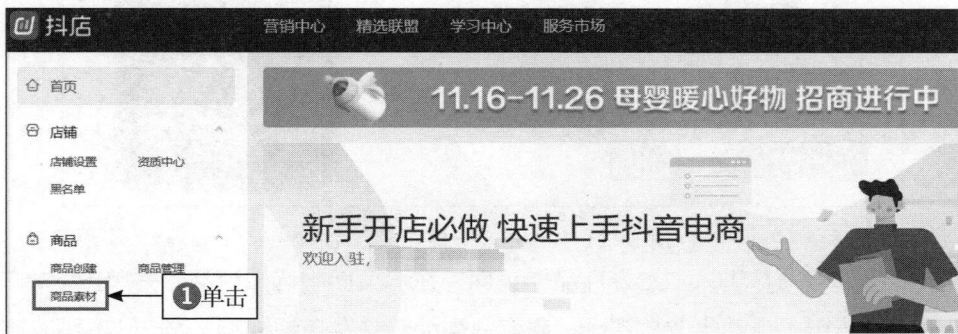

图5-9　单击"商品素材"按钮

▶▶ 步骤2　进入商品素材页面，❶切换至"粉丝商品卡"选项卡；❷单击"一键制作"按钮，如图5-10所示。

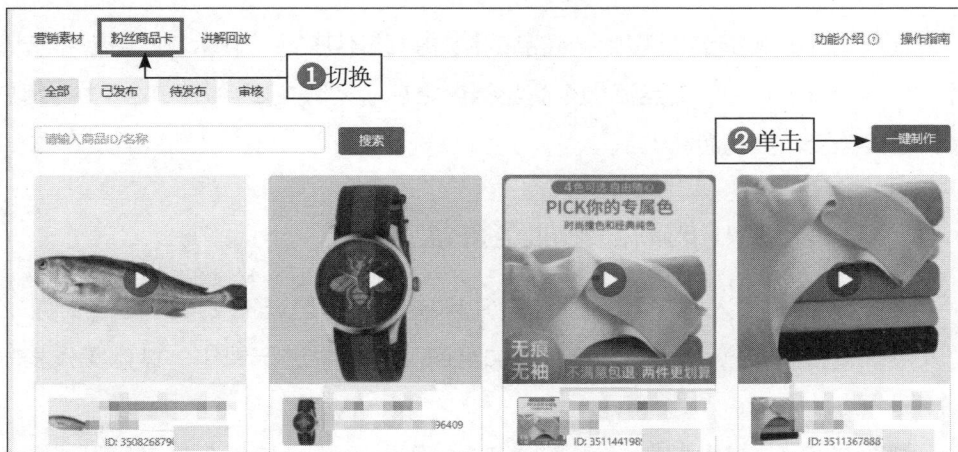

图5-10　切换至"粉丝商品卡"选项卡

▶▶ 步骤3　进入"商品素材"页面，单击下方的"一键制作"按钮，如图5-11所示。

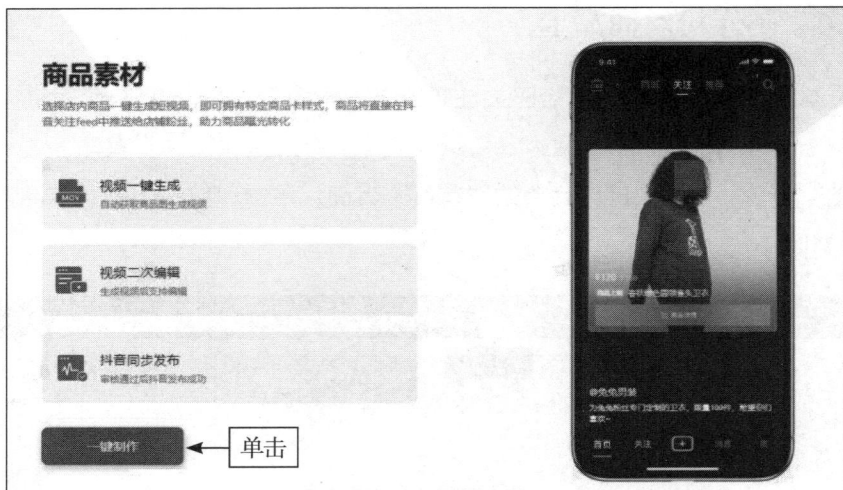

图 5-11 单击"一键制作"按钮

▶▶ 步骤4 进入"选择商品"页面，在该页面中选择商品，并单击下方的"生成"按钮，自动生成短视频。商家只需编辑并发布短视频，发布的短视频中会出现粉丝商品卡。

5.2 商品添加的相关说明

在抖音小店的运营过程中，商品的添加是绕不开的一个环节。商家和运营者只有将抖音小店中的商品添加至商品橱窗之后，才能在短视频和直播中为用户提供购买链接，提高商品的销售量。

5.2.1 将小店中的商品添加至抖音中

如果商家成功入驻了抖音小店，并且还在运营自己的专属抖音号，那么商家可以直接将抖音小店中的商品添加至商品橱窗中进行销售。具体操作步骤如下。

▶▶ 步骤1 进入抖音 App 的"商品橱窗"界面，点击"橱窗管理"按钮，如图 5-12 所示。

▶▶ 步骤2 进入"橱窗管理"界面，点击"去选品广场"按钮，如图 5-13 所示。

图 5-12　点击"橱窗管理"按钮　　　图 5-13　点击"去选品广场"按钮

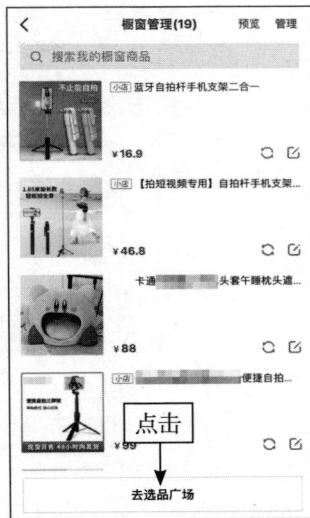

▶▶ 步骤3　如果商家的抖音号绑定了抖音小店，执行操作后，进入"添加商品"界面的"我的店铺"选项卡，点击商品后方的"加橱窗"按钮，如图 5-14 所示，即可将小店中的商品添加至抖音橱窗中。

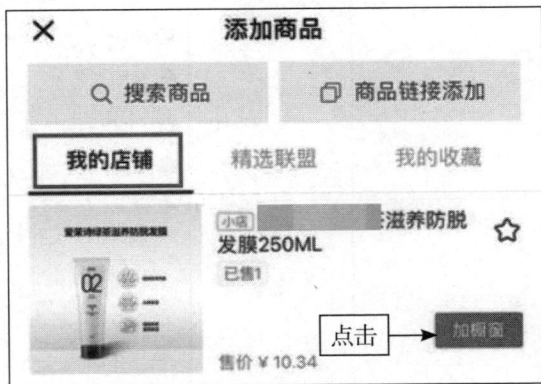

图 5-14　点击"加橱窗"按钮

5.2.2　在选品广场中添加其他平台的商品

商家和运营者可通过抖音 App 的"选品广场"功能，进入"抖音精选电商联盟"界面，通过淘口令或链接的形式，查找对应的商品，并将商品添加到橱窗中。

需要注意的是，在将其他平台的商品添加到商品橱窗之前，商家和运营者需要先在抖音中绑定对应平台的 PID（Port Identity Document，端口身份標識），否則系統會顯示無法添加該平台的商品。圖5-15所示為未綁定京東PID的提醒。

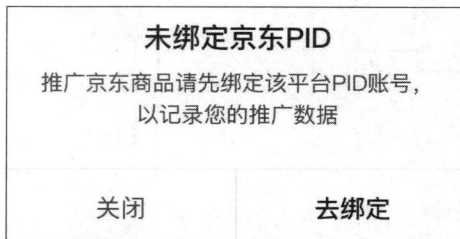

图 5-15 未绑定京东 PID 的提醒

那么，运营者要如何在抖音中绑定对应平台的 PID 呢？下面以绑定京东PID 为例，进行具体说明。

▶▶ 步骤1 进入抖音 App 的"商品橱窗"界面，点击"账号绑定"按钮，如图 5-16 所示。

▶▶ 步骤2 进入"账号绑定"界面，点击"京东 PID"后方的"未绑定"按钮，如图 5-17 所示。

图 5-16 点击"账号绑定"按钮　　图 5-17 点击"未绑定"按钮

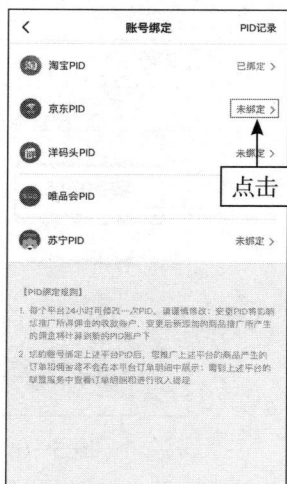

▶▶ 步骤3 进入"账号修改"界面，界面中会显示京东 PID 的具体获取方法，如图 5-18 所示。

▶▶ 步骤4 登录微信 App，使用"搜一搜"功能查找并关注"京粉儿"微信公众号，进入该公众号的聊天界面，依次点击"我的"按钮和"PID 管理"按钮，如图 5-19 所示。

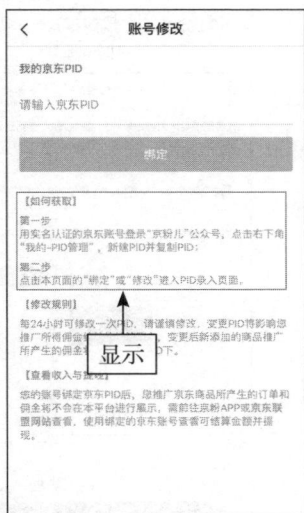

图 5-18　"账号修改"界面　　图 5-19　点击"PID 管理"按钮

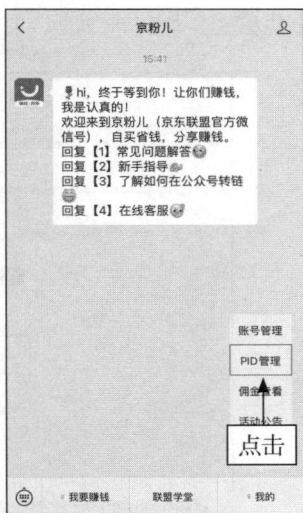

▶▷ 步骤5　在弹出的"登录"界面，点击"微信手机号快速登录"按钮，如图 5-20 所示。

▶▷ 步骤6　在弹出的"京粉精选 申请使用"面板中，点击"允许"按钮，如图 5-21 所示。

图 5-20　点击"微信手机号快速登录"按钮　　图 5-21　点击"允许"按钮

▶▷ 步骤7　进入"PID 管理"界面，点击"复制 PID"按钮，如图 5-22 所示。

▶▷ 步骤 8 界面中会显示"复制成功"，如图 5-23 所示。

图 5-22 点击"复制 PID"按钮　　图 5-23 显示"复制成功"

▶▷ 步骤 9 返回"账号修改"界面，❶在输入框中粘贴刚刚复制的 PID；❷点击"绑定"按钮，如图 5-24 所示。

▶▷ 步骤 10 在弹出的"京东联盟平台 CPS（Commodity Promotion Solution，商品推广解决方案）推广代理商/子会员业务协议"面板中，点击"确定"按钮，如图 5-25 所示。

图 5-24 点击"绑定"按钮　　图 5-25 点击"确定"按钮

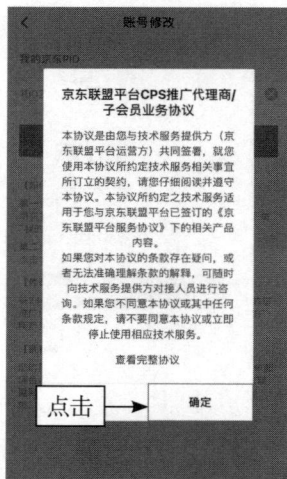

▶▷ 步骤 11 在弹出的"变更 PID 将影响佣金结算账户，请确保修改的 PID

无误！"面板中，点击"确认无误"按钮，如图 5-26 所示。

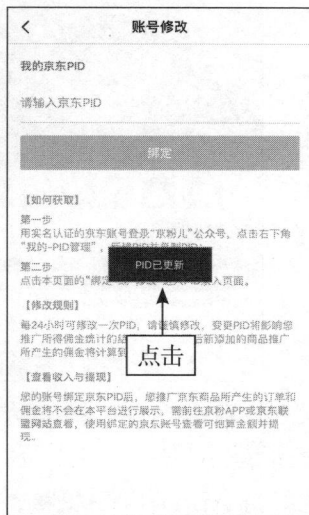

▶▶ 步骤 12 界面中会显示"PID 已更新"，如图 5-27 所示。

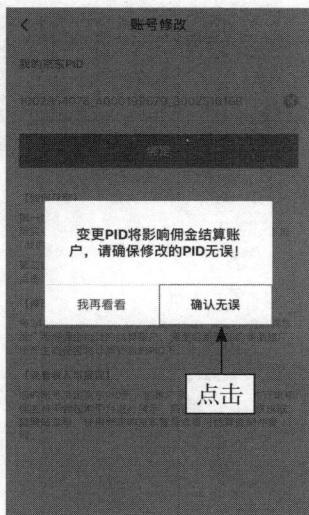

图 5-26　点击"确认无误"按钮　　图 5-27　显示"PID 已更新"

▶▶ 步骤 13 返回"账号绑定"界面，此时"京东 PID"会显示"已绑定"，如图 5-28 所示。

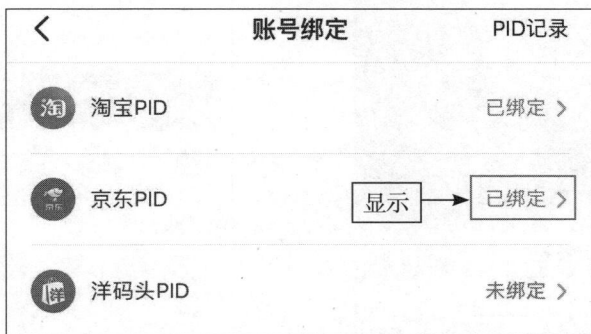

图 5-28　"京东 PID"显示"已绑定"

绑定京东 PID 之后，运营者便可以将京东平台中满足条件的商品添加到自己的商品橱窗中，具体操作步骤如下。

▶▶ 步骤 1 进入京东 App 中对应商品的详情界面，点击上方的🔗图标，如图 5-29 所示。

▶▶ 步骤 2 在弹出的"分享到"面板中，点击"复制链接"按钮，如图 5-30 所示。

図 5-29　点击 ⟲ 图标

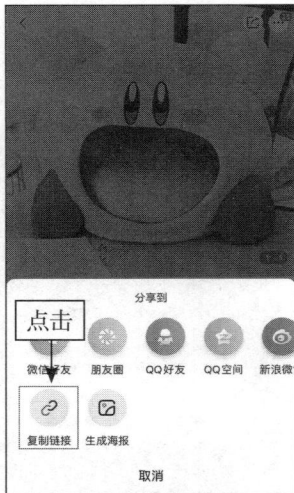

图 5-30　点击"复制链接"按钮

▶▶ 步骤3　界面中会显示"复制成功"，如图 5-31 所示。此时，运营者便可以去抖音 App 中粘贴链接，查找对应商品了。

▶▶ 步骤4　进入"抖音电商精选联盟"界面，点击上方的"链接"按钮，如图 5-32 所示。

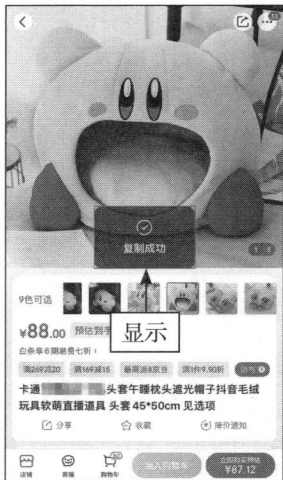

图 5-31　显示"复制成功"

图 5-32　点击"链接"按钮

▶▶ 步骤5　进入"链接添加"界面，界面中会出现"已自动识别剪切板中的商品链接"面板，点击"查看详情"按钮，如图 5-33 所示。

▶▶ 步骤6　界面中会出现对应商品的相关信息，点击该商品信息中的"加橱窗"按钮，如图 5-34 所示。

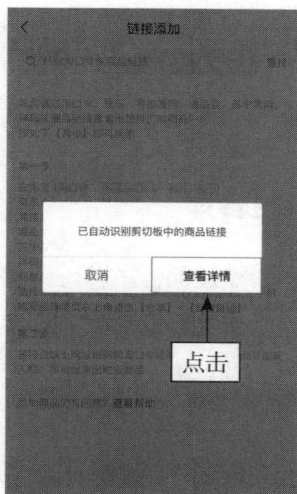

图 5-33　点击"查看详情"按钮　　　图 5-34　点击"加橱窗"按钮

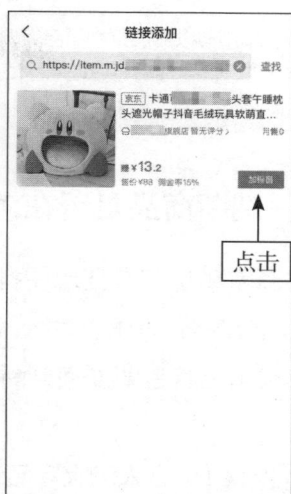

▶▶步骤7 界面中会显示"商品检查中",如图 5-35 所示。

▶▶步骤8 检查完成后,如果界面中显示"已加入橱窗,您可在发布视频时添加橱窗的商品进行推广",就说明该商品已成功添加到橱窗中,如图 5-36 所示。此时,如果运营者有需要,便可以在短视频中添加该商品的链接,通过带货来获得收益。

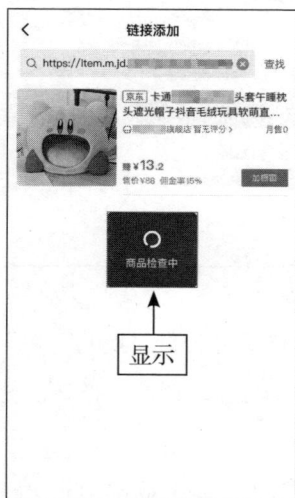

图 5-35　显示"商品检查中"　　　图 5-36　商品成功添加到橱窗中

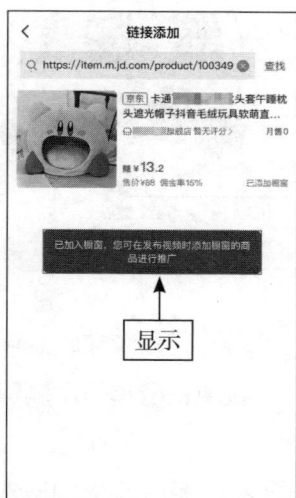

专家指点：本小节以添加京东商品为例进行说明，如果运营者要添加其他平台的商品，也需要先绑定对应平台的 PID，然后再通过商品链接的复制、粘贴，查找并添加商品。

5.2.3　判断商品是否在淘宝联盟－内容库

如果商家和运营者要想在抖音平台中添加淘宝商品并进行销售，就必须保证商品在淘宝联盟－内容库中，否则商家和运营者在抖音中是找不到该商品的。那么，商家和运营者要如何判断商品是否在淘宝联盟－内容库中呢？具体操作步骤如下。

▶▶ 步骤 1　进入淘宝商品详情页，页面上方会出现页面的链接地址，链接地址中后方的数字就是商品 ID，复制这些数字，如图 5-37 所示。

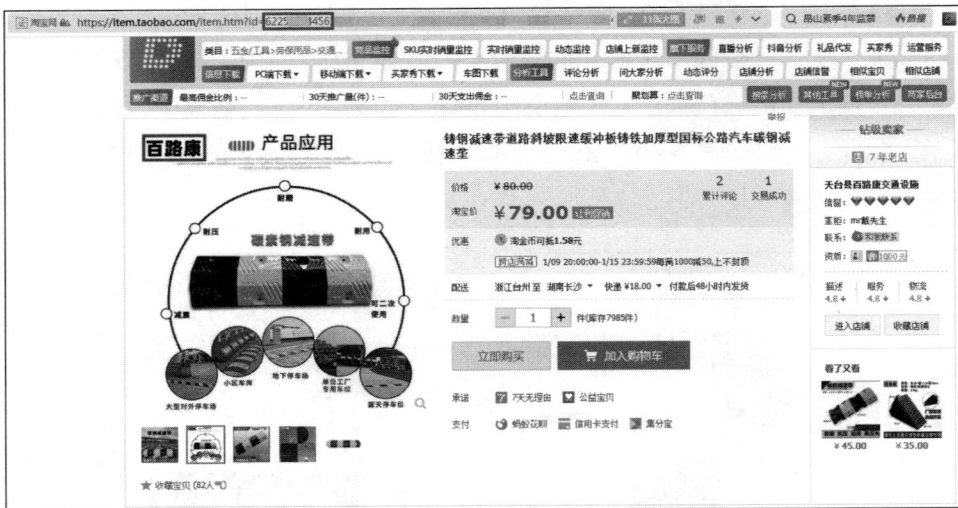

图 5-37　复制商品 ID

▶▶ 步骤 2　进入淘宝联盟平台，❶单击页面上的"我的工具"按钮，进入"我的工具"板块；❷单击左侧导航栏中的"内容库查询"按钮，进入"内容库查询"页面，如图 5-38 所示。

▶▶ 步骤 3　❶在页面的搜索框中粘贴刚刚复制的商品 ID；❷单击"查询"按钮，即可查询商品是否在淘宝内容库中，如图 5-39 所示。

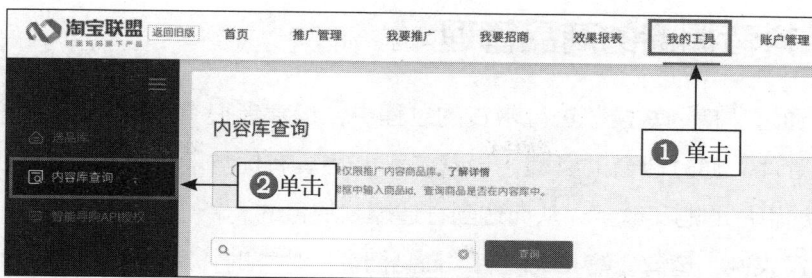

图 5-38　单击"内容库查询"按钮

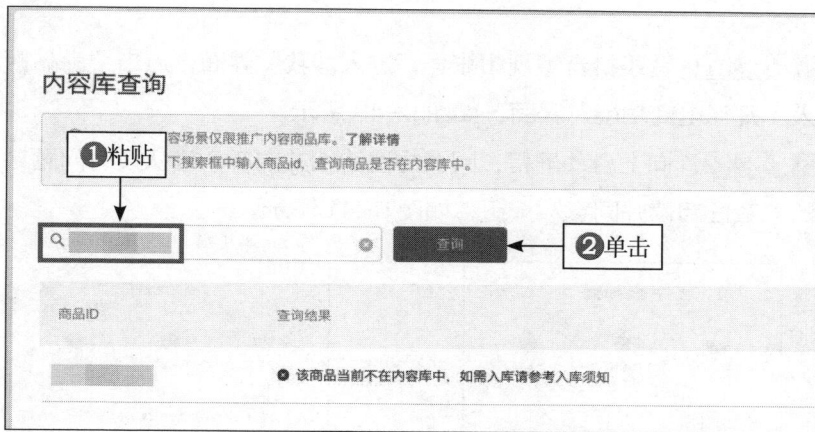

图 5-39　单击"查询"按钮

5.2.4　了解商品图片被驳回的可能原因

商家和运营者在添加商品时可能会遇到图片被驳回的情况，对此，商家和运营者可以了解图片被驳回的原因，并有针对性地进行调整，让图片合乎平台的规则。具体来说，商品图片被驳回可能存在以下原因。

（1）商品图片不清晰。抖店后台对商家上传的商品图片有一定要求，不够清晰的图片将无法通过审核。

（2）图片中的文字太多。商家上传的图片应以展示商品为主，如果图片中文字太多、占比太大，图片可能无法通过审核。

（3）图片存在违规内容。存在违规词、敏感内容和侵权信息等违规信息的图片，无法通过抖店平台的审核。

（4）图片有碍观瞻。那些看上去让人感官不适的图片，一般无法通过抖店平台的审核。

5.3 抖音橱窗的商品管理

在通过"精选联盟"进行带货的过程中，运营者很有必要对自己的商品橱窗进行管理。通过橱窗的管理，运营者可以将具有优势的商品放置在显眼的位置，增加用户的购买欲望，从而达到打造爆款的目的。

通常来说，运营者第一次使用"商品橱窗"功能时，系统会要求开通电商功能。运营者只有开通了电商功能，才能对橱窗中的商品进行管理操作。具体操作步骤如下。

▶▶ 步骤1 登录抖音短视频账号，进入"我"界面，点击"商品橱窗"按钮，进入"开通电商功能"界面，如图5-40所示。

▶▶ 步骤2 向上滑动屏幕，阅读协议的相关内容，确认没有问题之后，点击下方的"我已阅读并同意"按钮，如图5-41所示。

图 5-40　"开通电商功能"界面　图 5-41　点击"我已阅读并同意"按钮

▶▶ 步骤3 如果显示"恭喜你已开通抖音商品推广功能！"就说明电商功能开通成功了，如图5-42所示。

电商功能开通后，运营者可以进行商品橱窗的基本管理。商品橱窗的管理主要可以分为五个部分，即添加商品、更新信息、移除商品、商品置顶和预览橱窗。

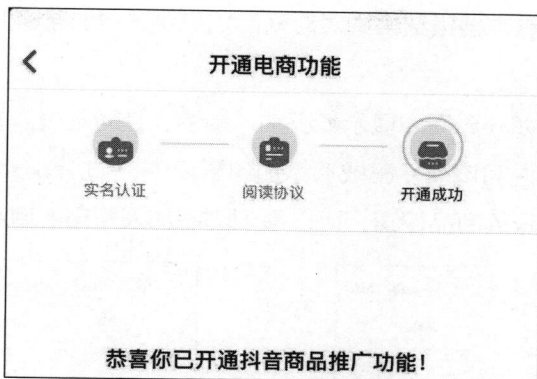

图 5-42　电商功能开通成功

5.3.1　添加商品

如果运营者要通过短视频和直播带货，首先要在商品橱窗中添加产品。将商品添加至橱窗的方法有很多，除了添加自己小店的商品和使用链接添加其他平台的商品之外，运营者还可以通过如下步骤直接将商品添加至橱窗中。

▶▶ 步骤1　进入抖音 App 的"抖音电商精选联盟"界面，点击搜索框，如图 5-43 所示。

▶▶ 步骤2　❶在搜索框中输入商品名称，如"自拍杆"；❷点击"搜索"按钮，如图 5-44 所示。

图 5-43　点击搜索框

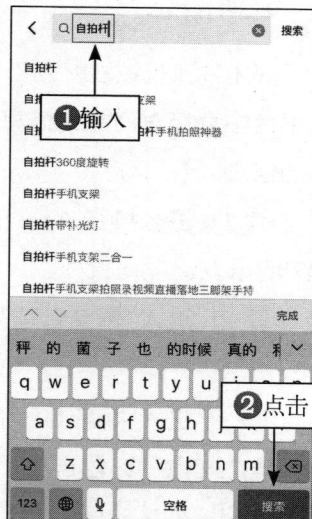

图 5-44　点击"搜索"按钮

▶▷ **步骤3** 点击搜索结果中对应商品信息中的"加橱窗"按钮，如图5-45所示。

▶▷ **步骤4** 如果界面中显示"已加入橱窗，您可在发布视频时添加橱窗的商品进行推广"，说明该商品已成功添加到橱窗中，如图5-46所示。此时，如果运营者进入抖音号的商品橱窗，可以看到刚刚加入橱窗的商品。

图5-45 点击"加橱窗"按钮　　图5-46 商品已成功添加到橱窗中

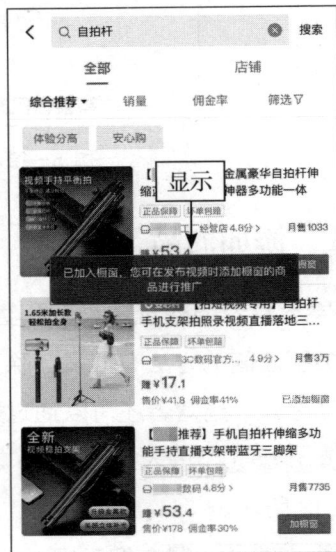

5.3.2 更新信息

当商品的相关信息发生变化，或者商品的信息需要重新编辑时，运营者可以在抖音平台中直接对商品的信息进行更新。具体来说，运营者可通过如下步骤更新商品的信息。

▶▷ **步骤1** 进入抖音App的"商品橱窗"界面，点击"橱窗管理"按钮，如图5-47所示。

▶▷ **步骤2** 进入"橱窗管理"界面，点击对应商品下方的✍图标，如图5-48所示。

▶▷ **步骤3** 进入"编辑商品"界面，❶在该界面中设置"短视频推广标题"和"直播间推广卖点"；❷点击"确认"按钮，如图5-49所示。

▶▷ **步骤4** 如果界面中显示"商品信息更新成功"，就说明商品的信息更新操作成功，如图5-50所示。

图 5-47 点击"橱窗管理"按钮

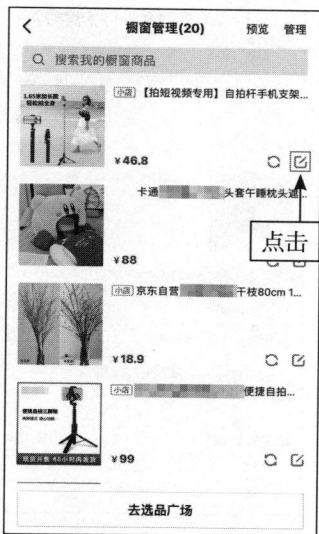

图 5-48 点击☑图标

图 5-49 点击"确认"按钮

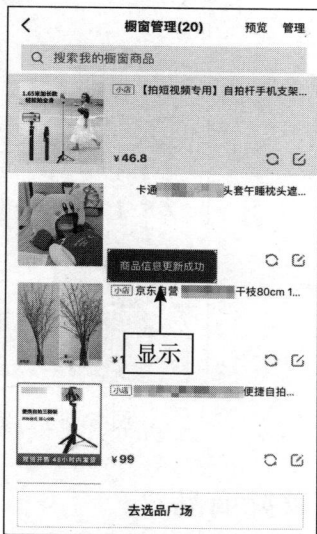

图 5-50 商品信息更新操作成功

　　当然，运营者也可以通过另一种方式来更新商品信息。具体来说，运营者可以点击对应商品下方的☑图标，如图 5-51 所示。在弹出的"更新商品信息"面板中，点击"确认"按钮，如图 5-52 所示。执行操作后，对应商品的信息将自动进行更新。例如，更新完成后，该商品显示的图片便发生变化，如图 5-53所示。

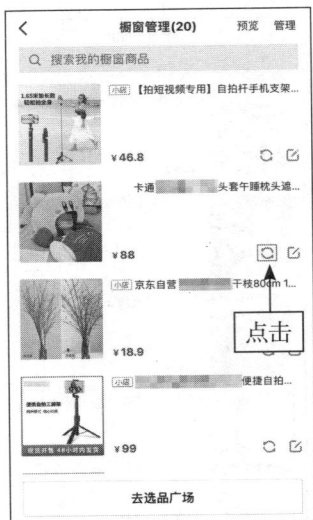

图 5-51　点击◯图标

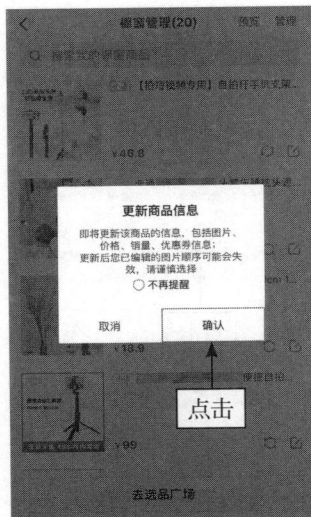

图 5-52　点击"确认"按钮

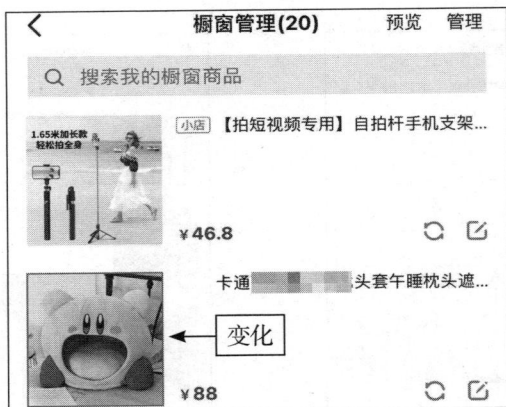

图 5-53　显示的图片发生变化

5.3.3　移除商品

当商品橱窗中的商品没货了，或者觉得商品橱窗中的某些商品不适合再销售时，运营者就需要进行删除商品的操作。具体操作步骤如下。

▶▶ 步骤1　进入抖音 App 的"橱窗管理"界面，点击"管理"按钮，如图 5-54 所示。

▶▶ 步骤2　❶选中对应商品前方的复选框；❷点击"删除"按钮，如图 5-55 所示。

图 5-54 点击"管理"按钮

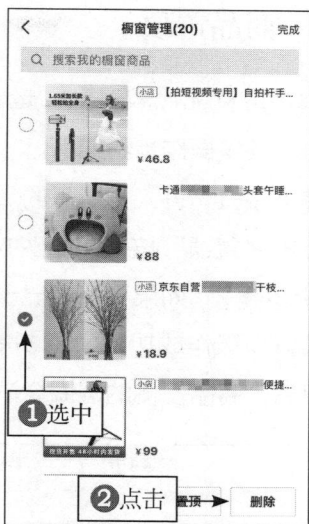

图 5-55 点击"删除"按钮

▶▶ 步骤3 在弹出的"移除商品"面板中，点击"确定"按钮，如图 5-56 所示。

▶▶ 步骤4 如果橱窗管理界面中看不到刚刚选中的商品，就说明该商品删除成功，如图 5-57 所示。

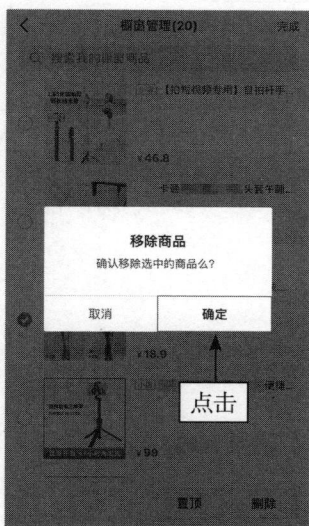

图 5-56 点击"确定"按钮

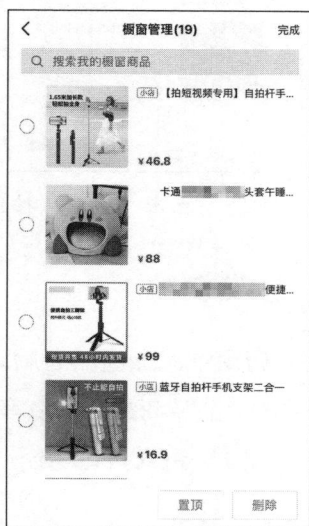

图 5-57 商品删除操作成功

5.3.4　商品置顶

当添加的商品比较多时，运营者可以通过商品置顶功能，让更多用户看到某个商品。具体操作步骤如下。

▶▶ 步骤1　进入抖音号的"橱窗管理"界面，❶选中对应商品前方的复选框；❷点击"置顶"按钮，如图 5-58 所示。

▶▶ 步骤2　如果界面中显示"已置顶"，并且刚刚选中的商品会自动置顶，说明商品置顶操作成功，如图 5-59 所示。另外，此时运营者点击界面中的"完成"按钮后，商品左侧的圆圈会消失，但刚刚选中的商品还是置顶的。

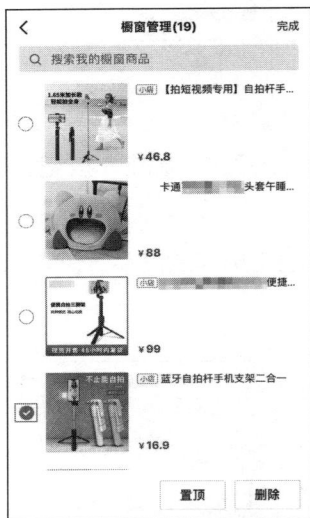

图 5-58　点击"置顶"按钮

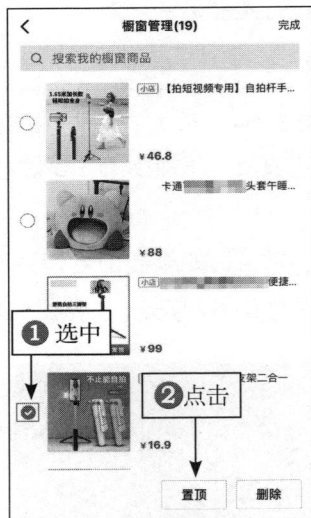

图 5-59　商品置顶操作成功

5.3.5　预览橱窗

在商品橱窗中添加商品之后，运营者可通过如下步骤预览橱窗，查看抖音账号橱窗中的商品及商品的销量等信息。

▶▶ 步骤1　进入抖音 App 的"橱窗管理"界面，点击"预览"按钮，如图 5-60 所示。

▶▶ 步骤2　进入对应抖音号的推荐橱窗（也就是商品橱窗界面）。该界面中会显示已添加到橱窗中的商品，以及各商品的来源和销量等信息。运营者还可以点击界面中的 ⌄ 图标，如图 5-61 所示，对橱窗的预览排序进行调整。

▶▶ 步骤3 在弹出的面板中选择"新品优先"选项，如图5-62所示。

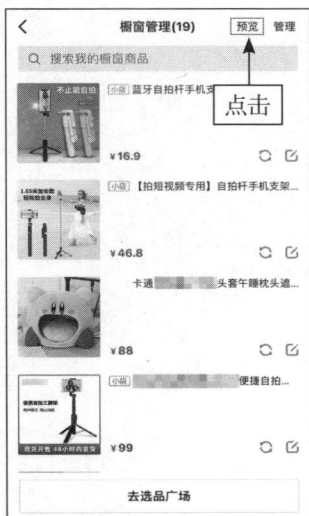

图 5-60 点击"预览"按钮

图 5-61 抖音号的推荐橱窗

▶▶ 步骤4 系统将根据所选的条件自动对橱窗的商品进行排序，如图5-63所示。

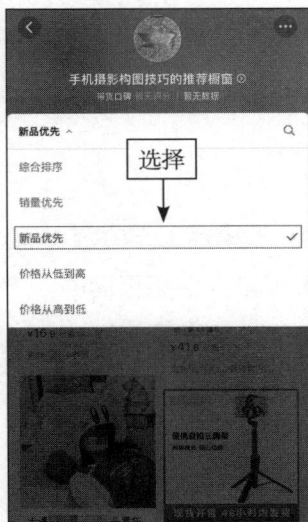

图 5-62 选择"新品优先"选项

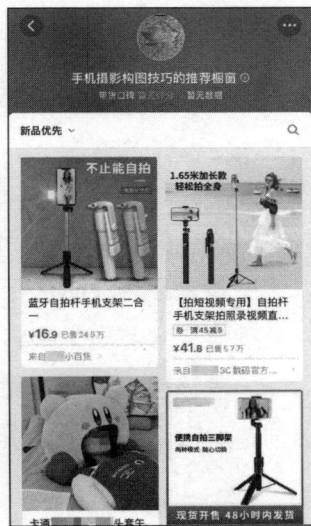

图 5-63 自动对橱窗的商品进行排序

第 **6** 章

店铺装修：
提高消费者的
进店转化效果

许多商家都会将店铺装修作为一项重点工作内容，这主要是因为适时进行店铺装修不仅可以提高页面的美观度，营造出氛围感，而且还可以让更多用户被店铺内容吸引，主动购买商品，成为店铺的消费者，达到提高店铺转化效果的目的。

6.1 了解店铺装修的基础知识

在开始店铺装修之前，商家需要先对店铺装修有所了解。本节讲解店铺装修的基础知识，帮助大家快速入门。

6.1.1 店铺装修介绍

店铺装修就是对店铺页面进行设计，给进入店铺的用户留下良好的印象。通常来说，用户对店铺的第一印象，会影响用户对店铺的信任感，而信任感又关系到成交。因此，对商家来说，精心进行店铺装修，给用户留下良好的第一印象是很有必要的。

当然，店铺装修功能有一些使用条件，商家只有保证店铺处于正常营业状态，且完成店铺官方账号的绑定，才能进行店铺装修。另外，如果店铺有子账号，那么，只有配置了店铺装修权限的子账号，才能进行店铺装修。

6.1.2 店铺大促活动页简介

很多抖音小店在节日、周年庆等特殊时间节点时，可能会进行大促（即大规模促销）。此时，商家便需要通过店铺大促活动页装修来营造氛围。那么，商家要如何对店铺大促页进行装修呢？具体操作步骤如下。

▶▶ 步骤1 进入抖店后台的"首页"页面，单击左侧导航栏"店铺"板块中的"店铺装修"按钮，如图 6-1 所示。

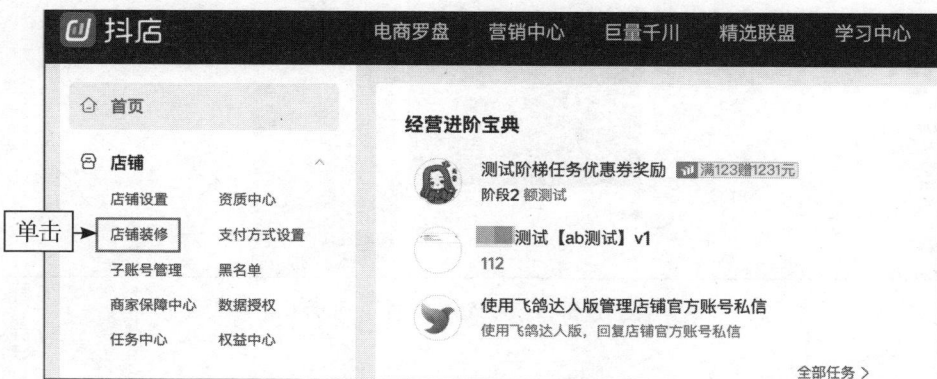

图 6-1 单击"店铺装修"按钮

▶▶ 步骤 2 进入"店铺装修"板块，❶单击左侧导航栏中的"大促活动页"按钮，进入"大促活动页"页面；❷单击"装修页面"按钮，如图 6-2 所示。

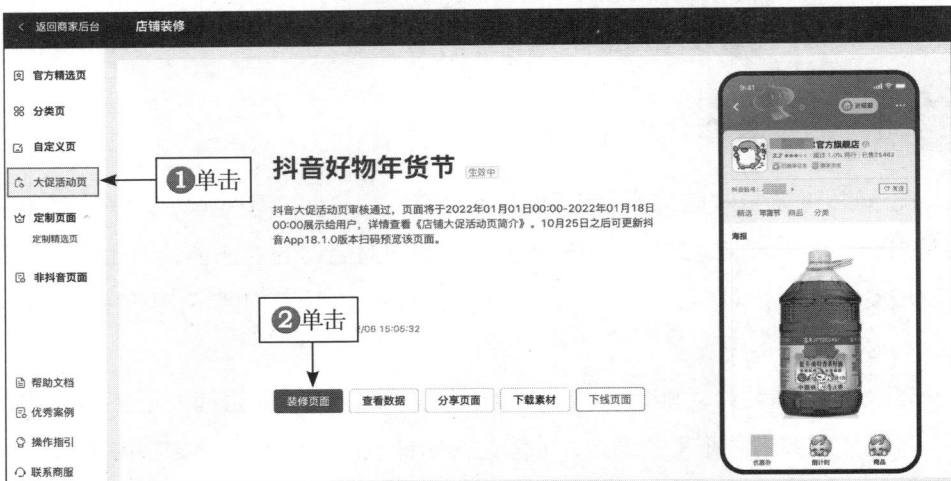

图 6-2 单击"装修页面"按钮

▶▶ 步骤 3 进入"大促承接页"页面，如图 6-3 所示。商家可以将左侧的组件拖至中间的页面中，进行店铺装修。装修完成后，单击页面右上方的生效按钮，即可应用大促活动页装修效果。

图 6-3 "大促承接页"页面

6.1.3　店铺精选页简介

店铺精选页即商品橱窗精选页，对该部分页面装修可以起到突出重点商品、提高商品转化率等效果。精选页由四个模块组成，下面通过一张表格对这四个模块进行简单介绍，如表 6-1 所示。

表 6-1　精选页的组成模块

模块名称	模块说明	装修选择
头图	店铺橱窗顶部的背景图	系统默认必选
海报	可以实现跳转的海报图片	非必选
优惠券	展示店铺优惠信息的电子券	非必选
精选商品	商家精选的热销或主推商品	必选

6.1.4　店铺分类页简介

店铺分类页是指店铺装修的橱窗分类页，通过分类页的装修可以对商品进行分类整理，让用户更加快速、准确地找到需要的商品，从而达到提高商品转化率的目的。

具体来说，商家可以手动为店铺添加多个类目，并上传对应的商品。不过店铺的分类数需要控制在 5 ～ 20 个，并且每个分类的商品数需要控制在 4 ～ 40 种。

6.1.5　店铺自定义页简介

店铺自定义页面是指按照自己的想法定义的页面，这种页面不固定在店铺中的某个位置，可以用于精选页海报的跳转链接页。通过自定义页的设置可以将同一类别、功效或活动的商品集合在一起，从而达到增加商品曝光率，提高店铺收益的目的。

具体来说，在店铺自定义页中，商家可以分别对自定义标题（不超过 8 个字）和商品（因为暂时只支持双列的展示形式，所以商品个数必须是偶数）进行设置。

6.1.6　店铺装修常见问题

在进行店铺装修时，商家可能会遇到一些问题。下面对店铺装修过程中的一些常见问题进行讲解。

（1）为什么无法预览装修页面？

通常来说，只要商家将抖音 App 升级至最新版本，便可以在装修完成后查看具体的页面效果。当然，如果出现"店铺未绑定官方账号"的提示，则需要按要求完成官方账号的绑定才能预览装修的页面效果。

（2）为什么完成店铺装修后看不到效果？

店铺装修效果的查看对账号是有要求的，商家只有使用官方绑定的账号才能查看店铺装修的效果。另外，店铺装修页面版本生效之后才会显示对应的效果，商家需要查看装修是否生效。具体来说，如果店铺装修生效了，那么，该装修页面版本的左上方会显示"生效中"，如图 6-4 所示。

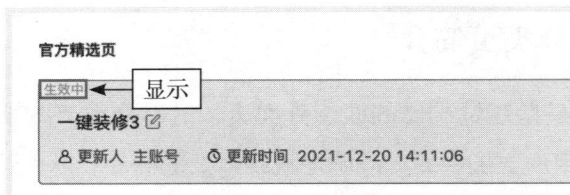

图 6-4　显示店铺装修页面版本"生效中"

（3）为什么启用装修版本后不显示效果？

有时候，商家完成装修后对应装修页面版本中显示"生效中"，但是店铺中却不显示对应的效果，这可能是因为页面装修版本还在审核中。通常来说，商家启用店铺页面装修版本之后，系统需要对页面装修版本进行审核，以确保新版本中不会存在违规内容。具体来说，如果店铺页面装修版本中显示"审核中"，就说明该版本还需要通过系统的审核，如图 6-5 所示。

图 6-5　显示店铺装修页面版本还在"审核中"

另外，如果页面装修版本中存在违规内容，那么，提交审核后，会显示"审核未通过"，如图 6-6 所示。此时，商家需要查看未通过审核的原因，并对页面装修版本进行相关调整。

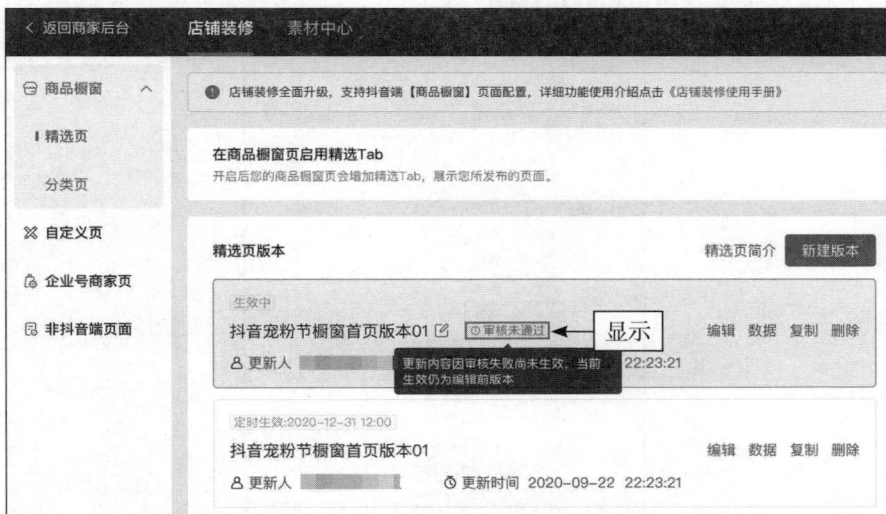

图 6-6　显示店铺页面装修版本"审核未通过"

6.2　抖音端的店铺装修说明

为了做好抖音电商，很多商家都运营了抖音端的店铺，那么，商家要如何做好抖音端店铺的装修呢？本节对抖音端店铺的装修进行说明，帮助大家快速掌握相关的知识和技巧。

6.2.1　店铺装修的功能概况

店铺装修就是对店铺中的大促活动页、精选页、分类页和自定义页等页面进行设计，提高页面的美观度，给进入店铺的用户留下良好的第一印象。具体来说，商家可以在抖音 App 的"我"界面中点击"进入店铺"按钮，查看店铺页面，并对店铺页面进行装修。

6.2.2　店铺装修的条件

店铺装修是有一定条件的，只有拥有店铺装修权限的账号才可以进行相关操作。对此，商家可以进入抖店后台的"子账号管理"页面，单击"岗位管理"选项卡中对应账号后面的"编辑"按钮。执行操作后，弹出"编辑岗位"对话框，❶商家只需选中"店铺装修"复选框；❷单击"保存"按钮，如图6-7所示，即可为对应的账号开启店铺装修权限。

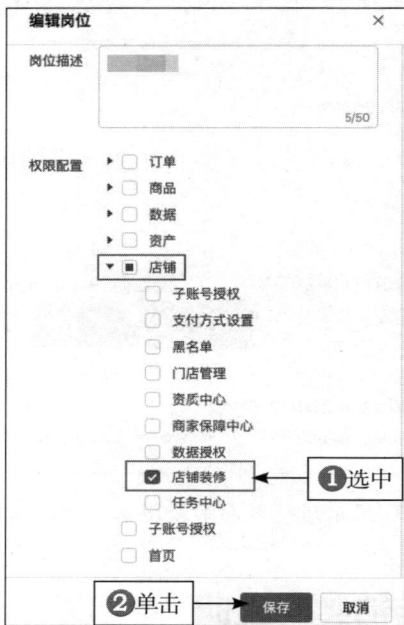

图6-7 单击"保存"按钮

6.2.3 页面版本的操作方法

商家通过抖店后台进行店铺装修时，需要对"店铺装修"板块中的页面版本进行相关操作。下面讲解页面版本的一些基本操作方法，帮助大家更好地熟练掌握店铺装修的技巧。

1. 创建页面版本

如果商家需要对某个页面类型进行装修，需要进入"店铺装修"的对应页面中进行新建版本操作。以精选页装修为例，❶商家可以单击"店铺装修"板块左侧导航栏中的"精选页"按钮，进入"精选页"页面；❷单击"新建版本"按钮，如图6-8所示。

执行操作后，即可通过相关设置创建新的版本。而且对新建版本进行装修之后，还可以启用新版本，将装修应用到店铺中。

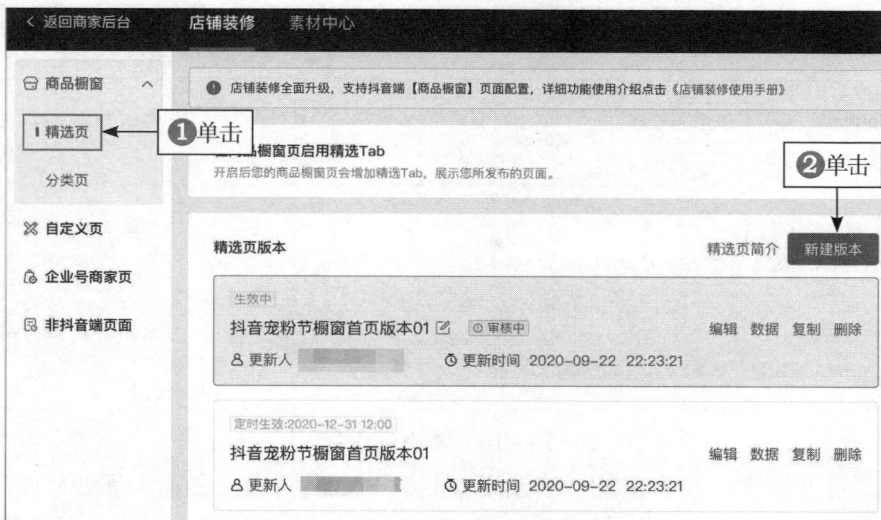

图 6-8　单击"新建版本"按钮

2. 修改页面版本

如果商家需要对已生效的页面版本的内容进行调整，单击对应版本后面的"编辑"按钮，如图 6-9 所示。执行操作后，只需根据提示调整，即可对页面版本进行修改。

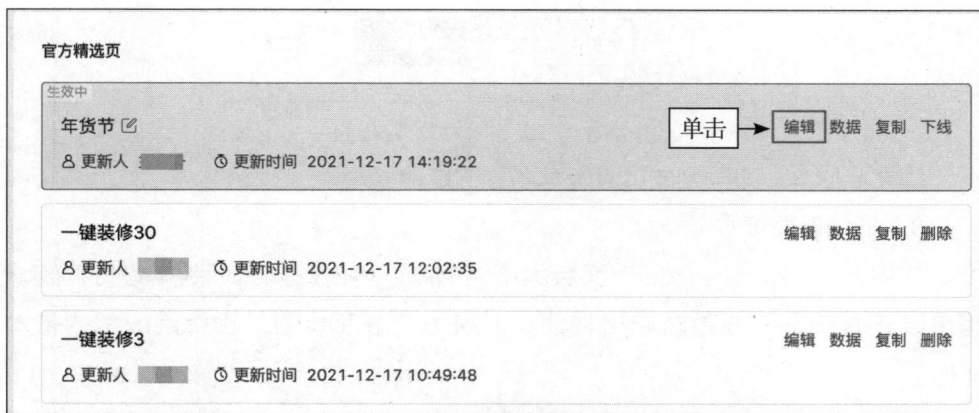

图 6-9　单击"编辑"按钮

如果商家只需对生效中的页面版本的名称进行修改，可以执行如下操作，快速完成修改。

▶▶ 步骤 1　进入需要修改名称的页面版本所在的页面，单击 ✎ 图标，如图 6-10 所示。

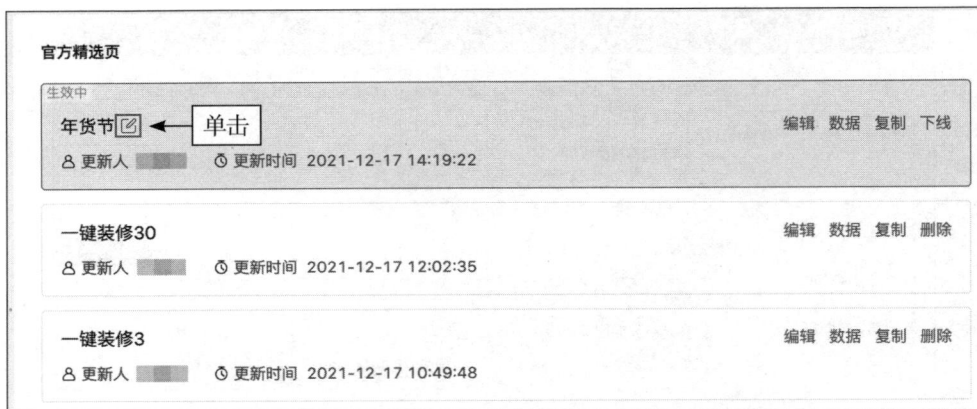

图 6-10　单击 ✎ 图标

▶▶ 步骤 2 　在弹出的"修改版本名称"对话框中，❶输入需要修改的名称；❷单击"确定"按钮，如图 6-11 所示。

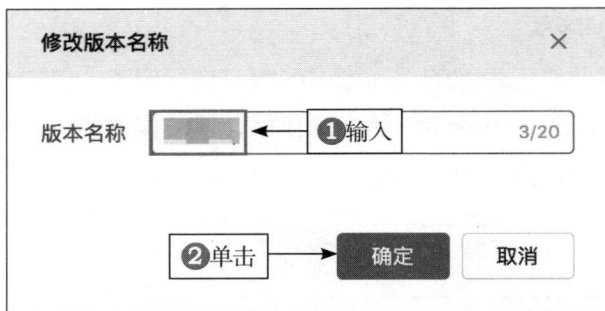

图 6-11　单击"确定"按钮

▶▶ 步骤 3 　即可完成页面版本名称的修改。

3. 下线页面版本

如果商家对正在生效的页面版本不太满意，可以对该页面版本进行调整，也可以将其下线，并重新启用其他页面版本。下面介绍下线页面版本的基本操作。

▶▶ 步骤 1 　进入需要修改名称的页面版本所在的页面，单击"下线"按钮，如图 6-12 所示。

▶▶ 步骤 2 　在弹出的"确定下线页面？"对话框中，单击"下线"按钮，如图 6-13 所示。

图 6-12 单击"下线"按钮（1）

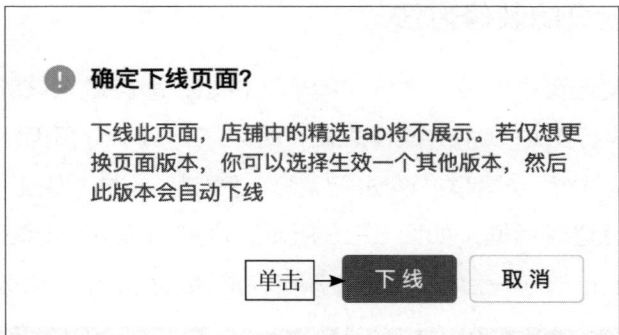

图 6-13 单击"下线"按钮（2）

▶▶ 步骤3 即可将正在生效的版本下线。

4. 删除页面版本

如果商家进行店铺装修的次数比较多，可能会出现某些页面版本太多的情况。此时，商家便可以通过一些操作，将确定不需要的旧版本删掉。

具体来说，商家进入对应页面版本所在的页面后，会看到旧版本中显示"删除"按钮，如图 6-14 所示。商家只需单击该按钮，即可删除对应的旧版本。

需要特别说明的是，正在生效的页面版本中，没有"删除"按钮。也就是说，正在生效的版本是无法直接删除的。如果商家要删除正在生效的版本，可以先将该版本下线，再进行删除操作。

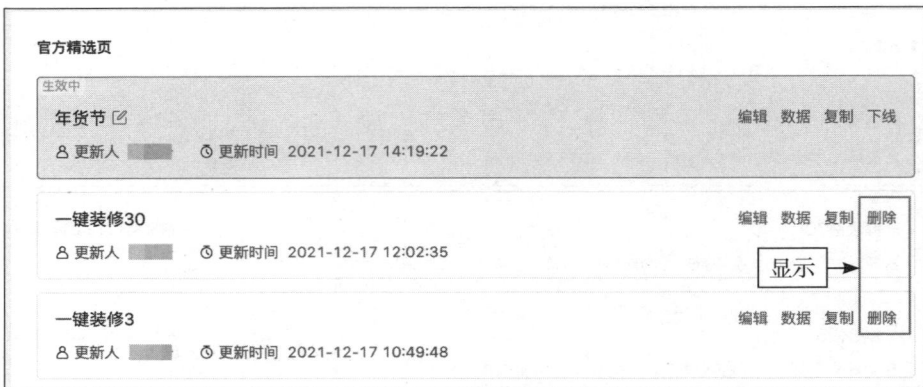

图 6-14　显示"删除"按钮

6.2.4　精选页的装修方法

　　商家单击精选页中对应版本的"编辑"按钮，即可进入该版本精选页装修页面。例如，执行图 6-9 中的操作之后，进入"年货节"页面。商家可以单击页面中间的相关位置，对相关内容进行装修。例如，单击"海报"所在的位置，弹出"海报"设置对话框，如图 6-15 所示。商家只需在对话框中进行相关设置，并单击页面上方的"生效"按钮，即可完成精选页海报的修改。

图 6-15　弹出"海报"设置对话框

6.2.5　分类页的装修方法

　　分类页可通过编辑生效中的版本或新建版本来进行装修，下面以新建版本为例来讲解具体的装修方法。

▶▶ 步骤1 ❶单击"店铺装修"左侧导航栏中的"分类页"按钮，进入"分类页"页面；❷单击右上方的"新建版本"按钮，如图6-16所示。

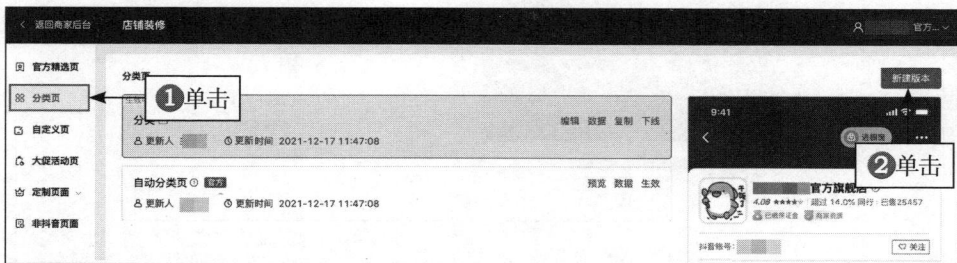

图6-16 单击"新建版本"按钮

▶▶ 步骤2 对版本信息进行基本设置，即可进入分类页装修页面，如图6-17所示。商家只需要在右侧的"分类列表"中设置标题和商品信息，并单击上方的"生效"按钮，即可完成分类页的装修。

图6-17 分类页装修页面

6.2.6 自定义页的装修方法

与其他页面类型不同，自定义页不能单独存在。因此，如果商家要通过自定义的设置进行装修，需要将自定义页关联其他种类的页面。下面以关联精选页为例，介绍具体的操作方法。

商家可以进入店铺精选页的装修页面，❶单击需要添加自定义的位置；

②单击弹出的对话框中的"添加"按钮，如图 6-18 所示。执行操作后，只需要设置自定义跳转链接的相关信息，即可将自定义页关联精选页。

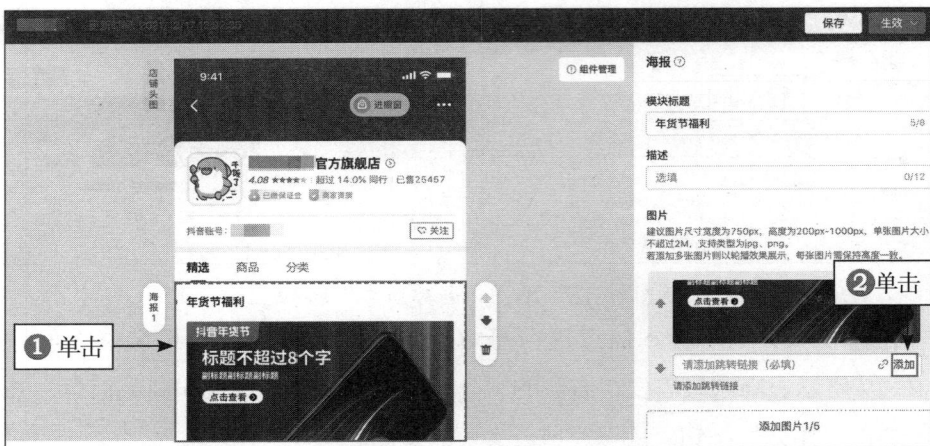

图 6-18　"自定义页"装修技巧的部分内容

6.2.7　大促活动页的装修方法

大促活动页的装修操作方法在 6.1.2 节中已经进行过介绍，这里就不再赘述。当然，如果商家要使用官方的大促活动页素材，先单击"下载素材"按钮下载素材，如图 6-19 所示。然后在装修时使用这些素材。

图 6-19　单击"下载素材"按钮

6.2.8 装修版本的保存和生效设置

对店铺页面进行装修之后，商家可以对装修好的版本进行保存和生效设置。下面分别介绍装修版本的保存和生效设置。

1. 装修版本的保存设置

在店铺版本的装修页面进行相关设置之后，页面上方会出现"保存"按钮，商家只需单击该按钮即可保存装修版本，如图 6-20 所示。

图 6-20　单击"保存"按钮

2. 装修版本的生效设置

装修版本的生效设置有两种，商家可以根据自身的需要进行选择。具体来说，对装修版本的相关信息进行设置之后，单击页面右上方的"生效"按钮，如图 6-21 所示，会出现一个下拉列表框。如果商家要让装修版本尽快生效，单击下拉列表框中的"立即生效"按钮。

图 6-21　单击"立即生效"按钮

如果商家想要装修版本过一段时间之后再生效，可以单击下拉列表框中的"定时生效"按钮，设置具体的生效时间。具体来说，单击"定时生效"按钮之后，会弹出"定时生效"对话框，❶商家可以在对话框中输入生效时间；❷单击"确定"按钮，如图 6-22 所示。执行操作后，即可将装修版本设置为定时生效。

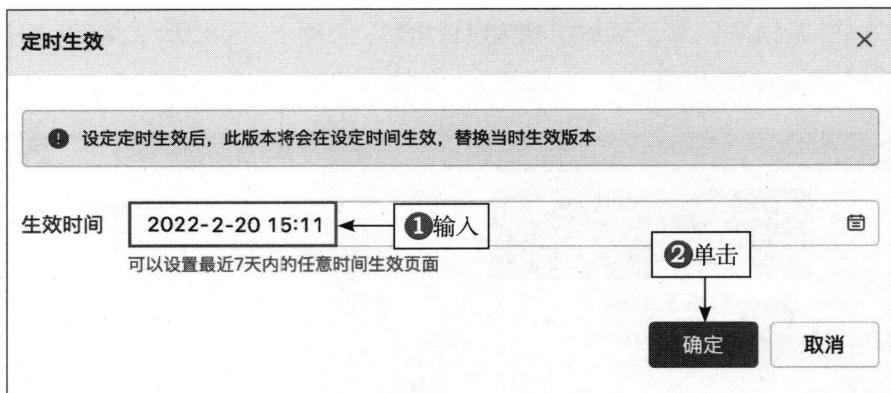

图 6-22 单击"确定"按钮

6.3 非抖音端的店铺装修说明

虽然抖音小店的简称是"抖店"，但是因为抖音属于字节跳动的一款软件，而字节跳动旗下各软件的店铺又是可以统一运营的。因此，商家的抖店同样可以在今日头条、西瓜视频等非抖音平台中运营。那么，非抖音端的店铺要如何装修呢？本节对非抖音端的店铺装修进行简单说明。

6.3.1 店铺装修分类

抖音小店装修可以分为两类：一类是抖音端店铺的装修，即使用抖音账号登录抖店，并进行店铺装修；另一类是非抖音端店铺的装修，即使用其他平台的账号登录抖店进行店铺装修。

由此可以看出，无论是哪个平台的抖音小店，商家都可以通过抖店进行店铺装修，只是使用不同的账号登录，能够进行装修的店铺也不同。例如，当商家需要对今日头条平台的店铺进行装修时，应该使用今日头条的账号登录。否则，商家可能无法获得今日头条账号的装修权限。

6.3.2 设置店铺公告

商家可以通过设置店铺公告在非抖音端店铺中向用户公示相关信息，让更多的用户及时了解店铺的重要信息。

具体来说，商家可以在抖店平台中登录非抖音账号（如今日头条账号），❶单击左侧导航栏中的"店铺装修"按钮，进入"店铺主页橱窗"板块；❷在"店铺公告"中设置公告的标题和内容；❸单击页面下方的"保存"按钮，如图6-23所示。执行操作后，即可完成店铺公告的设置。

图6-23 单击"保存"按钮

6.3.3 添加 banner

店铺装修中的 banner 是指页面中的横幅广告。通过对 banner 的设置，可以展示商品并增加商品链接，从而有效地增加商品的点击率和购买率。

商家在抖店后台的"店铺装修"页面中单击"添加模块"按钮，如图6-24所示。执行操作后，选择 banner 模块。如果"子模块添加"中显示 banner，说明 banner 模块添加成功。添加完成后，单击"确定"按钮，即可保存 banner模块。

图 6-24 单击"添加模块"按钮

6.3.4 设置商品橱窗

商家可以通过商品橱窗的设置，重点展示热销商品并增加该类商品的曝光量。需要注意的是，设置商品橱窗信息时，商家需要上传商品的 ID，并且橱窗中最多只能同时展示三种商品，如图 6-25 所示。

图 6-25 设置商品橱窗信息

6.3.5　设置商家推荐

商家推荐，顾名思义，就是商家主动为用户推荐商品。设置商家推荐，实际上就是增加商品的展示组件，从而让更多用户看到商家推荐的商品，达到引导用户购买商品的目的。商家推荐设置同样需要上传商品 ID，不过，与商品橱窗的设置不同，商家推荐的设置对商品数量没有限制。

具体来说，抖店后台的"店铺装修"页面中有一个"商家推荐"板块，如图 6-26 所示。商家只需单击该板块中的"批量上传"按钮，并选择店铺中的商品，即可完成商家推荐的设置。

图 6-26　"商家推荐"板块

6.3.6　设置商品列表

商品列表是用来展示商品排列规则的一种组件，它的排列规则主要有两种，即横排和竖排。需要注意的是，商品列表只能设置在店铺首页模块的最下列，也就是说，它的位置是相对固定的。

商品列表的竖排规则，就是一行只展示一种商品，所有商品都在同一行上进行呈现。图 6-27 所示为商品列表竖排的相关信息。

商品列表的横排规则，则是一行展示两种商品，也就是说，如果采取这种排列规则时，所有商品会按照顺序在并列的两行中分别进行展示。图 6-28 所示为商品列表横排的相关信息。

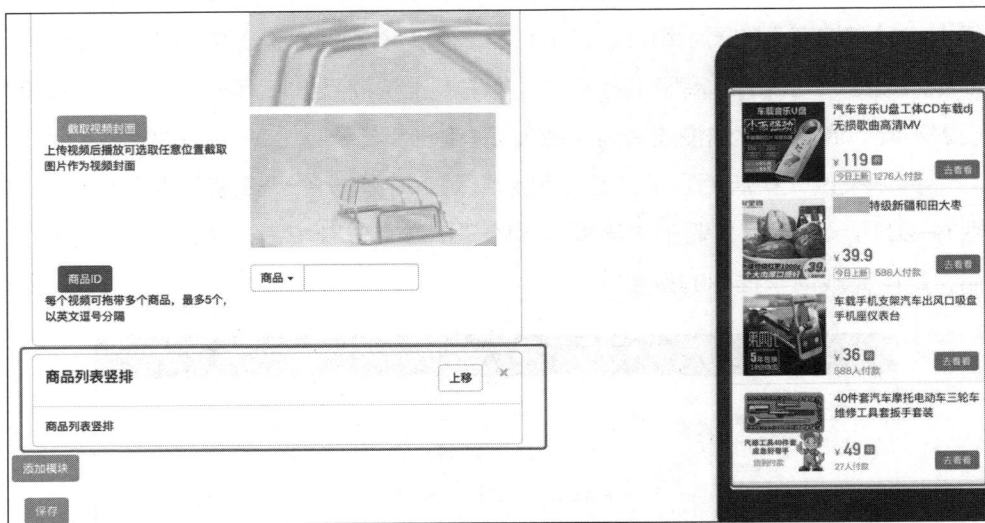

图 6-27　商品列表竖排的相关信息

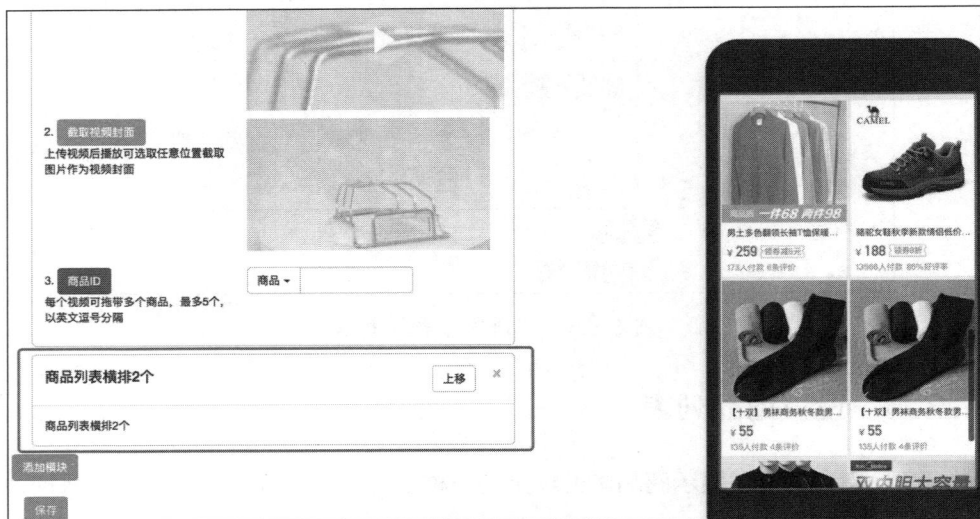

图 6-28　商品列表横排的相关信息

6.3.7　设置店铺商品排序

通常来说，抖店中会根据商家添加商品的时间进行排序。但是有时候商家需要将某些商品展示在特定的位置，此时商家便需要设置店铺商品的排序。

那么，商家要如何设置店铺的商品排序呢？具体操作步骤如下。

▶▶ 步骤1 进入抖店后台的"店铺装修"页面，❶切换至"店铺商品排序"选项卡；❷单击对应商品后方的"移动到"按钮，如图 6-29 所示。

图 6-29 单击"移动到"按钮

▶▶ 步骤2 在弹出的"移动到"对话框中，❶输入数字（要将商品排第几，就输入对应的数字）；❷单击"确认"按钮，如图 6-30 所示。

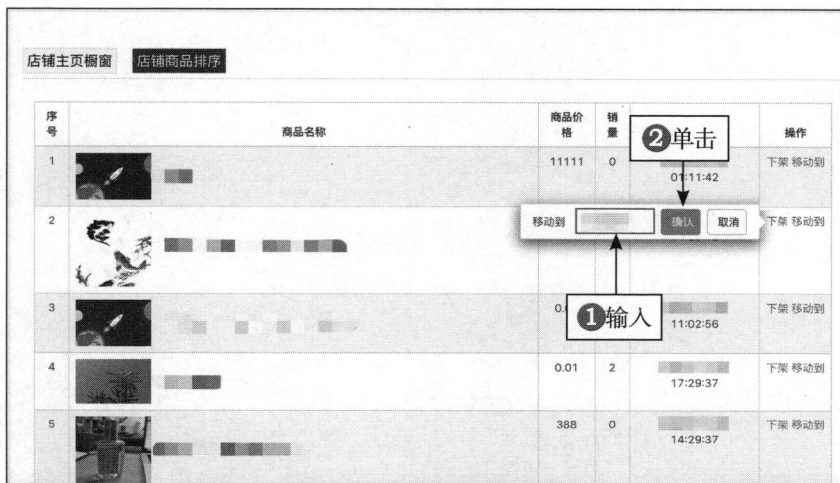

图 6-30 单击"确认"按钮

▶▷ 步骤 3 即可调整对应商品的排序。

除了调整商品的排序之外，商家还可以在"店铺商品排序"选项卡中下架商品。具体来说，商家只需单击对应商品后方的"下架"按钮，如图 6-31 所示，即可将该商品下架。需要说明的是，商品下架之后将不会在"店铺推荐"内进行展示。因此，在进行下架操作时，商家一定要考虑清楚。

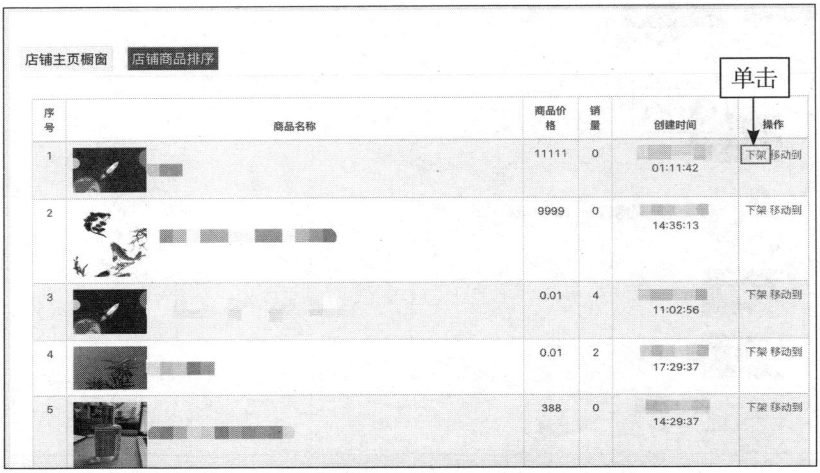

店铺主页橱窗　店铺商品排序

单击

序号	商品名称	商品价格	销量	创建时间	操作
1		11111	0	01:11:42	下架 移动到
2		9999	0	14:35:13	下架 移动到
3		0.01	4	11:02:56	下架 移动到
4		0.01	2	17:29:37	下架 移动到
5		388	0	14:29:37	下架 移动到

图 6-31　单击"下架"按钮

第7章

营销推广：
吸引用户关注，
带来大量流量

在抖音小店的运营过程中，商家和运营者可以通过一些营销推广技巧，吸引用户关注，让商品和店铺获得大量流量。本章介绍常见的优惠券促销方法和营销工具，帮助大家更好地提升营销推广效果。

7.1 使用各种优惠券进行促销

很多用户在购买商品时，都希望能够获得一些优惠。此时，商家和运营者便可以使用优惠券来进行促销，让用户觉得买得更划算。本节介绍抖音小店中常见优惠券的使用方法。

7.1.1 商品优惠券

商品优惠券是在购买商品时使用后可以获得一些优惠的电子券。虽然有时候使用优惠券获得的优惠比较有限，但是只要有优惠券就能增加商品对用户的吸引力。具体来说，商家和运营者可以通过如下操作步骤创建商品优惠券。

▶▶ 步骤1 进入抖店平台，单击"首页"页面上方菜单栏中的"营销中心"按钮，如图7-1所示。

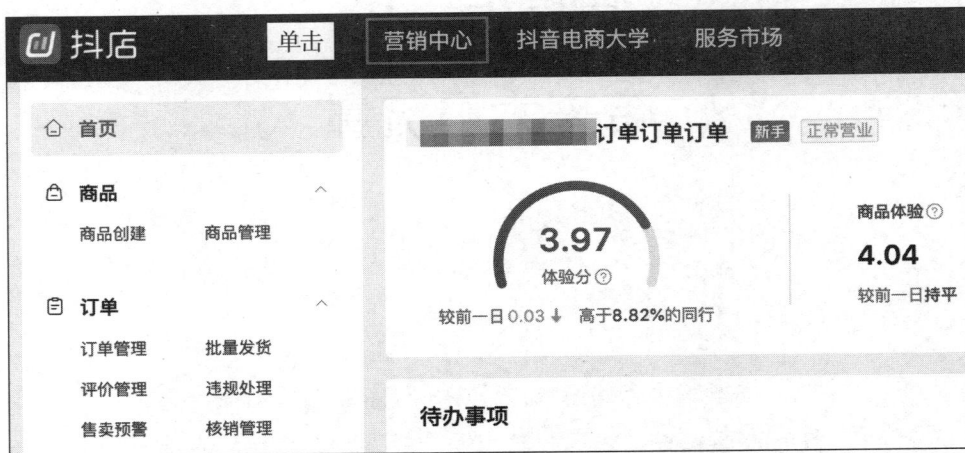

图 7-1 单击"营销中心"按钮

▶▶ 步骤2 在"抖店 I 营销中心"页面中，❶依次单击"营销工具"按钮和"优惠券"按钮，进入"新建优惠券"页面；❷单击"商品优惠券"中的"立即新建"按钮，如图7-2所示。

▶▶ 步骤3 进入"新建商品优惠券"页面，如图7-3所示。根据要求在该页面中填写相关信息，单击下方的"提交"按钮。

▶▶ 步骤4 用户在相关商品的信息中便可以看到商品优惠券信息。图7-4所示为某直播购物车中的部分商品，可以看到其中第一个商品中就显示了"满100减5"的优惠券信息。

图 7-2 单击"立即新建"按钮

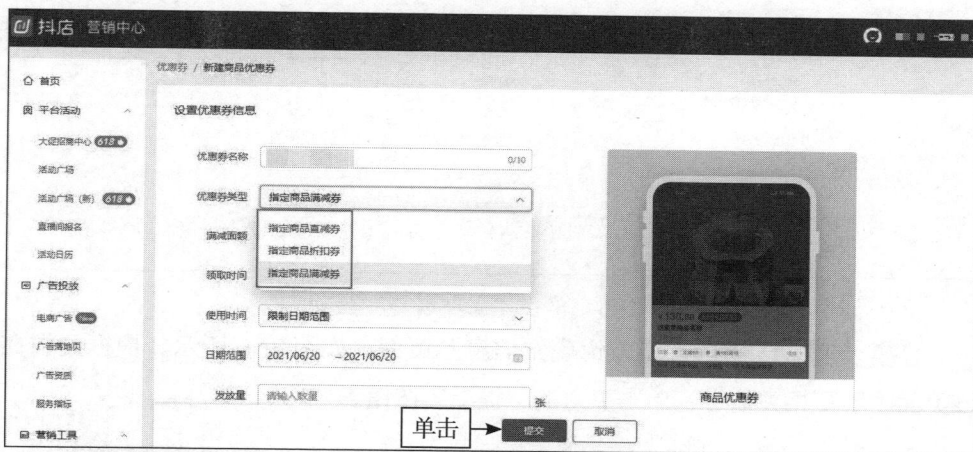

图 7-3 "新建商品优惠券"页面

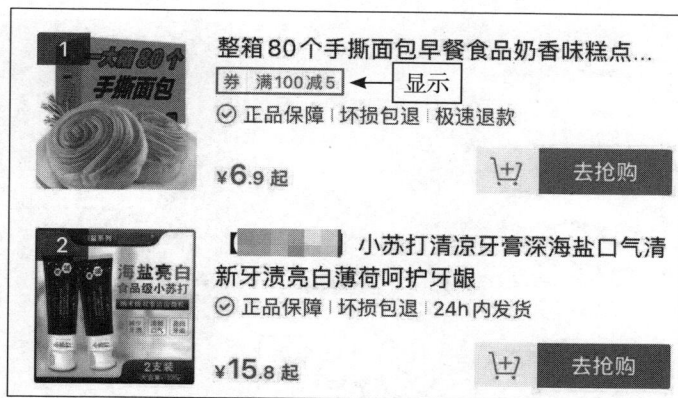

图 7-4 显示商品信息中的优惠券信息

7.1.2　店铺粉丝券

店铺粉丝券是专门提供给店铺粉丝使用的一种优惠券。例如，当店铺账号进行抖音直播时，用户需要先关注店铺账号才能领取粉丝券。具体来说，商家和运营者可以通过如下步骤创建和发布店铺粉丝券。

▶▶ **步骤1**　进入抖店平台的"新建优惠券"页面，单击"店铺粉丝券"中的"立即新建"按钮，如图7-5所示。

图7-5　单击"立即新建"按钮

▶▶ **步骤2**　进入"设置优惠券信息"页面，如图7-6所示。根据要求在该页面中填写相关信息，单击下方的"提交"按钮。

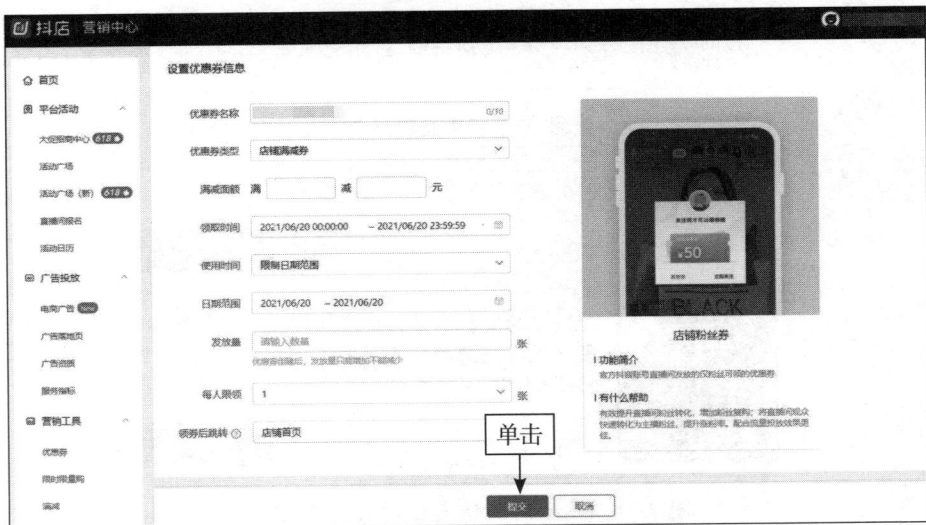

图7-6　"设置优惠券信息"页面

▶▶ 步骤3 用对应达人账号或店铺账号开启直播,点击直播界面下方的
图标,如图7-7所示。

▶▶ 步骤4 在弹出的"直播商品"对话框中,点击"发券"按钮,如图7-8
所示。

图7-7 点击图标

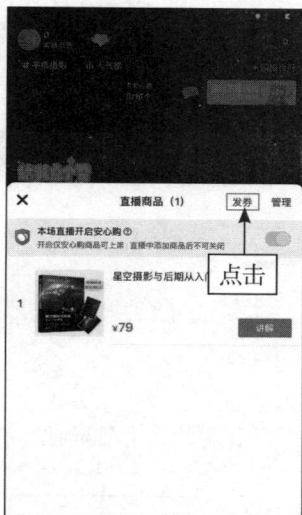

图7-8 点击"发券"按钮

▶▶ 步骤5 在弹出的"优惠券"对话框中,点击对应优惠券中的"立即发
券"按钮,如图7-9所示。

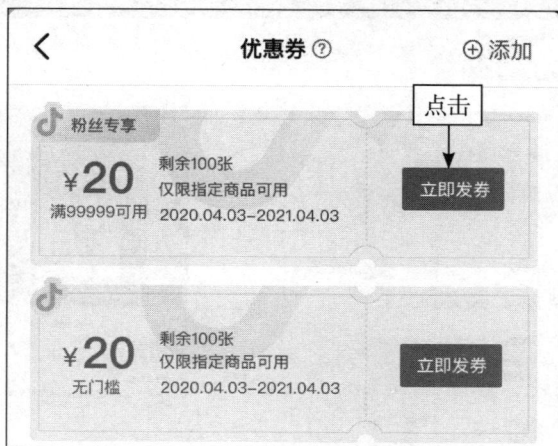

图7-9 点击"立即发券"按钮

▶▶ 步骤6 即可将店铺粉丝券发布到直播间中。

7.1.3 达人粉丝券

达人粉丝券是指只有抖音号粉丝能够领取和使用的一类优惠券。正是因为只有抖音号的粉丝能领取和使用，所以，只要达人粉丝券设置得好，就能快速达到引流增粉的目的。具体来说，运营者可以通过如下步骤设置和发放达人粉丝券。

▶▶ 步骤1 进入抖店平台的"新建优惠券"页面，单击"达人粉丝券"中的"立即新建"按钮，如图 7-10 所示。

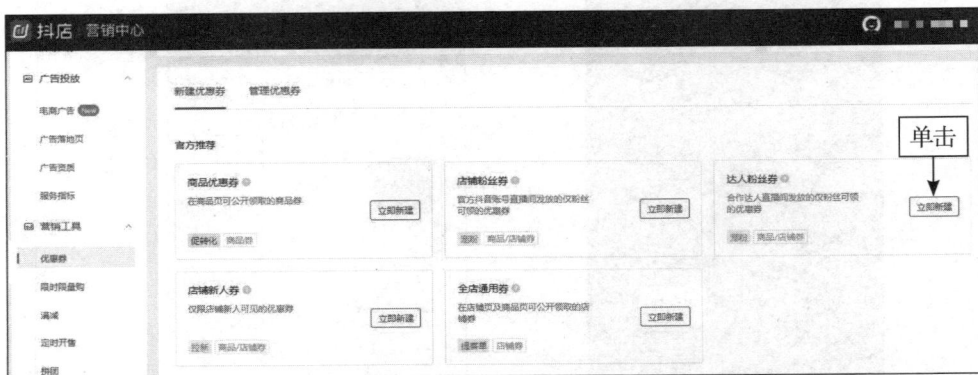

图 7-10 单击"立即新建"按钮

▶▶ 步骤2 进入"新建达人粉丝券"页面，如图 7-11 所示。根据要求在该页面中填写相关信息。

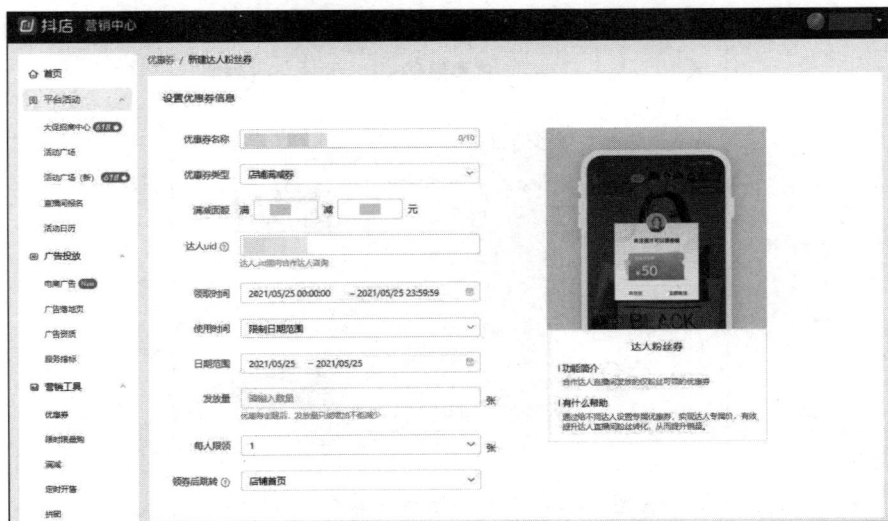

图 7-11 "新建达人粉丝券"页面

▶▶ 步骤 3　登录店铺抖音账号，按照本章 7.1.2 小节中步骤 3 ～ 5 的方法进行操作，操作完成后，即可完成达人粉丝券的发布。

> 专家指点：店铺粉丝券和达人粉丝券相似。首先，这两种券都是需要先关注对应账号才能使用。其次，店铺粉丝券也可以转换成达人粉丝券。具体来说，店铺只要将商品优惠券和粉丝券使用权授权给达人，那么，店铺粉丝券在达人直播中就变成了达人粉丝券。

7.1.4　店铺新人券

店铺新人券是为从未在店铺中购买过商品的用户使用的一种优惠券。这类优惠券的面值通常都不是很大，但是却可以让普通用户变成店铺的顾客，吸引用户下单购买商品，这主要是因为使用该优惠券可以让用户获得额外的优惠。具体来说，商家和运营者可以通过如下步骤创建或发布店铺新人券。

▶▶ 步骤 1　进入抖店平台的"新建优惠券"页面，单击"店铺新人券"中的"立即新建"按钮，如图 7-12 所示。

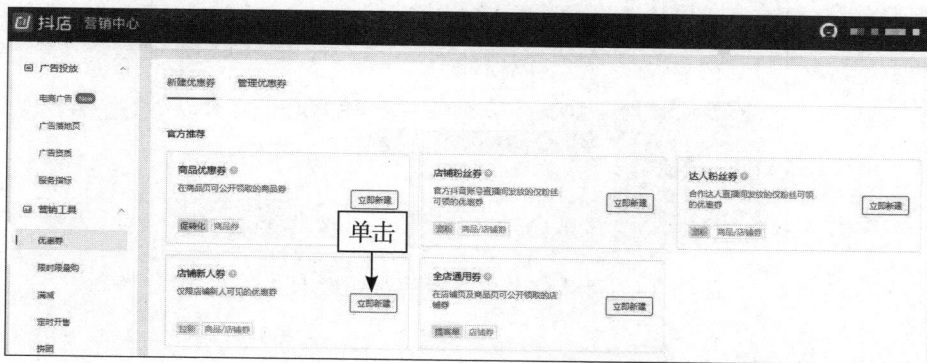

图 7-12　单击"立即新建"按钮

▶▶ 步骤 2　进入"新建店铺新人券"页面，如图 7-13 所示。根据要求在该页面中填写相关信息，并单击下方的"提交"按钮，即可完成店铺达人券的创建。

▶▶ 步骤 3　用户在相关商品的信息中便可以看到商品优惠券信息。图 7-14 所示为某直播购物车中的部分商品，可以看到该购物车中的两个商品中就显示了"满 30 减 2"的店铺新人券信息。

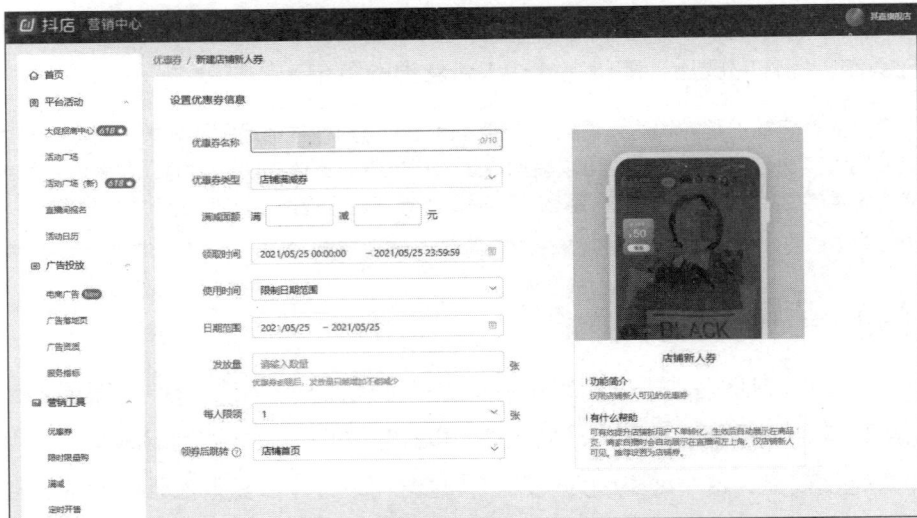

图 7-13 "新建店铺新人券"页面

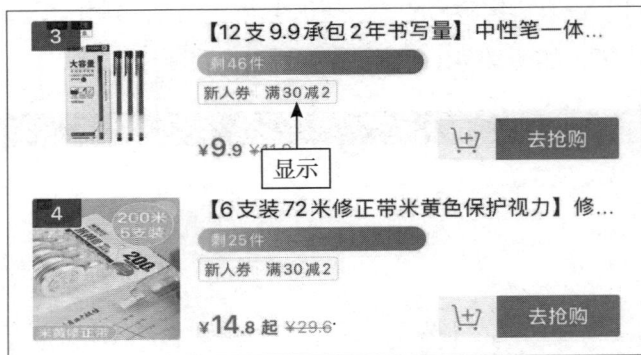

图 7-14 商品信息中显示的店铺新人券信息

7.1.5 全店通用券

全店通用券，顾名思义就是购买店铺中任意商品都可以使用的优惠券。当然，因为这类优惠券是通用的，所以，其使用的门槛相对会高一些，只有当单次购买的商品数额达到要求才可以使用该优惠券。

全店通用券的创建方法与商品优惠券大致相同，商家和运营者只需进入"新建优惠券"页面，单击"全店通用券"板块中的"立即新建"按钮，根据系统提示进行操作，便可以完成全店通用券的创建。

全店通用券创建成功之后，除了可以直接发放之外，还可以定向发送给具体的某个用户或某些用户，具体操作步骤如下。

▶▶ **步骤 1** 进入抖店平台，❶依次单击"营销工具"按钮、"优惠券"按钮和"管理优惠券"按钮，进入"管理优惠券"页面；❷单击对应全店通用券后方的"推广"按钮，如图 7-15 所示。

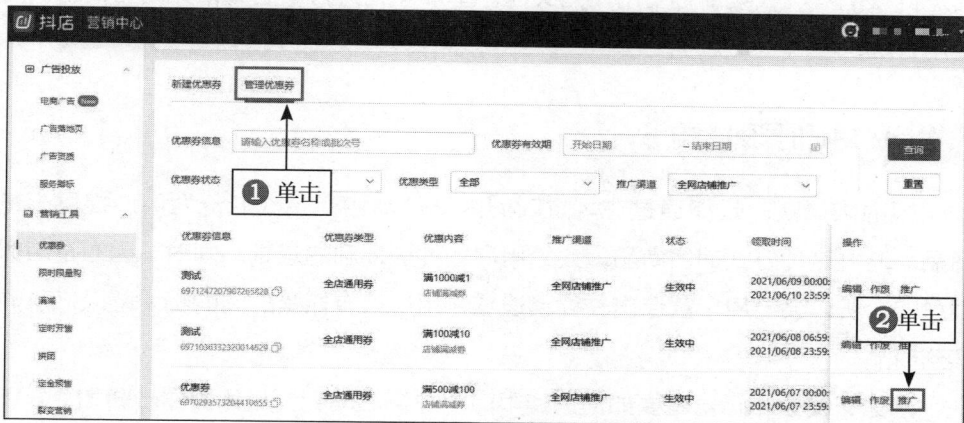

图 7-15 单击"推广"按钮

▶▶ **步骤 2** 弹出"推广链接"对话框，如图 7-16 所示。商家和运营者可以单击对话框中的"复制"按钮，或单击"下载二维码"按钮，将全店通用券的二维码下载到手机中。

图 7-16 弹出"推广链接"对话框

▶▶ **步骤 3** 商家和运营者只需在社交软件的聊天界面中粘贴链接，或发送下载的二维码即可。看到聊天信息的用户，只需点击链接或进行扫码，即可直接领取对应的全店通用券。

7.2　九种抖音小店常用的营销工具

除了各类优惠券之外，商家和运营者还可以通过抖音小店中的各种营销工具进行营销推广，吸引更多用户的关注。本节介绍抖音小店中常见的营销工具的使用方法。

7.2.1　限时限量购

限时限量购，是指通过在规定时间内低价销售商品或低价为用户提供少量商品。通过这种方式销售商品，会给用户一种送福利的感觉。同时，因为是限时限量的，所以会给用户营造出一种紧迫感，用户只有抓紧时间购物才能以低价购买到商品。

那么，商家和运营者要如何创建限时限量购活动呢？具体操作步骤如下。

▶▶ 步骤1　进入抖店平台，❶依次单击"营销工具"按钮和"限时限量购"按钮，进入"限时限量购"页面；❷单击上方的"立即创建"按钮，如图7-17所示。

图7-17　单击"立即创建"按钮

▶▶ 步骤2　进入创建限时限量购信息设置页面的"设置基础规则"板块，如图7-18所示，根据系统提示在该板块中填写相关信息。

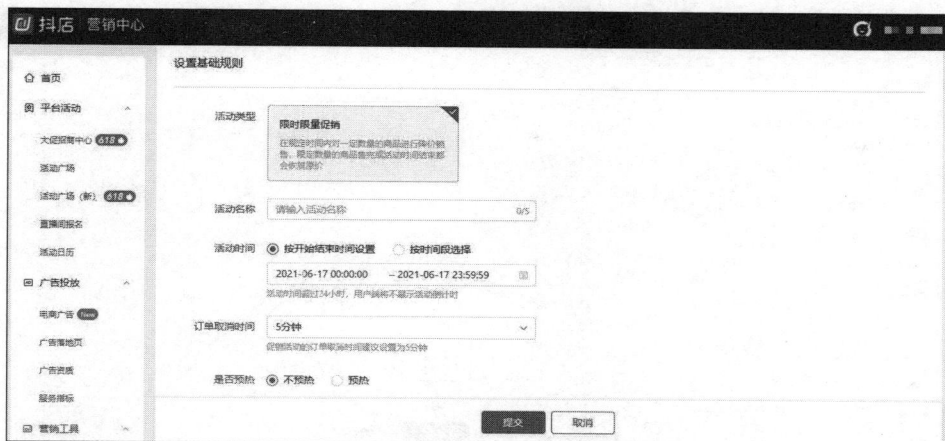

图 7-18 "设置基础规则"板块

▶▶ 步骤3 向上滑动页面至"选择商品"板块，❶单击"添加商品"按
钮；在弹出的"选择商品"对话框中，❷选中对应商品前方的复选框；❸单击下
方的"选择"按钮，如图7-19所示。

图 7-19 单击"选择"按钮

▶▶ 步骤4 "选择商品"板块中会出现已添加商品的相关信息，单击页面
下方的"提交"按钮，如图7-20所示。

▶▶ 步骤5 即可完成限时限量购活动的创建。

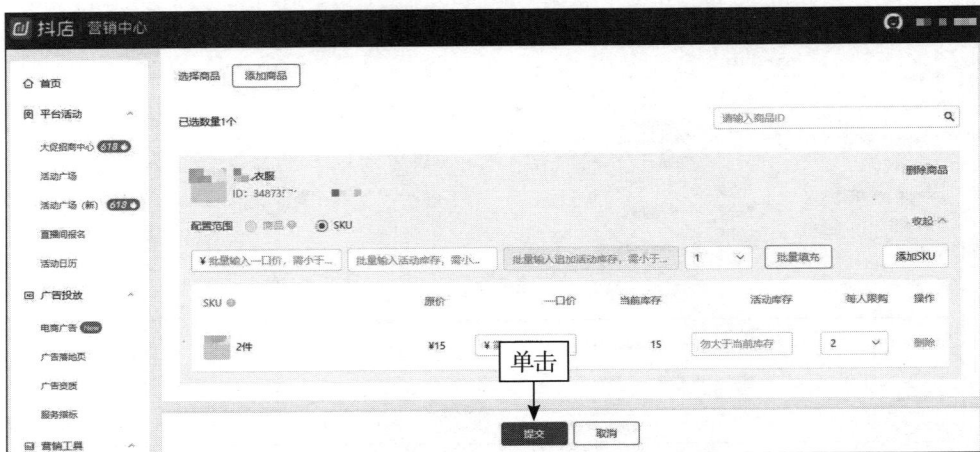

图 7-20 单击"提交"按钮

7.2.2 满减活动

满减活动是通过设置购买金额或数量进行促销的一种营销方法，当用户的单次购买金额或数量达到要求之后，便可以获得一定的优惠。具体来说，商家和运营者可以通过如下操作步骤设置满减活动。

▶▶ 步骤1 进入抖店平台，❶依次单击"营销工具"按钮和"满减"按钮，进入"满减"页面；❷单击上方的"立即新建"按钮，如图 7-21 所示。

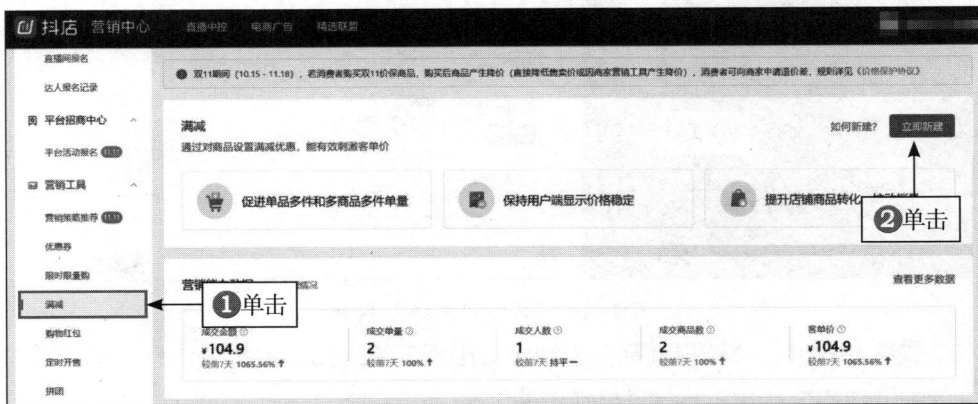

图 7-21 单击"立即新建"按钮

▶▶ 步骤2 进入"创建活动"页面。商家和运营者可以在该页面中根据活动类型（包括满 N 元优惠和满 N 件优惠），对满减活动的相关信息进行设置。图 7-22 所示为"满 N 件优惠"板块的部分信息。

132

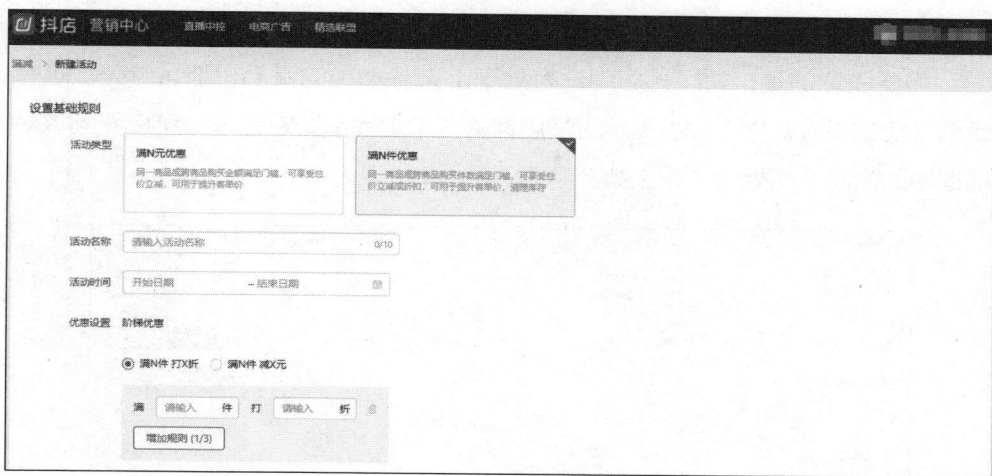

图 7-22　"满 N 件优惠"板块的部分信息

▶▶ 步骤 3　商家和运营者只需完成对应板块中信息的填写，并单击页面下方的"提交"按钮，即可完成满减活动的创建。

7.2.3　定时开售

定时开售就是在固定时间开始出售商品，使用定时开售工具可以引起用户的好奇心，达到为商品造势的目的。具体来说，商家和运营者可以通过如下操作步骤将商品设置为定时开售。

▶▶ 步骤 1　进入抖店平台，❶依次单击"营销工具"按钮和"定时开售"按钮，进入"定时开售"页面；❷单击上方的"添加商品"按钮，如图 7-23 所示。

图 7-23　单击"添加商品"按钮

▶▶ 步骤 2　在弹出的"添加商品"对话框中，商家和运营者选中对应商品前方的复选框，单击"提交"按钮，即可将商品设置为定时开售。

需要注意的是，如果抖店中没有处于上架状态中的商品，那么就无法进行定时开售的设置。图 7-24 所示为某店铺的"添加商品"对话框，可以看到该对话框中的商品全部处于"未上架"状态。

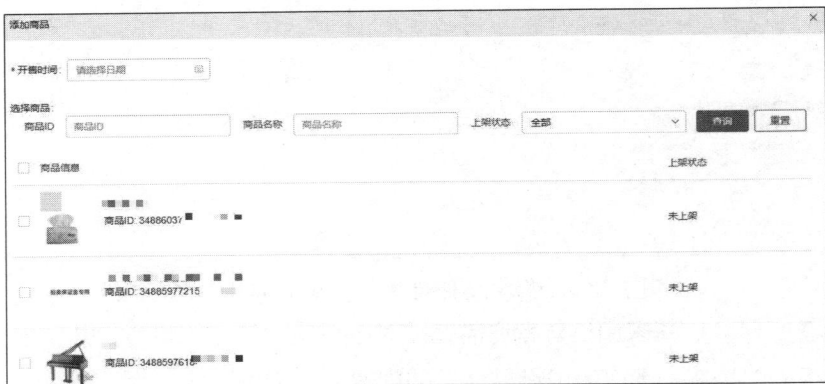

图 7-24　某店铺的"添加商品"对话框

7.2.4　拼团活动

拼团活动就是多人一起购买便可以享受优惠的一种活动。具体来说，商家和运营者可以通过如下操作步骤设置拼团活动。

▶▶ 步骤1　进入抖店平台，❶依次单击"营销工具"按钮和"拼团"按钮，进入"拼团"页面；❷单击上方的"立即创建"按钮，如图 7-25 所示。

图 7-25　单击"立即创建"按钮

▶▶ 步骤2 进入"创建活动"页面的"设置基础规则"板块，如图7-26所示。根据页面提示，填写相关信息。

图7-26 "设置基础规则"板块

▶▶ 步骤3 向上滑动页面至"选择商品"板块，❶单击"添加商品"按钮；在弹出的"添加商品"对话框中，❷选中对应商品前方的复选框；❸单击下方的"选择"按钮，如图7-27所示。

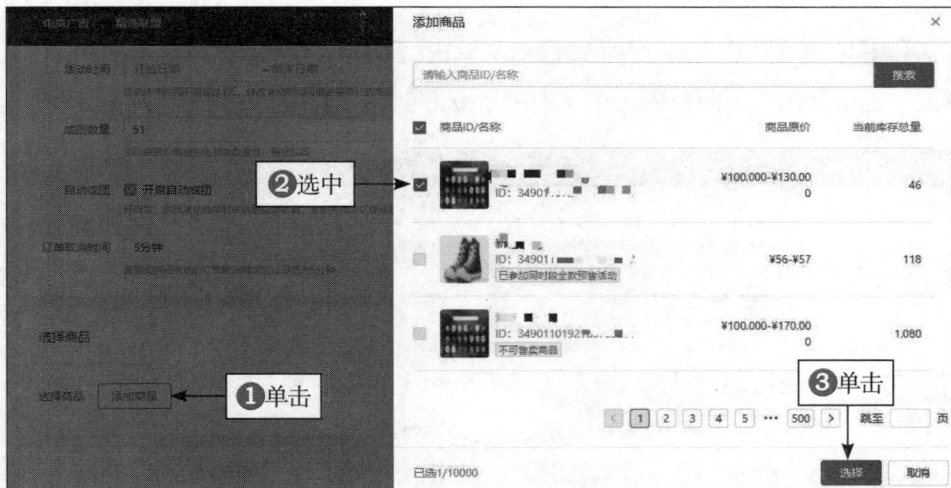

图7-27 单击"选择"按钮

▶▶ 步骤4 返回"拼团"页面，选中"配置范围"中SKU（Stock Keeping Unit，库存量单位）前方的复选框，进入SKU设置板块，商家可以在该板块中设置拼团商品的"拼团价""活动库存"和"每人限购"等信息，如图7-28所示。设置完成后，单击页面下方的"提交"按钮。

营销推广：吸引用户关注，带来大量流量

图 7-28　SKU 设置板块

7.2.5　定金预售

定金预售是指买家只需预付一部分定金便可预定商品，到约定时间内支付尾款即可完成交易。具体来说，商家和运营者可以通过如下操作步骤设置定金预售。

▶▶ 步骤 1　进入抖店平台，❶依次单击"营销工具"按钮和"定金预售"按钮，进入"定金预售"页面；❷单击上方的"立即创建"按钮，如图 7-29 所示。

图 7-29　单击"立即创建"按钮

▶▶ 步骤 2 进入"创建活动"页面的"基础规则"板块，如图 7-30 所示。根据页面提示，填写该板块中的信息。

图 7-30 "基础规则"板块

▶▶ 步骤 3 向上滑动页面，❶单击"选择商品"板块中的"添加商品"按钮；在弹出的"选择商品"对话框中，❷选中对应商品前方的复选框；❸单击下方的"选择"按钮，如图 7-31 所示。

图 7-31 单击"选择"按钮

▶▶ 步骤 4 返回"创建活动"页面，此时页面中会出现已选商品的相关信息。图 7-32 所示为已选商品的 SKU 板块。商家和运营者只需对该板块中的信息进行设置，并单击页面下方的"提交"按钮，即可完成定金预售的设置。

图 7-32　已选商品的 SKU 板块

7.2.6　拍卖活动

如果商家销售的是一些价值高的商品，或者是孤品，那么便可以通过拍卖活动进行商品销售。具体来说，商家可以通过如下操作步骤设置拍卖活动。

▶▶ 步骤1　进入抖店平台，❶依次单击"营销工具"按钮和"拍卖"按钮，进入"拍卖"页面；❷单击上方的"立即创建"按钮，如图 7-33 所示。

图 7-33　单击"立即创建"按钮

▶▶ 步骤2　进入"创建活动"页面的"基础规则"板块，如图 7-34 所示，根据提示在该板块中填写相关信息。

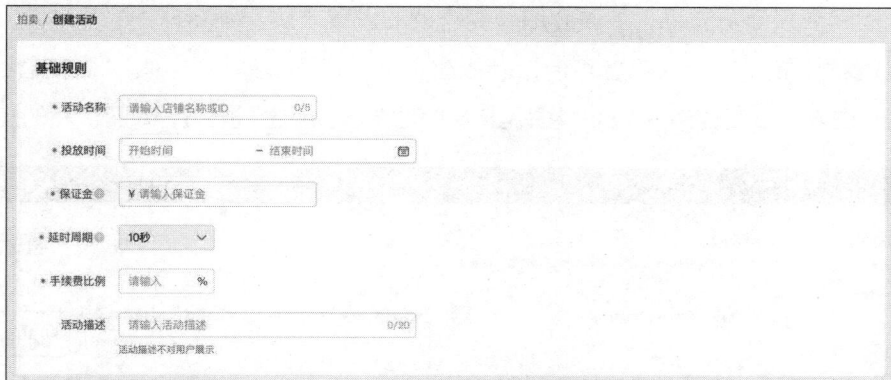

图 7-34　"基础规则"板块

▶▶ 步骤3 滑动页面至"选择商品"板块，❶单击板块中的"添加商品"按钮，弹出一个对话框；❷选中需要添加的商品；❸单击下方的"选择"按钮，如图 7-35 所示。

图 7-35　单击"选择"按钮

▶▶ 步骤4 即可将商品设置成拍卖商品。此时，商家只需在抖音直播中添加这些商品，便可以将商品进行拍卖。

7.2.7　裂变营销

裂变营销是用来增加直播互动的一种新玩法，可以刺激用户分享直播间，为直播间带来更多流量，下面介绍裂变营销的设置方法。

▶▶ 步骤1　进入抖店平台，❶依次单击"营销工具"按钮和"裂变营销"按钮，进入"裂变营销"页面；❷单击上方的"立即创建"按钮，如图7-36所示。

图7-36　单击"立即创建"按钮

▶▶ 步骤2　进入"创建活动"页面的"设置基础规则"板块，如图7-37所示，根据系统提示填写该板块中的信息。

图7-37　"设置基础规则"板块

▶▶ 步骤3　向上滑动页面，进入"选择合作达人"板块，如图7-38所示，在该板块中设置授权作者和达人账号。

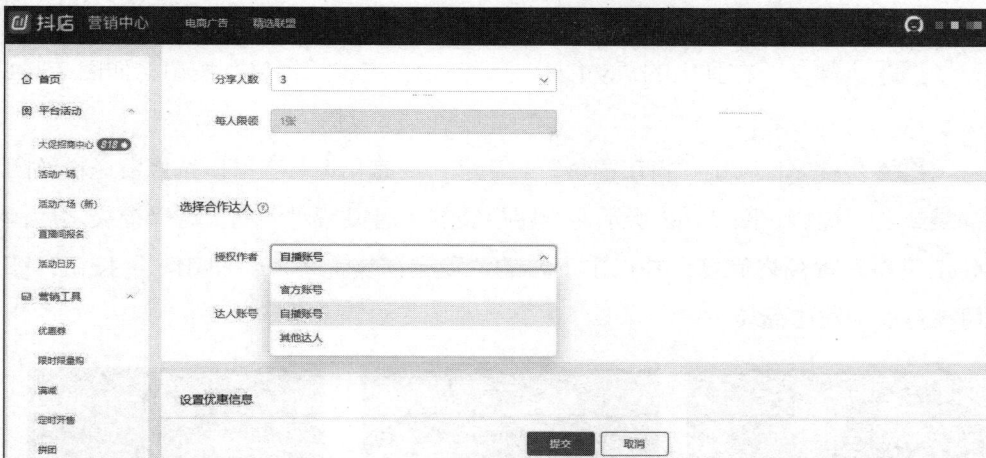

图 7-38　"选择合作达人"板块

▶▶ 步骤4 向上滑动页面，进入"设置优惠信息"板块，如图 7-39 所示。在该板块中设置分享者优惠和被分享者优惠的相关信息，单击页面下方的"提交"按钮，即可完成裂变营销的设置。

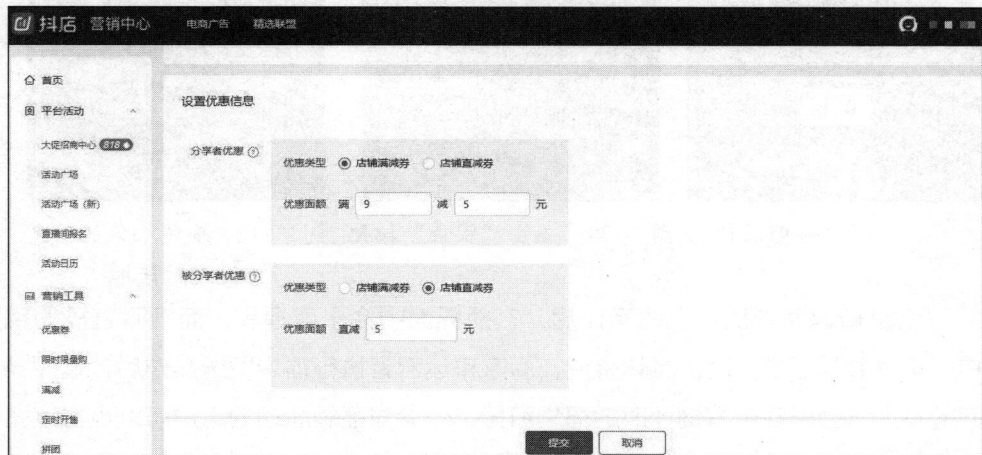

图 7-39　"设置优惠信息"板块

7.2.8　福袋活动

福袋，顾名思义就是用来赠送福利的袋子。在抖音平台中，福袋常见于直播中。那么，商家和运营者要如何发福袋呢？下面讲解抖音直播发福袋的操作方法。

▶▶ 步骤 1 开启抖音直播，点击直播界面下方的 图标，如图 7-40 所示。

▶▶ 步骤 2 在弹出的"功能"对话框中，点击"福袋"按钮，如图 7-41 所示。

▶▶ 步骤 3 弹出"抖币福袋"对话框，商家和运营者可以选择发送粉丝团福袋或全民福袋。图 7-42 所示为全民福袋的信息设置对话框。选择福袋之后，商家只需设置福袋信息，并点击下方的"发起福袋（×××抖币）"按钮，即可在直播中发送福袋。

图 7-40　点击 图标　　图 7-41　点击"福袋"按钮　　图 7-42　全民福袋的信息设置对话框

商家和运营者执行上述操作后，直播界面中会出现福袋，而观看直播的用户则可以参与福袋活动。具体来说，商家和运营者执行福袋发送操作后，直播界面的左上方会出现带有倒计时的福袋图标，想参与福袋活动的用户可以点击该图标，如图 7-43 所示。执行操作后，弹出"福袋"对话框，该对话框中会显示福袋的相关信息，如图 7-44 所示。

> 专家指点：粉丝团福袋是指加入主播粉丝团才能参与活动获得的福袋；而全民福袋则是所有用户（即非粉丝也可以）参与的福袋。商家和运营者可以根据自身目的选择福袋类型，如果是要增加粉丝团人数，可以发送粉丝团福袋，让普通用户主动加团；如果是要提高直播间的热度，吸引更多用户持续观看直播，可以发送全民福袋。

图 7-43 点击福袋图标

图 7-44 弹出"福袋"对话框

除了福袋之外，商家和运营者还可以为用户发送超级福袋。通常来说，福袋中包含的是直播礼物或抖币（抖音虚拟货币，可用于购买直播礼物），而超级福袋包含的则是商品。与普通福袋不同，超级福袋需要先开通功能并进行创建设置。下面介绍超级福袋的功能开通和创建方法。

▶▶ 步骤 1　进入巨量百应平台的"直播管理"板块，❶单击菜单栏中的"营销管理"按钮和"超级福袋"按钮，进入"开通超级福袋功能"页面；❷选中"我已阅读并同意《协议名称待定》"前方的复选框；❸单击"立即开通"按钮，如图 7-45 所示。

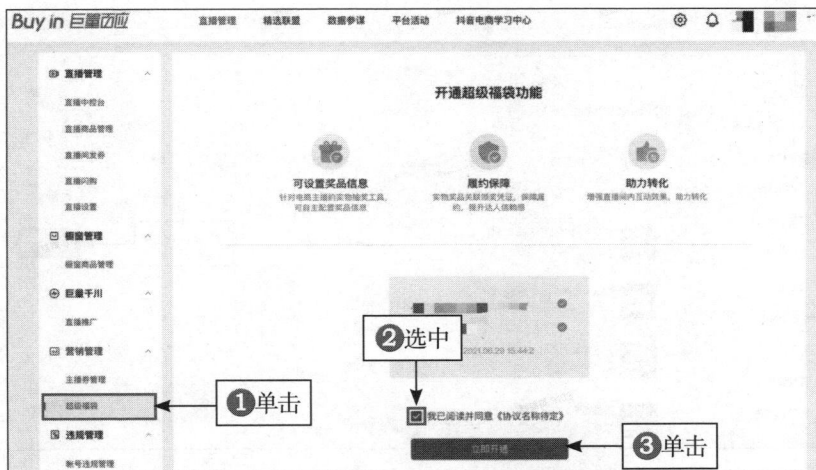

图 7-45　单击"立即开通"按钮

▶▶ 步骤2 即可开通超级福袋功能。超级福袋功能开通后，进入"超级福袋"页面，❶单击"奖品池"按钮，进入"奖品池"板块；❷单击"创建奖品"按钮，如图 7-46 所示。

图 7-46　单击"创建奖品"按钮

▶▶ 步骤3 进入"创建奖品"页面，❶选中"快速创建"前方的单选按钮；❷单击页面中对应商品后方的"选择"按钮，如图 7-47 所示。

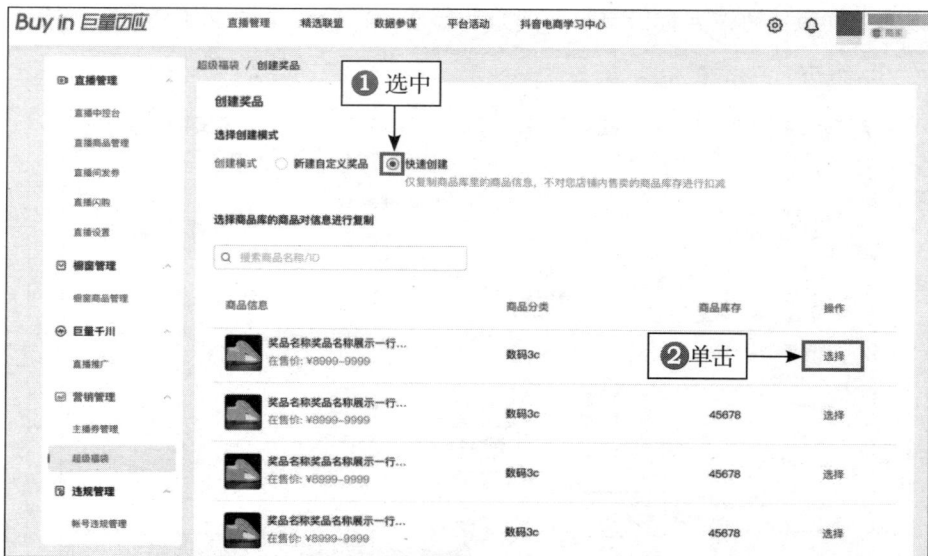

图 7-47　单击"选择"按钮

▶▶ 步骤4 进入商品信息设置页面,如图 7-48 所示。在该页面中设置商品的相关信息,单击页面下方的"提交"按钮。

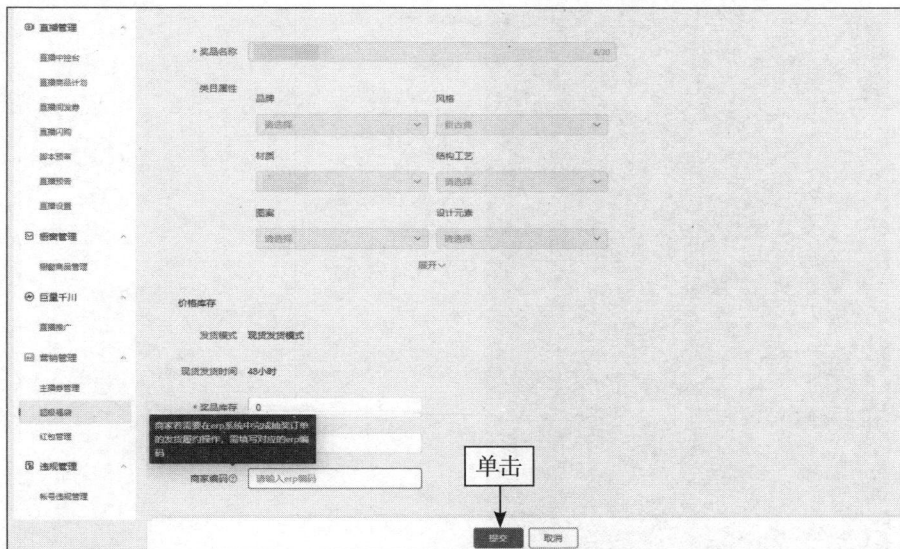

图 7-48 商品信息设置页面

▶▶ 步骤5 返回"奖品池"板块,单击"抽奖活动"按钮,如图 7-49 所示。

图 7-49 单击"抽奖活动"按钮

▶▷ 步骤6 进入"抽奖活动"板块，单击"创建活动"按钮，会弹出"创建抽奖活动"对话框，如图7-50所示。

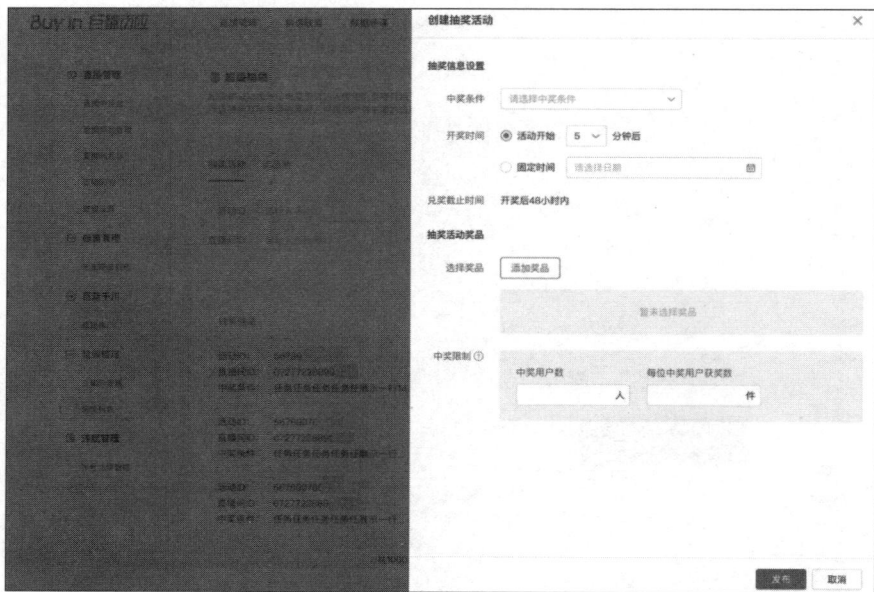

图7-50 弹出"创建抽奖活动"对话框

▶▷ 步骤7 设置"创建抽奖活动"对话框中的相关信息，并单击下方的"发布"按钮，即可完成超级福袋的创建。超级福袋创建成功之后，商家和运营者可以像上架商品一样，将超级福袋添加到直播购物车中，开启超级福袋活动。

7.2.9 直播红包

直播红包就是直播过程中发放的红包，商家和运营者可以在自己的直播间中花费一些抖币直接发放该红包。直播红包的发放没有太多门槛，只要账号中有足够的抖币，就可以直接进行发放。具体来说，商家和运营者可以通过如下操作步骤在直播过程中发放红包。

▶▷ 步骤1 进入抖音App，开启抖音直播，点击直播界面下方的▪▪▪图标，如图7-51所示。

▶▷ 步骤2 在弹出的对话框中，点击"礼物"按钮，如图7-52所示。

▶▷ 步骤3 在弹出的"礼物"对话框中，点击"红包"按钮，如图7-53所示。

▶▶步骤4 在弹出直播红包的设置对话框中，❶选择红包的类型；❷选中对应红包可领时间前方的复选框；❸点击"发红包"按钮，如图7-54所示。

图7-51 点击 ••• 图标

图7-52 点击"礼物"按钮

图7-53 点击"红包"按钮

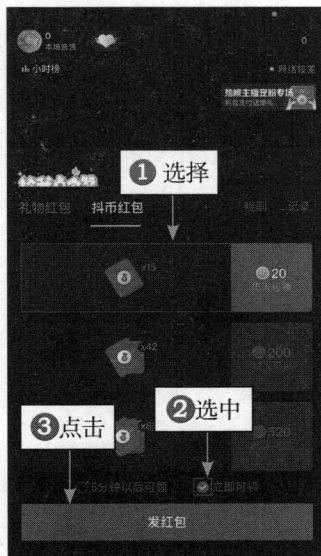

图7-54 点击"发红包"按钮

▶▶步骤5 直播界面的左上方会出现红包图标，如图7-55所示。

▶▶步骤6 点击红包图标，弹出一个对话框，在该对话框中会显示红包的相关信息，如图 7-56 所示。此时，直播间中的观众只需点击对话框中的"抢"按钮，便可以参与抢红包。

图 7-55　显示红包图标　　　　图 7-56　显示抢红包的相关信息

第**8**章

广告活动：
实现店铺成交额的
快速提升

在运营抖音小店的过程中，商家可以通过投放广告和参加活动来增加商品的曝光量，从而实现店铺成交额的快速提升。本章介绍参加各平台大促活动和进行广告投放的相关知识。

8.1　参加各平台大促活动

在运营抖音小店的过程中，商家可以参加各平台的大促活动，增加商品在抖音平台中的曝光量。本节介绍参加各平台大促活动的技巧。

8.1.1　参加抖店平台活动的操作方法

抖店平台的"活动广场"中会展示一些平台活动，商家可以积极参加这些活动，提高店铺和商品的曝光量，提升店铺的成交额。下面介绍参加抖店平台活动的操作方法。

▶▶ 步骤1　进入抖店平台的"营销中心"板块，❶依次单击"平台活动"按钮和"活动广场"按钮，进入"活动广场"页面的"全部活动"板块；❷单击某个活动后方的"查看活动"按钮，如图 8-1 所示。

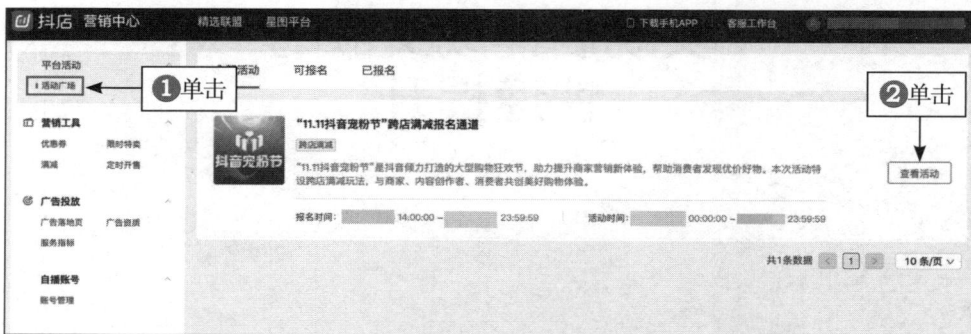

图 8-1　单击"查看活动"按钮

▶▶ 步骤2　进入对应活动的报名通道页面，单击"商品报名"按钮，如图 8-2 所示。

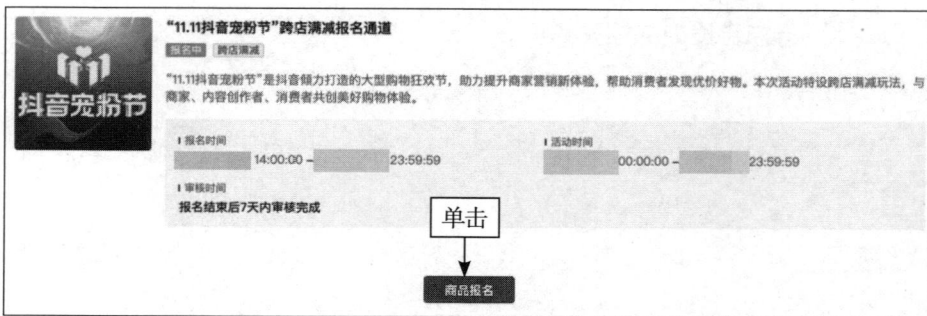

图 8-2　单击"商品报名"按钮

▶▶ 步骤3 进入商品的报名页面，单击页面中对应商品后方的"报名"按钮，如图 8-3 所示。

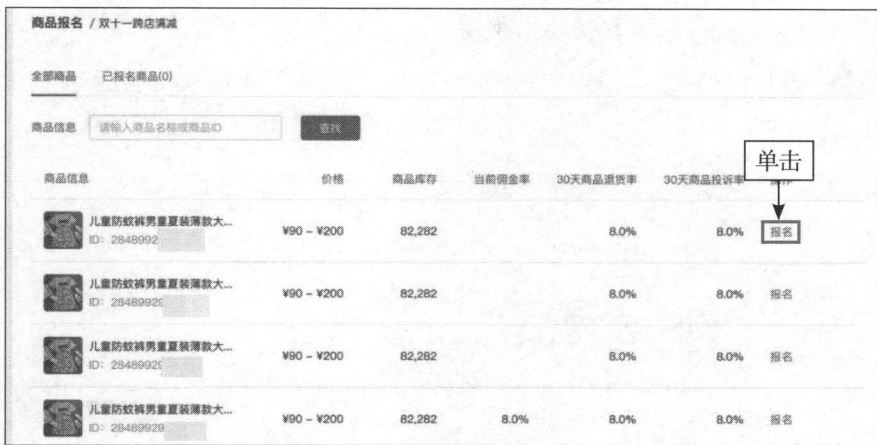

图 8-3 单击"报名"按钮

▶▶ 步骤4 进入商品的"SKU 信息设置"页面，如图 8-4 所示。商家需要在该页面中选中商品前方的复选框、编辑 SKU 信息，并单击"提交"按钮。

图 8-4 商品的"SKU 信息设置"页面

▶▶ 步骤5 即可提交商品报名申请。申请通过之后，商家的商品即可参加对应的平台活动。

8.1.2 参加直播间活动的操作方法

除了抖店平台活动之外，商家还可以参加巨量百应平台的直播间活动。下面介绍参加直播间活动的具体操作步骤。

▶▶ 步骤 1 进入巨量百应平台的"首页"页面，单击"平台活动"按钮，如图 8-5 所示。

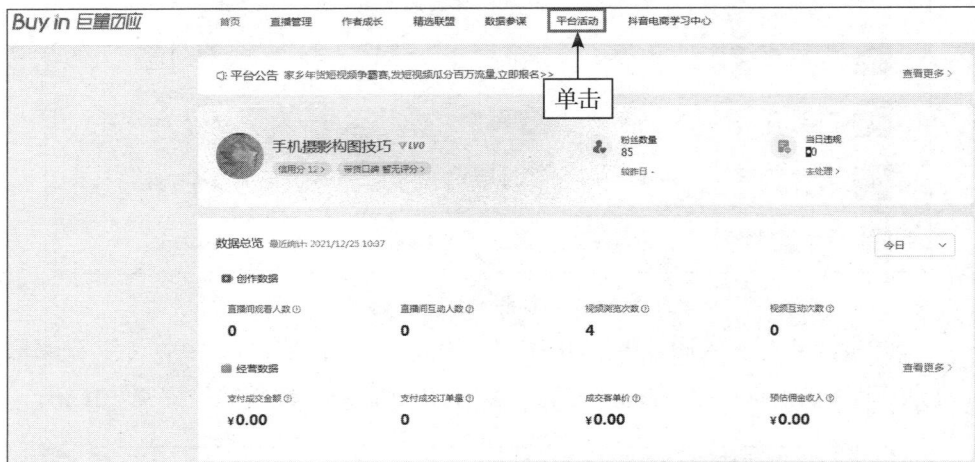

图 8-5 单击"平台活动"按钮

▶▶ 步骤 2 进入"直播间报名"页面的"全部活动"板块，单击对应活动后方的"立即报名"按钮，如图 8-6 所示。

图 8-6 单击"立即报名"按钮

▶▶ 步骤3 进入"活动详情"页面，单击"活动报名"板块中的"立即报名"按钮，如图 8-7 所示。

图 8-7 单击"立即报名"按钮

▶▶ 步骤4 弹出"报名信息"面板，如图 8-8 所示。商家只需在该面板中填写相关信息，并单击下方的"提交"按钮，即可申请参与直播间活动。申请通过之后，即可参与对应的直播间活动。

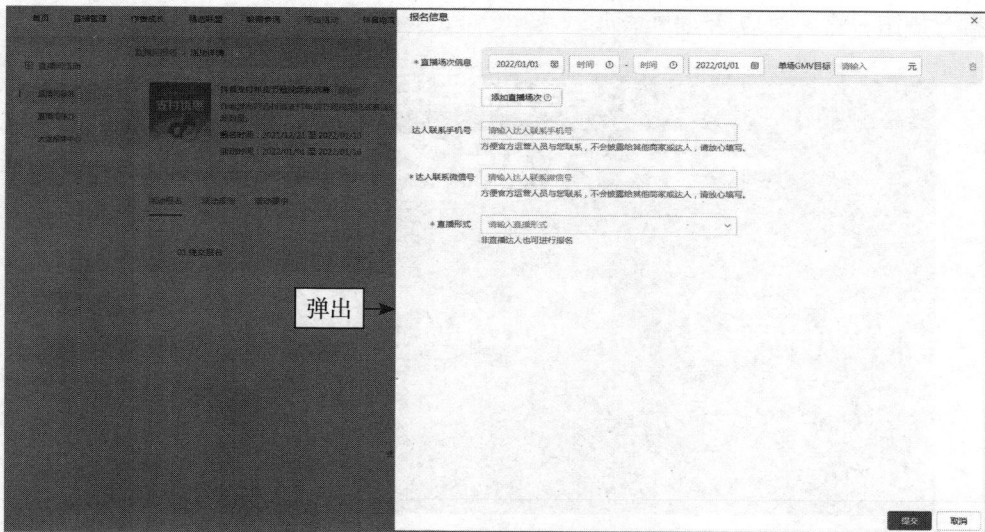

图 8-8 弹出"报名信息"面板

8.1.3　查看直播间活动的相关信息

参加直播间活动之后，商家还可以在巨量百应平台中查看直播间活动的相关信息。例如，商家可以单击左侧菜单栏中的"直播间待办"按钮，查看待缴保证金和待提交商品的相关信息。图 8-9 所示为"待提交商品"板块的相关信息。

图 8-9　"待提交商品"板块的相关信息

除了直播间待办之外，商家还可以查看大促招商中心的相关信息。具体来说，单击左侧菜单栏中的"大促招商中心"按钮，即可进入"抖音好物年货节一站式报名指南"页面，如图 8-10 所示，商家可以单击招商活动下方的"我要查看"按钮，查看对应活动的详情。

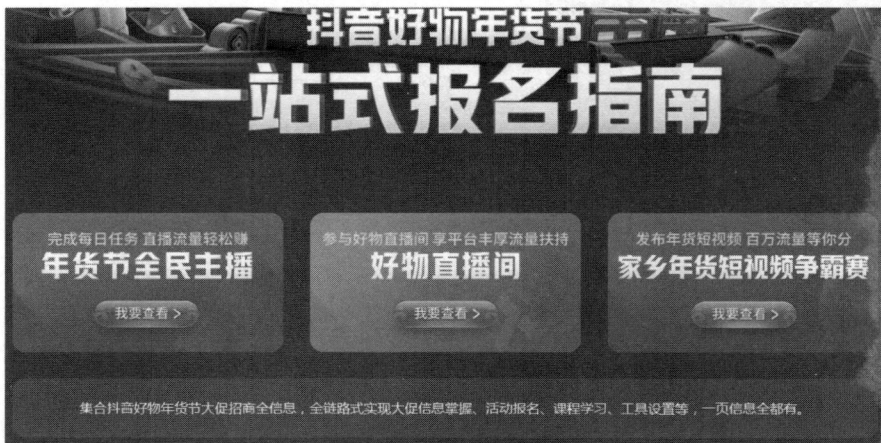

图 8-10　"抖音好物年货节一站式报名指南"页面

例如，单击"完成每日任务 直播流量轻松赚 年货节全民主播"下方的"我要查看"按钮，即可进入"抖音好物年货节 全民主播活动"页面，查看该活动的相关介绍，如图 8-11 所示。

图 8-11 "抖音好物年货节 全民主播活动"页面

8.2 通过广告投放提高成交额

除了参加各平台大促活动之外，商家还可以通过使用巨量千川和抖音短视频投放广告来实现店铺成交额的快速提升。本节讲解巨量千川和抖音短视频广告投放的相关知识。

8.2.1 巨量千川广告投放

巨量千川是为商家搭建广告提供服务的一体化平台，商家可以通过该平台设置直播和短视频带货的相关信息，进行广告投放。具体来说，商家可以通过如下操作在巨量千川平台中进行广告投放。

▶▷ 步骤 1 进入巨量千川平台，❶单击"推广"按钮，进入"推广"页面；❷选择营销目标和推广方式；❸单击"新建计划"按钮，如图 8-12 所示。

▶▷ 步骤 2 进入商品选择页面，单击"点击添加商品"按钮，如图 8-13 所示，根据提示选择商品。

▶▷ 步骤 3 进入创建计划页面的"投放设置"板块，如图 8-14 所示，根据提示设置播放的相关信息。

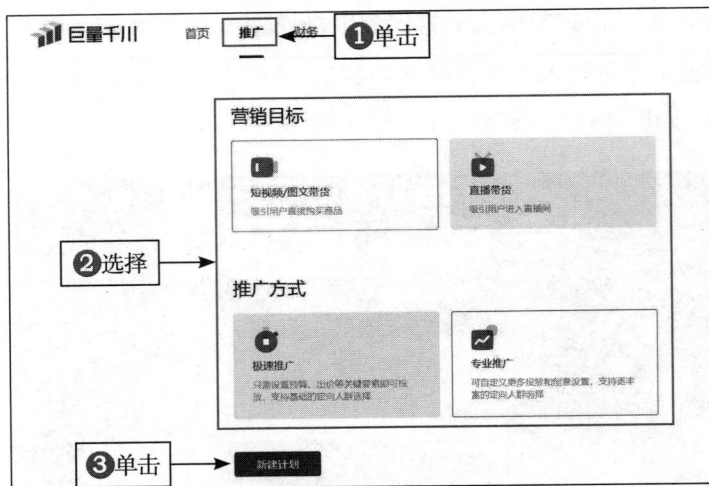

图 8-12　单击"新建计划"按钮

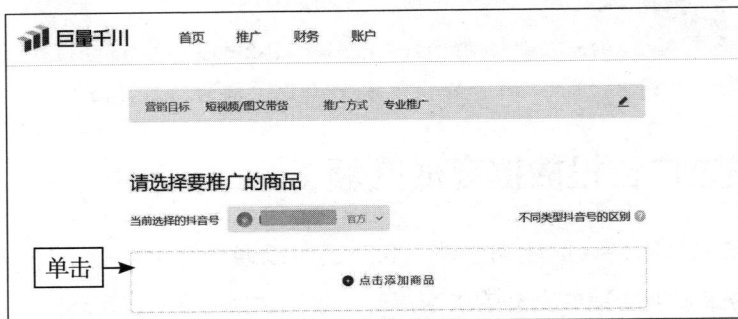

图 8-13　单击"点击添加商品"按钮

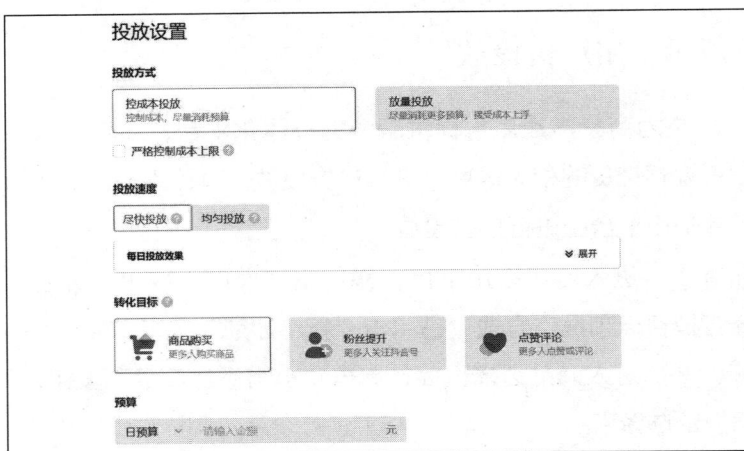

图 8-14　"投放设置"板块

▶▷ 步骤4 滑动页面至"定向人群"板块，如图8-15所示，在该板块中对广告推广的目标人群信息进行设置。

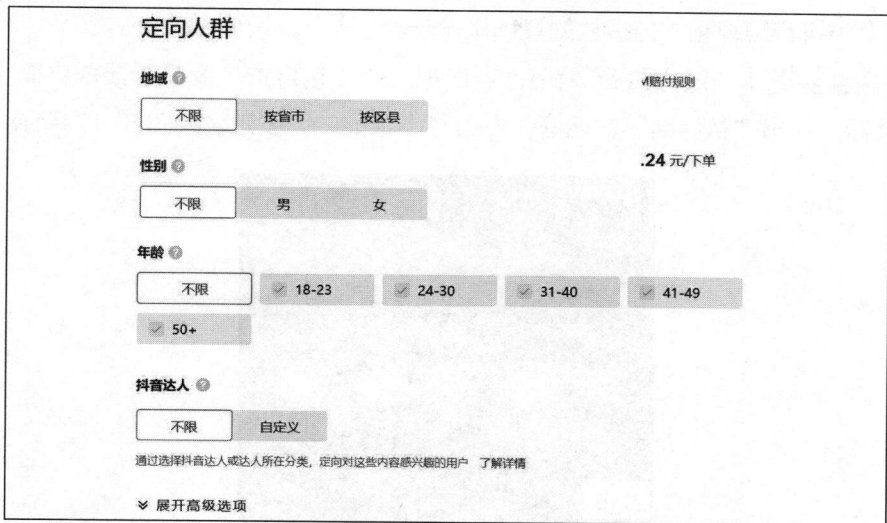

图8-15 "定向人群"板块

▶▷ 步骤5 滑动页面至"请为商品添加创意"板块，如图8-16所示，在该板块中对商品创意的相关信息进行设置，单击页面下方的"发布计划"按钮。

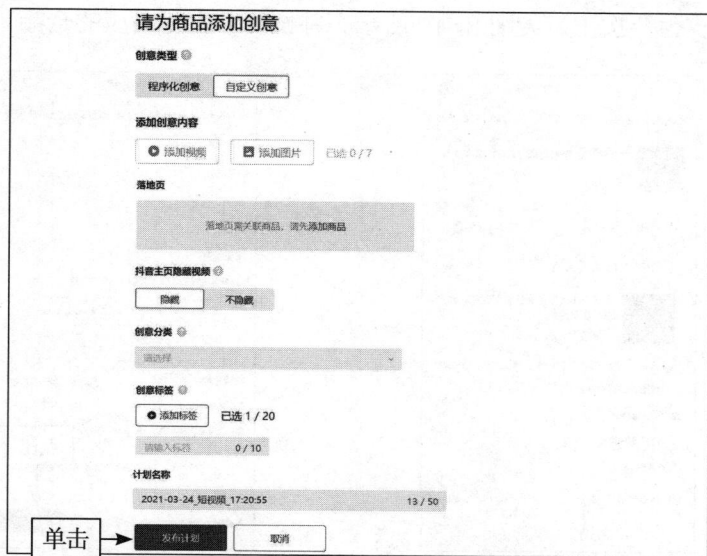

图8-16 "请为商品添加创意"板块

▶▷ 步骤6 即可在巨量千川平台中完成广告的投放。

8.2.2 抖音短视频广告投放

除了巨量千川平台之外，商家还可以通过抖音短视频平台进行广告投放。下面介绍抖音短视频广告投放的具体操作步骤。

▶▶ 步骤1 进入抖音 App，点击短视频（包含推广商品）播放界面中的 🐬图标，弹出"私信给"对话框，点击"小店推广"按钮，如图 8-17 所示。

图 8-17 点击"小店推广"按钮

▶▶ 步骤2 进入"小店推广"界面，如图 8-18 所示。

▶▶ 步骤3 商家需要对界面中的相关信息进行设置，设置完成后，点击界面下方的"支付"按钮，如图 8-19 所示，并按要求支付对应的金额。

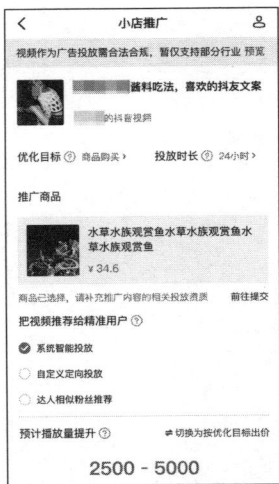

图 8-18 "小店推广"界面

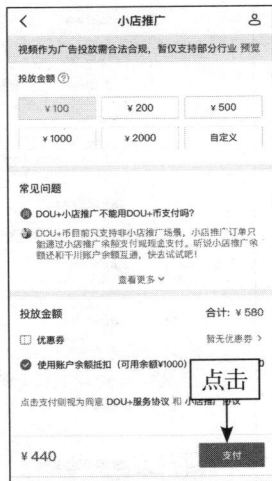

图 8-19 点击"支付"按钮

▶▶ 步骤4 如果界面中显示"审核中"，就说明广告投放申请成功了，如图 8-20 所示。

▶▶ 步骤5 如果界面中显示"投放中"，就说明广告投放成功了，如图 8-21 所示。

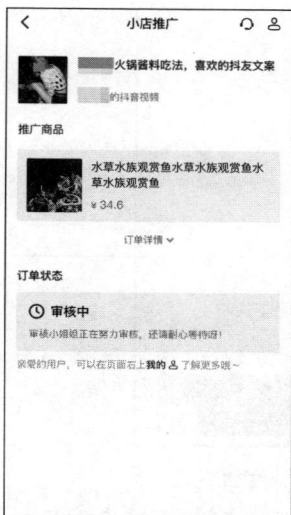

图 8-20 显示"审核中"

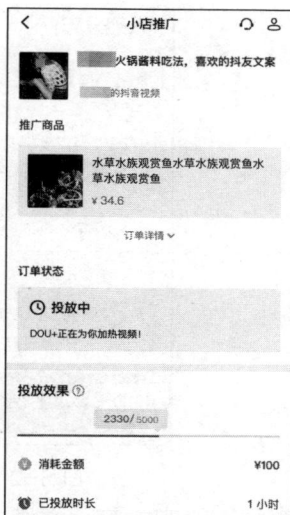

图 8-21 显示"投放中"

▶▶ 步骤6 投放成功后，商家可以查看投放效果的相关信息，如图 8-22 所示；向上滑动页面，还可以查看内容分析和观众画像的相关信息，如图 8-23 所示。

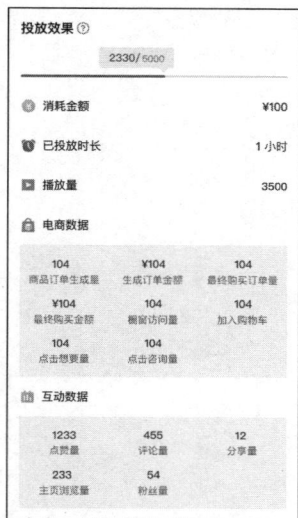

图 8-22 投放效果信息

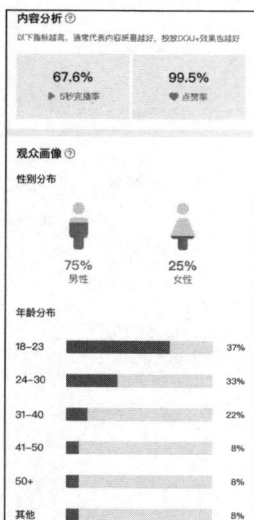

图 8-23 内容分析和观众画像的相关信息

广告活动：实现店铺成交额的快速提升

159

▶▶步骤7 如果商家要再次进行广告投放，可以向上滑动界面，并点击界面下方的"再来一单"按钮，如图 8-24 所示，并按上述的相关操作投放广告。

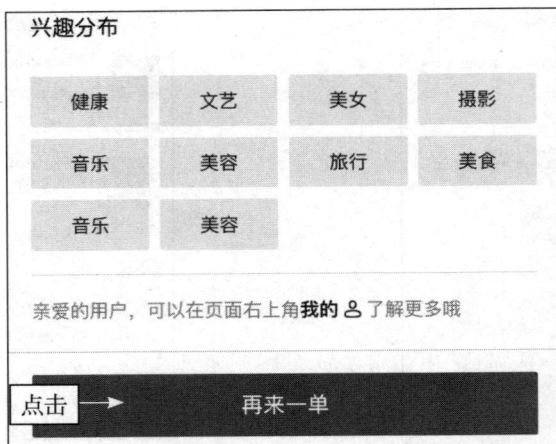

图 8-24　点击"再来一单"按钮

需要特别说明的是，在提交广告投放申请之后，商家可能会遇到抖音平台拒绝申请的情况。此时，商家需要根据平台拒绝申请的原因，对相关信息进行调整，然后再重新提交广告投放申请。

第 **9** 章

抖音销售：通过短视频与直播快速卖货

如果商家正在运营抖音小店，那么可以将商品上传至抖音平台的精选联盟中。这样一来，运营者只要将你的商品添加至商品橱窗中，便可以通过短视频和直播等方式进行卖货。本章介绍抖音短视频和直播卖货的常用技巧。

9.1　通过短视频渠道卖货

商家和运营者可以将抖音小店和抖音联系起来。比如，可以将短视频作为小店商品的一个销售渠道。本节讲解短视频卖货的相关知识，帮助大家提升短视频卖货的效果。

9.1.1　开通抖音带货权限

在抖音平台中，运营者要想更好地进行带货，很有必要开通带货权限，只有开通了该权限，才能获得抖音商品橱窗和购物车功能。下面介绍开通抖音带货权限的具体操作步骤。

▶▶ 步骤1　进入抖音 App 的"我"界面，点击上方的 ≣ 图标，如图 9-1 所示。

▶▶ 步骤2　在弹出的面板中，选择"创作者服务中心"选项，如图 9-2 所示。

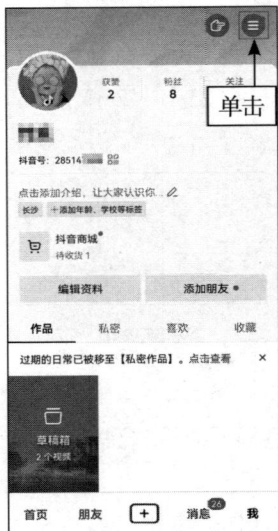

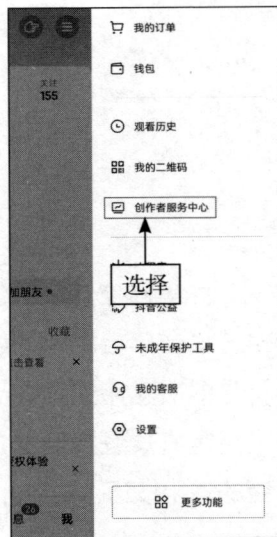

图 9-1　点击 ≣ 图标　　　　图 9-2　选择"创作者服务中心"选项

▶▶ 步骤3　进入创作者服务中心界面，点击"商品橱窗"按钮，如图 9-3 所示。

▶▶ 步骤4　进入"商品橱窗"界面，选择"成为带货达人"选项，如图 9-4 所示。

▶▶ 步骤5 进入"成为带货达人"界面，点击"带货权限申请"按钮，如图9-5所示。

图9-3 点击"商品橱窗"按钮　图9-4 选择"成为带货达人"选项

▶▶ 步骤6 进入"带货权限申请"界面，该界面中会显示申请带货权限的要求，如图9-6所示。如果运营者的账号满足了所有的申请要求，可以点击界面下方的"立即申请"按钮，申请开通带货权限。

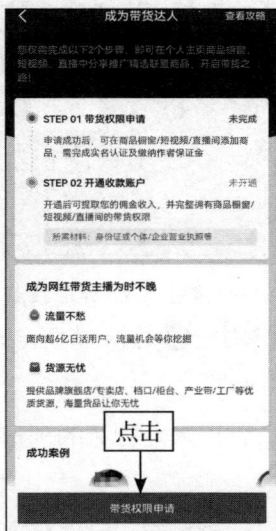

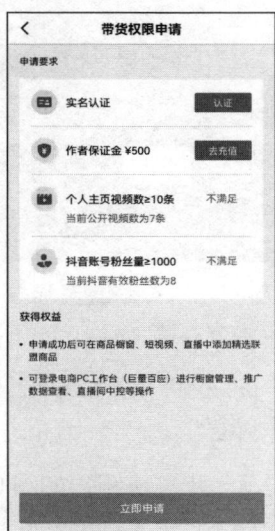

图9-5 点击"带货权限申请"按钮　图9-6 "带货权限申请"界面

开通带货权限之后，对应抖音账号将获得商品橱窗和购物车功能。运营者可以利用这些功能，添加抖音小店中的商品，并通过短视频和直播进行带货，从而获得佣金收益。

9.1.2　在发布视频时添加商品

开通抖音带货权限之后，运营者便可以在发布视频时添加抖音小店中的商品。具体来说，运营者可以通过如下操作步骤发布带有商品购物车的视频。

▶▶ 步骤 1　进入抖音 App 的"推荐"界面，点击下方的■图标，如图 9-7 所示。

▶▶ 步骤 2　进入"快拍"界面，运营者可以在该界面中选择拍摄视频或直接上传视频。以上传视频为例，运营者可以点击"相册"按钮，如图 9-8 所示。

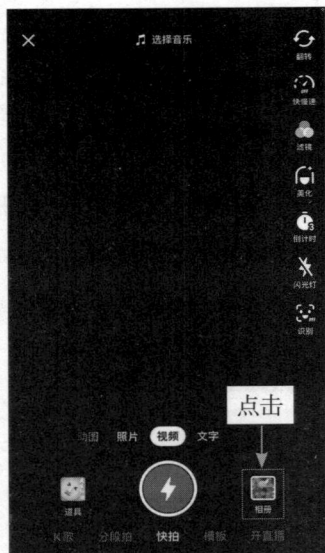

图 9-7　点击■图标　　　　图 9-8　点击"相册"按钮

▶▶ 步骤 3　在弹出的"所有照片"面板中，❶选择需要上传的视频；❷点击"一键成片"按钮，如图 9-9 所示。

▶▶ 步骤 4　系统会自动形成一条短视频，并进入短视频的预览界面，点击界面中的"下一步"按钮，如图 9-10 所示。

▶▶ 步骤 5　进入"发布"界面，❶设置标题和封面；❷选择"添加商品"选项，如图 9-11 所示。

▶▶ 步骤6 进入"添加商品"界面，点击"我的橱窗"板块中来自抖音小店的商品后方的"添加"按钮，如图9-12所示。

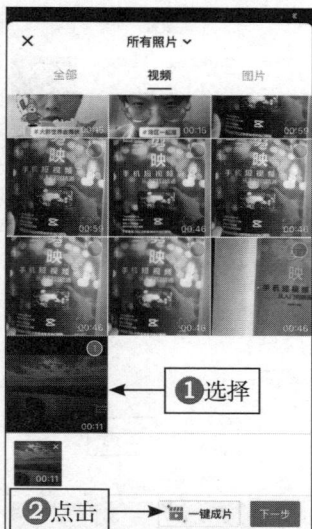

图 9-9　点击"一键成片"按钮

图 9-10　点击"下一步"按钮

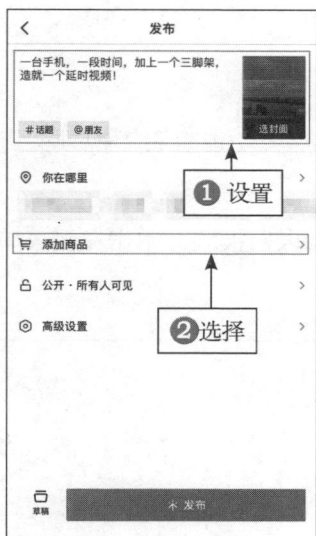

图 9-11　选择"添加商品"选项

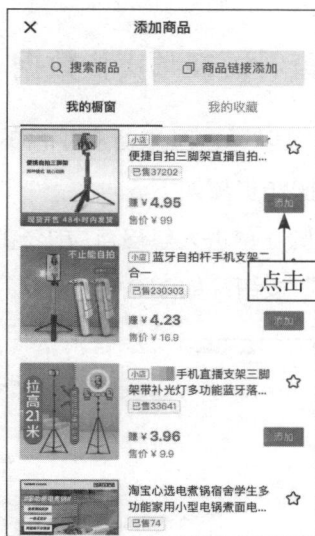

图 9-12　点击"添加"按钮

▶▶ 步骤7 进入"编辑商品"界面，❶输入短视频推广标题；❷点击"确认"按钮，如图9-13所示。

▶▶ 步骤8 返回"发布"界面，此时界面中会显示购物车图标和刚刚输入的短视频推广标题，点击下方的"发布"按钮，如图 9-14 所示，即可发布带有购物车的视频。

图 9-13　点击"确认"按钮

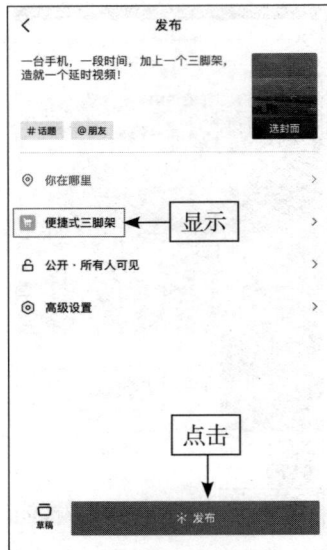

图 9-14　点击"发布"按钮

9.1.3　查看短视频卖货数据

运营者可以通过巨量百应平台的"电商罗盘"功能查看短视频卖货的相关数据，具体操作步骤如下。

▶▶ 步骤1　进入巨量百应平台的"数据参谋"板块，单击左侧菜单栏中的"电商罗盘"按钮，如图 9-15 所示。

图 9-15　单击"电商罗盘"按钮

▶▶步骤2 进入"抖音电商罗盘"平台，依次单击左侧菜单栏中的"内容"按钮和"短视频概览"按钮，即可查看对应抖音号的短视频数据概览。图9-16所示为电商短视频的数据概览。

图 9-16 电商短视频的数据概览

▶▶步骤3 单击菜单栏中的"短视频明细"按钮，还可以查看短视频的带货数据明细。图9-17所示为统计期内新增的短视频带货数据明细。另外，运营者还可以在图9-17所示的页面中输入短视频名称，查看该短视频的带货数据明细。

图 9-17 统计期内新增的短视频带货数据明细

第 9 章

抖音销售：通过短视频与直播快速卖货

167

9.2 通过直播渠道卖货

除了短视频之外，运营者还可以通过直播进行卖货。本节讲解抖音直播卖货的相关技巧，帮助大家提升直播间的商品转化率。

9.2.1 开启抖音直播的方法

抖音直播转化获利的基础是开通抖音直播功能。其实，抖音直播功能开通起来很简单，运营者只需进行实名认证即可。对于商家和运营者来说，抖音直播可谓是一种促进商品销售的重要方式。那么，究竟要如何开启抖音直播呢？具体操作步骤如下。

▶▷ 步骤1 登录抖音短视频 App，点击"首页"界面中的 ➕ 图标，如图 9-18 所示。

▶▷ 步骤2 进入"快拍"界面，点击"开直播"按钮，如图 9-19 所示。

图 9-18 点击 ➕ 图标   图 9-19 点击"开直播"按钮

▶▷ 步骤3 进入"开直播"界面，❶设置直播标题和封面；❷点击"商品"按钮，如图 9-20 所示。

▶▷ 步骤4 进入"添加商品"界面，点击需要添加的商品后方的"添加"按钮，如图 9-21 所示。

▶▶ 步骤 5 执行操作后会显示"商品已添加到购物袋",如图 9-22 所示。

图 9-20　点击"商品"按钮　　　图 9-21　点击"添加"按钮

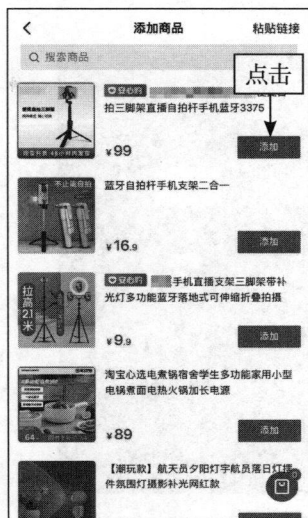

▶▶ 步骤 6 返回"开直播"界面,如果商品按钮的上方出现已添加的商品数量就说明直播商品添加成功,点击"开始视频直播"按钮,如图 9-23 所示。

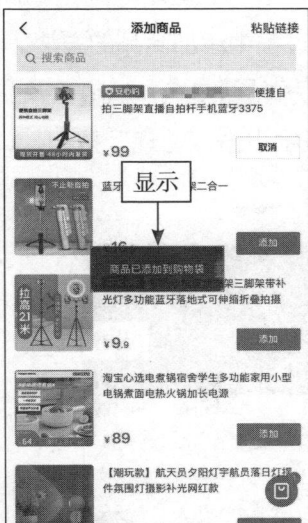

图 9-22　显示"商品已添加到购物袋" 图 9-23　点击"开始视频直播"按钮

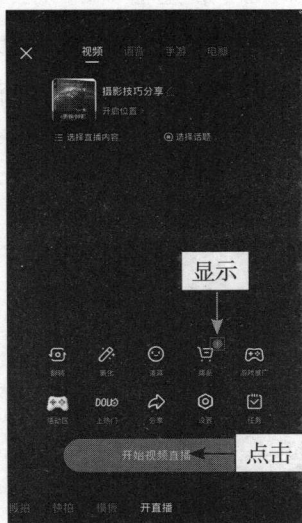

▶▶ 步骤 7 进入倒计时界面,如图 9-24 所示。

▶▶ 步骤 8 倒计时结束后,即可进入直播界面,并且直播界面的下方会显示购物车图标，如图 9-25 所示。如果运营者和用户点击购物车图标，还可以查看该直播间销售的商品。

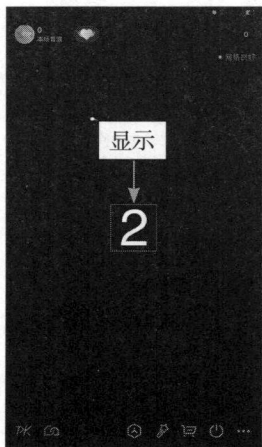

图 9-24　显示倒计时

图 9-25　显示购物车图标

9.2.2　添加直播商品的方法

在抖音直播中，运营者既可以在开播时通过"开直播"直接添加商品，也可以在直播过程中添加商品。下面介绍在直播过程中添加商品的方法。

▶▶ 步骤1　进入抖音直播界面，点击下方的 🛒 图标，如图 9-26 所示。

▶▶ 步骤2　在弹出的"直播商品"面板中点击"管理"按钮，如图 9-27所示。

图 9-26　点击 🛒 图标

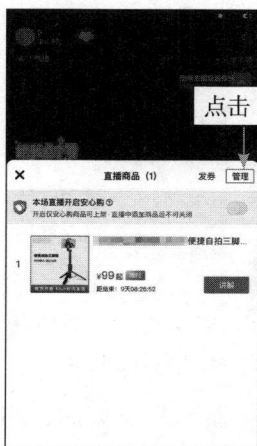

图 9-27　点击"管理"按钮

▶▷ **步骤3** 进入"直播商品"界面，点击下方的"添加"按钮，如图9-28所示。

▶▷ **步骤4** 进入"添加商品"界面，点击相应商品右侧的"添加"按钮，如图9-29所示。

图9-28 点击"添加"按钮（1）

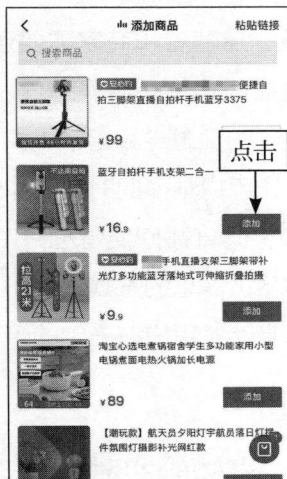

图9-29 点击"添加"按钮（2）

▶▷ **步骤5** 如果界面中显示"商品已添加到购物袋"，就说明商品添加成功，如图9-30所示。

▶▷ **步骤6** 另外，如果运营者此时返回"直播商品"界面，会看到界面中出现了刚刚添加的商品，如图9-31所示。

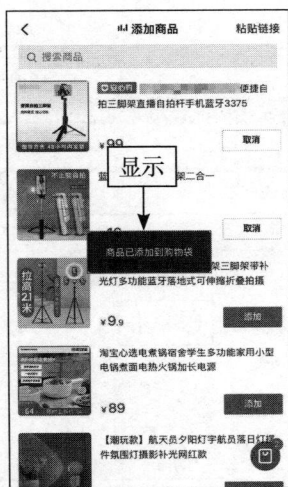

图9-30 显示"商品已添加到购物袋"

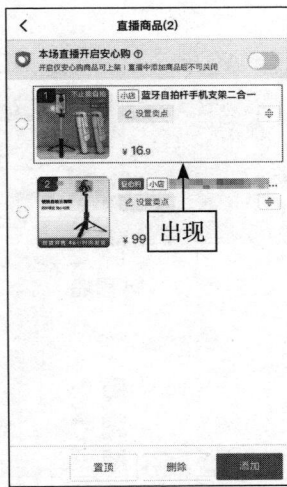

图9-31 出现刚刚添加的商品

抖音销售：通过短视频与直播快速卖货

9.2.3　促进直播间的转化

让用户点击查看商品信息，只是增加了商品的曝光率。如果运营者和商家的目的是提升销量，那么还需要在增加商品曝光率的基础上，提高订单的转化率，让更多用户购买商品。

对此，运营者和商家需要通过直播增加商品对用户的吸引力，让用户觉得在你的直播间购物是值得的。为了达到这一目的，运营者和商家可以借助本书第7章提到的优惠券和营销工具进行营销推广，也可以通过各种活动给用户一定的福利，让用户觉得此时购买你的商品物超所值。

例如，某直播间便是通过贴纸展示满赠（即购物金额达到一定数量时，免费赠送物品）信息的方式来吸引用户下单。正是因为满赠力度比较大，再加上部分商品本来就对用户有一定的吸引力，所以，很多用户都会愿意在该直播间购买商品。

9.2.4　直播的实时盯盘

如果账号正在进行直播，运营者可以通过蝉妈妈平台进行实时盯盘，查看直播带货的实时数据，具体操作步骤如下。

▶▶步骤1　进入蝉妈妈抖音版平台的默认页面，❶在搜索框中输入抖音号名称；❷单击右侧的图标；❸单击搜索结果中对应直播所在的位置，如图9-32所示。

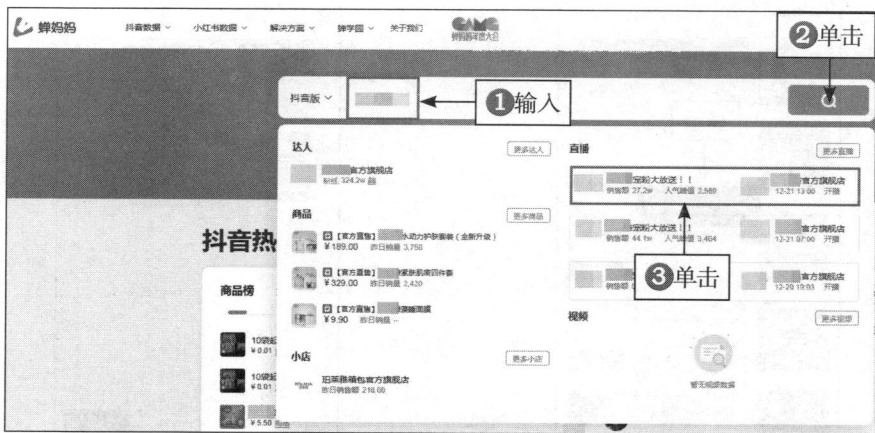

图9-32　单击搜索结果中对应直播所在的位置

▶▶ 步骤 2 即可查看该直播的带货数据概览和流量分析情况，如图 9-33 所示。

图 9-33 直播的带货数据概览和流量分析情况

9.2.5 复盘直播间效果

每场直播结束之后，运营者还可以通过蝉妈妈的"直播诊断"功能，复盘该场直播的效果，具体操作步骤如下。

▶▶ 步骤 1 直播结束后，单击图 9-33 中的"直播诊断"按钮，即可查看该场直播的诊断结果、带货指标诊断和人气指标诊断，如图 9-34 所示。

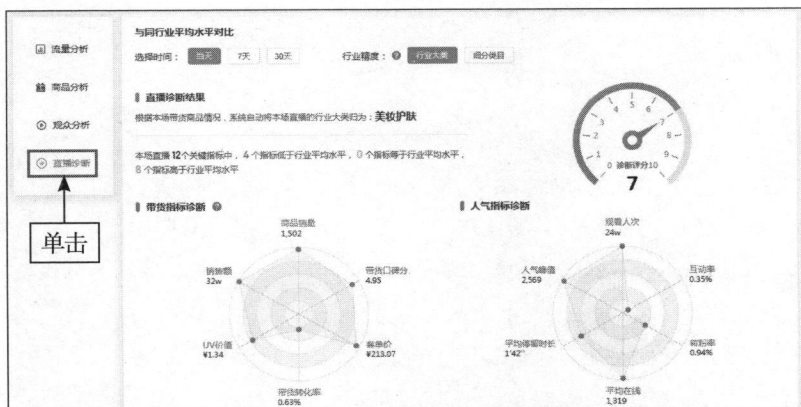

图 9-34 查看该场直播的诊断结果、带货指标诊断和人气指标诊断

▶▶ 步骤2 向上滑动页面，还可以查看带货指标和人气指标的各项数据，并进行自助分析，如图 9-35 所示。

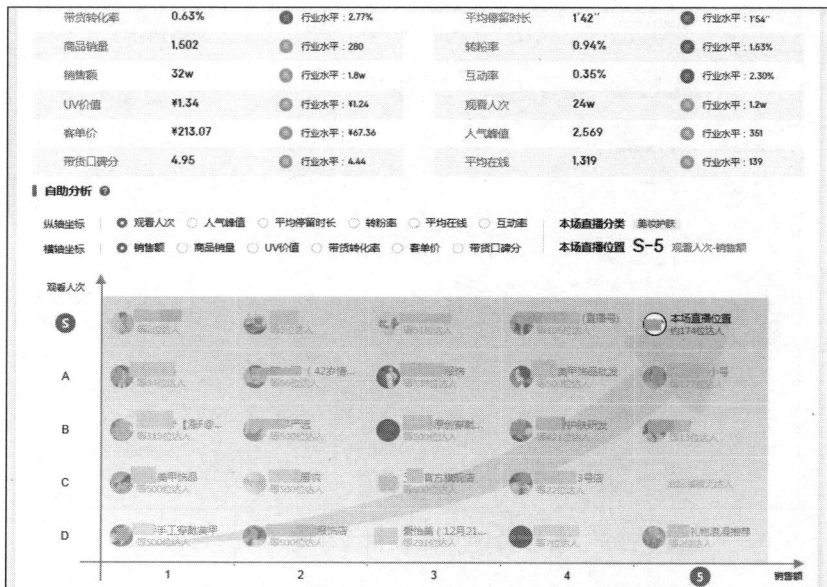

图 9-35　查看带货指标、人气指标的各项数据及自助分析情况

专家指点：在自助分析的纵轴中，按数据表现来看，S 为最高，D 为最低；横轴中，按数据表现来看，5 为最高，1 为最低。

第 **10** 章

达人合作：
高效、精准地
寻找带货达人

在抖音小店的运营过程中，商家可以借助抖店平台中的"精选联盟"功能，高效、精准地寻找带货达人，从而快速达成合作。本章讲解达人合作的相关知识，帮助商家更好地找到适合进行合作的达人。

10.1 使用抖音小店精选联盟

商家可以借助抖音小店的精选联盟与达人进行合作，提高合作的效率。本节介绍抖音小店精选联盟的相关使用技巧，帮助商家高效、精准地找到合适的达人并进行合作。

10.1.1 商家入驻精选联盟流程

商家要想使用抖音小店精选联盟的相关功能，需要先入驻精选联盟。那么，商家要如何入驻精选联盟呢？具体操作步骤如下。

专家指点：

商家需要达到以下两个条件才能入驻精选联盟。

（1）关闭权限少于 3 次。

（2）商家体验分大于等于 4 分。

▶▶ 步骤1 进入抖店平台，单击默认页面上方菜单栏中的"精选联盟"按钮，如图 10-1 所示。

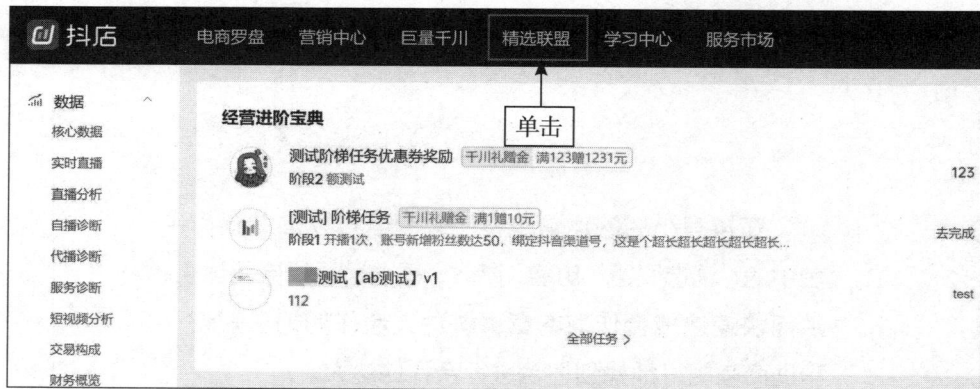

图 10-1 单击"精选联盟"按钮

▶▶ 步骤2 进入巨量百应平台的"开通精选联盟权限"页面，单击"立即开通"按钮，如图 10-2 所示。

▶▶ 步骤3 出现开通精选的协议，阅读协议内容，❶选中"我已认真阅读并充分理解本协议及《巨量百应平台隐私政策》并接受其内容和条款。"前方的复选框；❷单击"进入巨量百应 Buyin 平台"按钮，如图 10-3 所示。

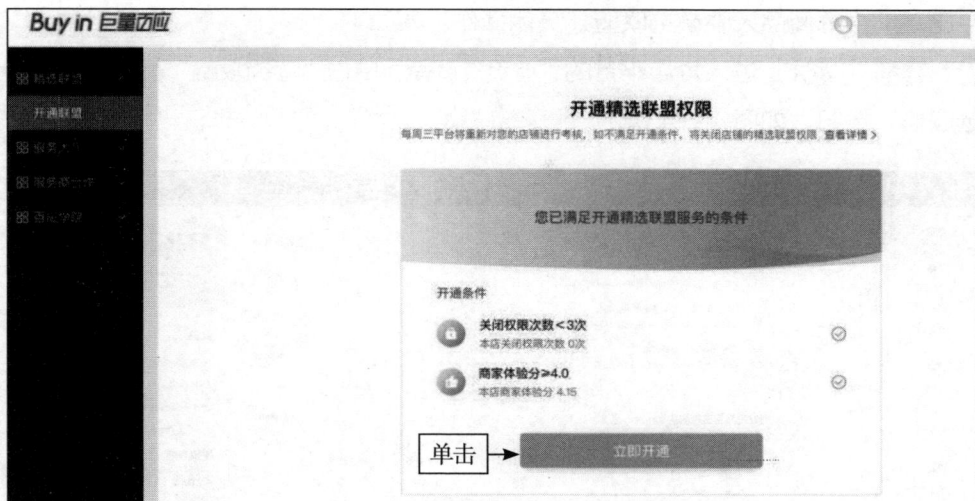

图 10-2 单击 "立即开通" 按钮

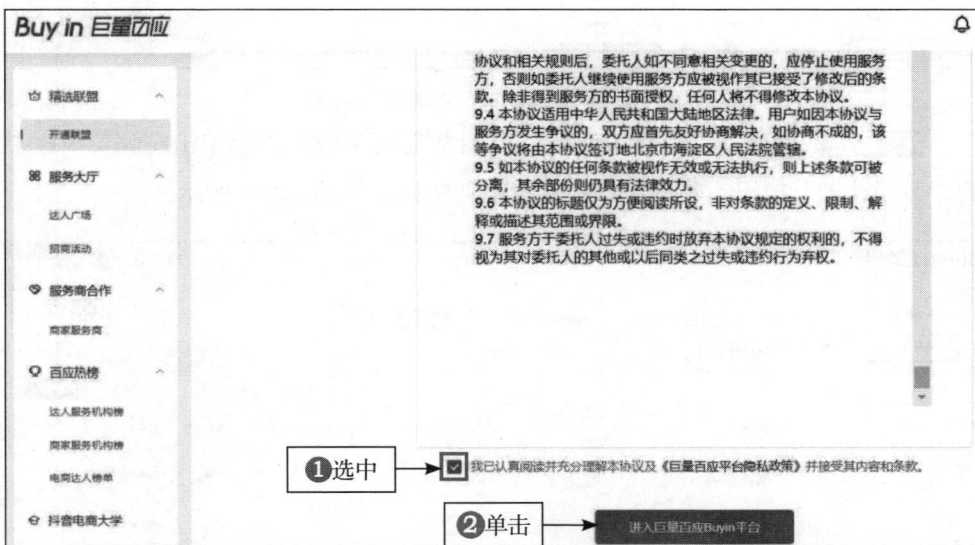

图 10-3 单击 "进入巨量百应 Buyin 平台" 按钮

▶▶ 步骤4 完成精选联盟的入驻, 并进入精选联盟的默认页面。此时, 商家便可以使用精选联盟功能寻找带货达人。

10.1.2 基地商品入驻精选联盟

如果商家有自己的商品基地, 可以通过创建计划并提交人工审核申请, 将自己基地中的商品入驻精选联盟，具体操作步骤如下。

▶▶ 步骤1 进入抖店平台的"首页"页面，单击"营销攻略"板块中的"精选联盟"按钮，如图10-4所示。

图10-4 单击"精选联盟"按钮

▶▶ 步骤2 进入巨量百应平台的"计划管理"板块，❶单击左侧菜单栏中的"普通计划"按钮；❷单击"添加商品"按钮，如图10-5所示。

图10-5 单击"添加商品"按钮

▶▶ 步骤3 在弹出的"添加推广商品"面板中，单击对应商品后方的"申请验货"按钮，申请人工验货，如图10-6所示。

图 10-6　单击"申请验货"按钮

▶▶ 步骤4　进入"商品信息申请"页面，如图 10-7 所示。在该页面中填写相关信息，并单击下方的"提交申请"按钮。

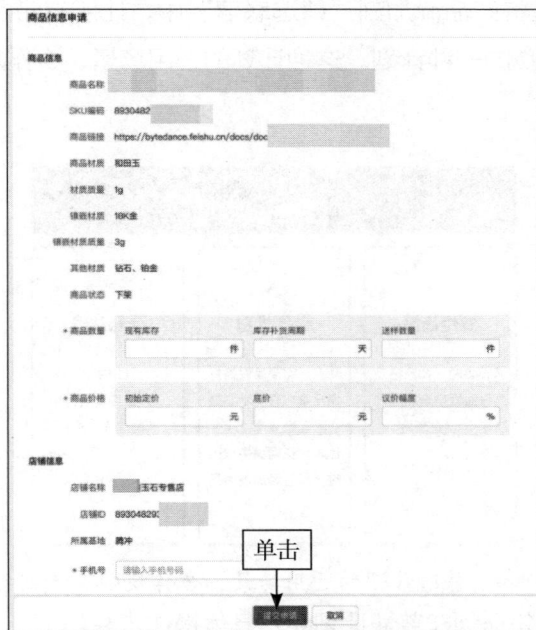

图 10-7　"商品信息申请"页面

▶▶ 步骤5　如果页面中显示"已通过"，就说明基地商品入驻成功，如图 10-8 所示。基地商品入驻成功之后，达人便可以在精选联盟中找到该商品，并为其进行带货。

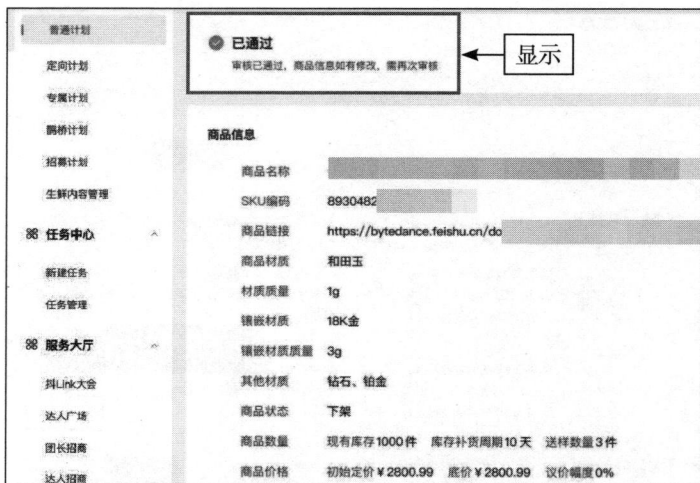

图 10-8　基地商品入驻成功

10.1.3　创建普通计划

普通计划就是将商品添加到"精选联盟"中，让所有带货达人都可以使用该商品进行推广带货的一种计划。这种计划的适用场景、合作规则和计划优势，如图 10-9 所示。

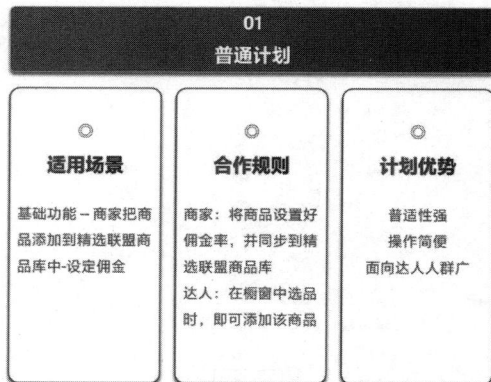

图 10-9　普通计划的适用场景、合作规则和计划优势

那么，商家要怎样创建普通计划呢？具体操作步骤如下。

▶▶ 步骤 1　进入巨量百应平台，❶依次单击"计划管理"按钮和"普通计划"按钮，进入"普通计划"页面；❷单击"添加商品"按钮，如图 10-10 所示。

图 10-10　单击"添加商品"按钮

▶▶ 步骤2　添加参与计划的商品，并设置相关信息，即可完成普通计划的创建。

当然，在创建普通计划时，商家还需要注意以下两点：

（1）单个普通计划最多可添加 20 种商品。

（2）普通计划中的商品佣金率范围为 1% ～ 50%。

10.1.4　创建专属计划

专属计划是针对特定达人的一种计划，也就是说，创建这种计划之后，只有特定的达人才能参与计划，使用相关商品进行带货。这种计划的适用场景、合作规则和计划优势，如图 10-11 所示。

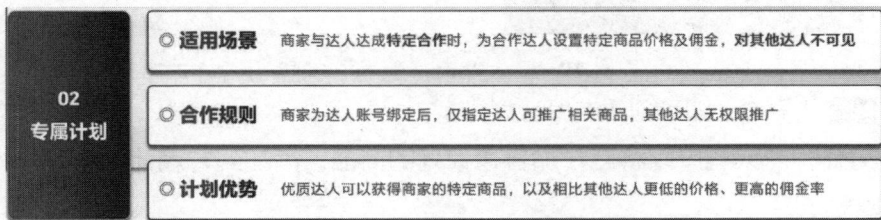

图 10-11　专属计划的适用场景、合作规则和计划优势

那么，商家要如何创建专属计划呢？具体操作步骤如下。

▶▶ 步骤1　进入巨量百应平台，❶依次单击"计划管理"按钮和"专属计划"按钮，进入"专属计划"页面；❷单击"添加商品"按钮，如图 10-12 所示。

图 10-12　单击"添加商品"按钮

▶▶ 步骤 2　在弹出的"添加推广商品"面板中，❶选中对应商品前方的复选框；❷单击"确定"按钮，如图 10-13 所示。

图 10-13　单击"确定"按钮

▶▶ 步骤 3　即可创建专属计划。

另外，商家还可以将已参加普通计划的商品，添加到专属计划中，具体操作步骤如下。

▶▶ 步骤 1　进入巨量百应平台，❶依次单击"计划管理"按钮和"普通计划"按钮，进入"普通计划"页面；❷选中对应商品前方的复选框；❸单击"批量设为专属计划"按钮，如图 10-14 所示。

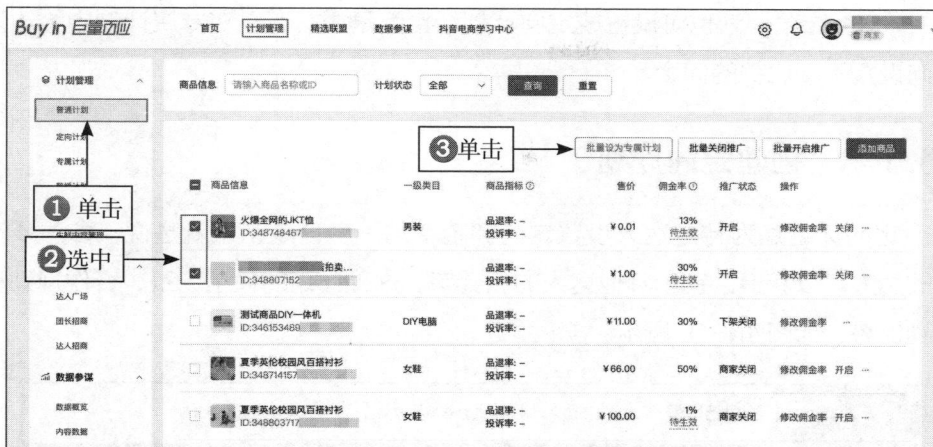

图 10-14　单击"批量设为专属计划"按钮

▶▶ 步骤2　在弹出的"批量设为专属计划"面板中，单击"确定"按钮，如图 10-15 所示，即可将选中的商品添加到专属计划中。

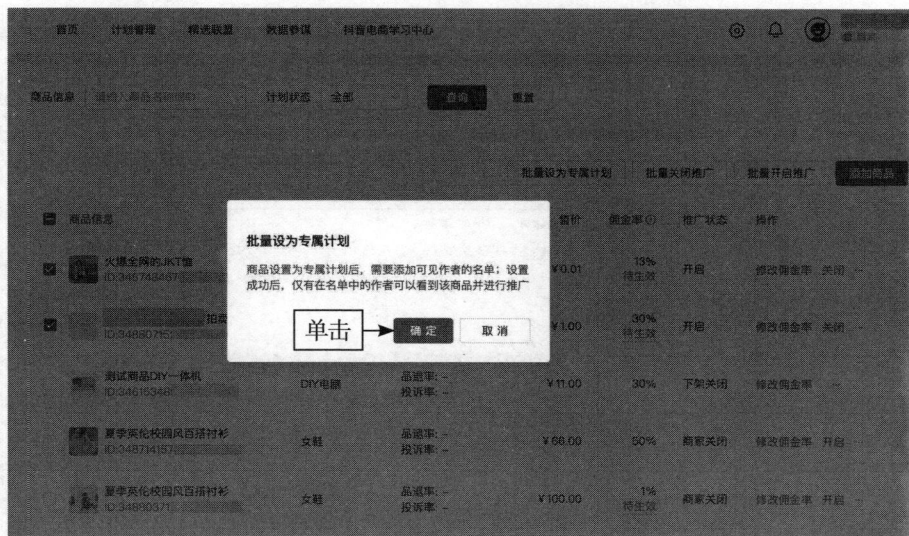

图 10-15　单击"确定"按钮

在创建专属计划的过程中，商家需要注意以下几点。

（1）商家要提前与达人联系，因为创建专属计划时需要填写达人绑定账号的手机号，并通过该手机号获得验证码。

（2）专属计划中的商品支持 0 佣金率，也就是说，专属计划中的商品佣金率范围为 0 ～ 50%。

（3）专属计划也可设置成定向计划，也就是说，可以在专属计划中给达人定向设置不同比例的佣金。

10.1.5 创建定向计划

定向计划是为特定达人设置定向佣金率的一种计划，也就是说，参与该计划的达人可以获得区别于其他达人的佣金率。这种计划的适用场景、合作规则和计划优势，如图 10-16 所示。

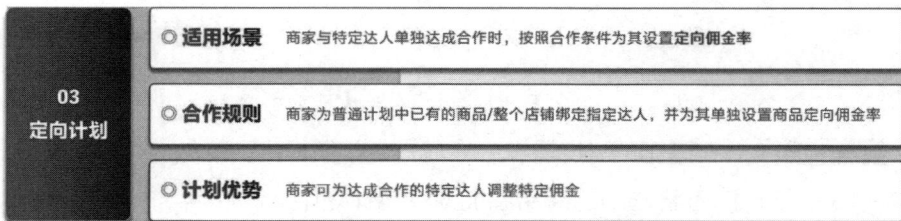

图 10-16 定向计划的适用场景、合作规则和计划优势

那么，商家要怎样为特定达人设置定向计划呢？具体操作步骤如下。

▶▶ 步骤1 进入巨量百应平台，❶依次单击"计划管理"按钮和"定向计划"按钮，进入"定向计划"页面；❷单击"新建定向计划"按钮，如图 10-17 所示。

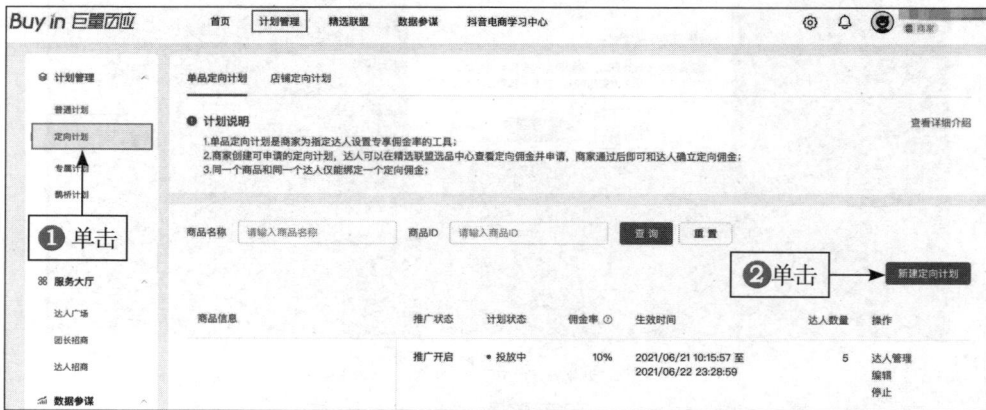

图 10-17 单击"新建定向计划"按钮

▶▶ 步骤2 进入"新建定向计划"页面，❶设置定向计划的佣金率和生效时间；❷单击"批量填充"按钮；❸单击对应商品后方的"不支持申请"按钮，如图 10-18 所示。

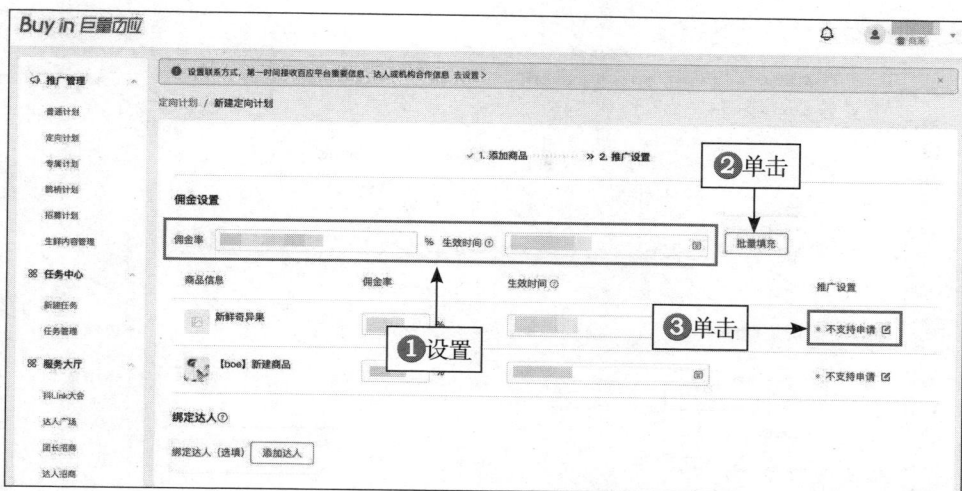

图 10-18　单击"不支持申请"按钮

▶▶ 步骤3　在弹出的"推广设置"面板中，❶设置推广信息；❷单击"确定"按钮，如图 10-19 所示。

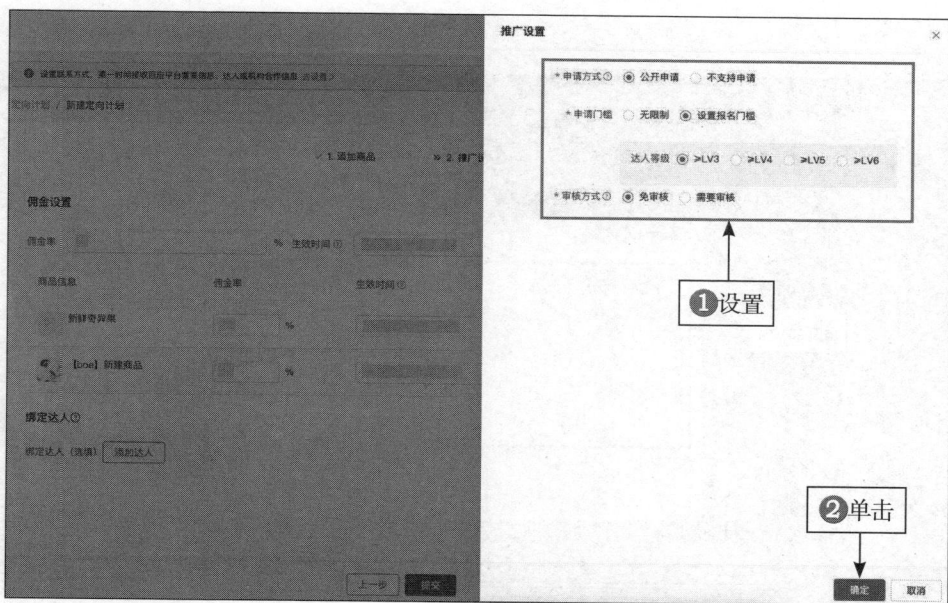

图 10-19　单击"确定"按钮

▶▶ 步骤4　返回"新建定向计划"页面，单击"绑定达人"板块中的"添加达人"按钮，如图 10-20 所示。

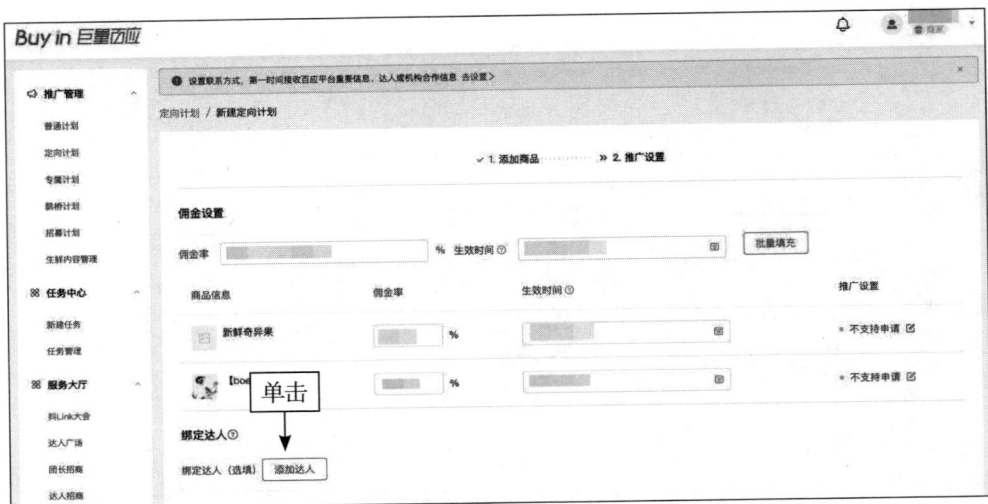

图 10-20　单击"添加达人"按钮

▶▶ 步骤5　在弹出的"添加推广达人"面板中，❶输入账号渠道和达人UID（User Identification，用户身份证明）；❷单击"识别添加"按钮，如图 10-21 所示。

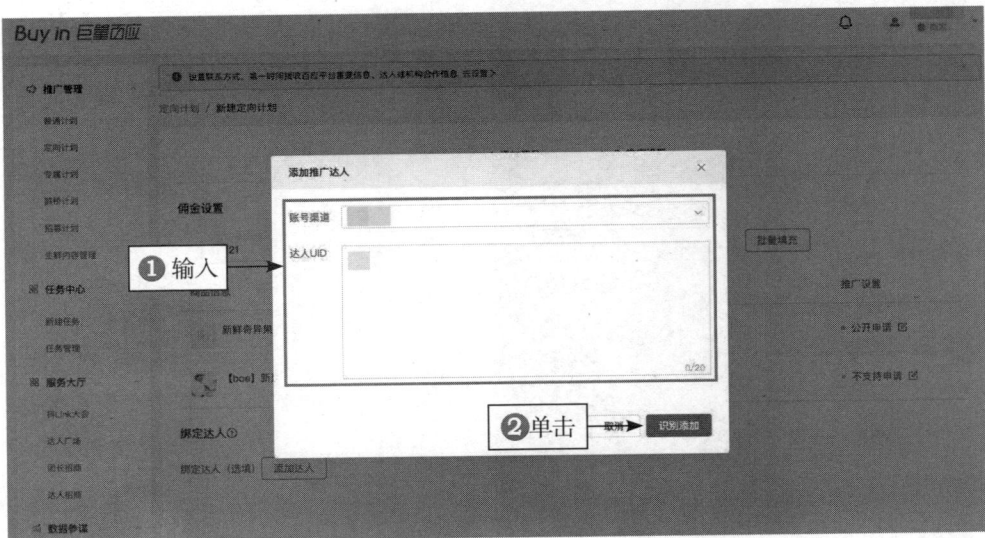

图 10-21　单击"识别添加"按钮

在创建定向计划的过程中，商家需要注意以下两点。

（1）创建定向计划时需要选择已加入普通计划或专属计划的商品，而且每个定向计划最多添加十种商品。

（2）定向计划中的商品支持 0 佣金率，具体来说，这种计划中的商品佣金率范围为 0 ～ 80%。

10.1.6　给商品设置"产品亮点"

所谓"产品亮点"，就是商家通过 100 字以内向达人介绍商品的优势和自身的合作诉求，从而让更多达人愿意与自己合作。具体操作步骤如下。

▶▶步骤1　在抖音 App 中发布一条商品营销推广短视频，点击短视频播放界面中的 图标，如图 10-22 所示。

▶▶步骤2　在弹出的"私信给朋友"面板中，点击"复制链接"按钮，如图 10-23 所示。

图 10-22　点击 图标

图 10-23　点击"复制链接"按钮

▶▶步骤3　进入巨量百应平台的对应计划界面，如"普通计划"页面，❶单击对应商品后方的 ··· 图标；❷单击弹出的面板中的"设置产品亮点"按钮，如图 10-24 所示。

▶▶步骤4　弹出"设置产品亮点"面板，❶在"文字亮点"输入框中填写产品亮点的相关信息；❷在"视频亮点"输入框中粘贴视频链接，如图 10-25 所示。

187

图 10-24　单击"设置产品亮点"按钮

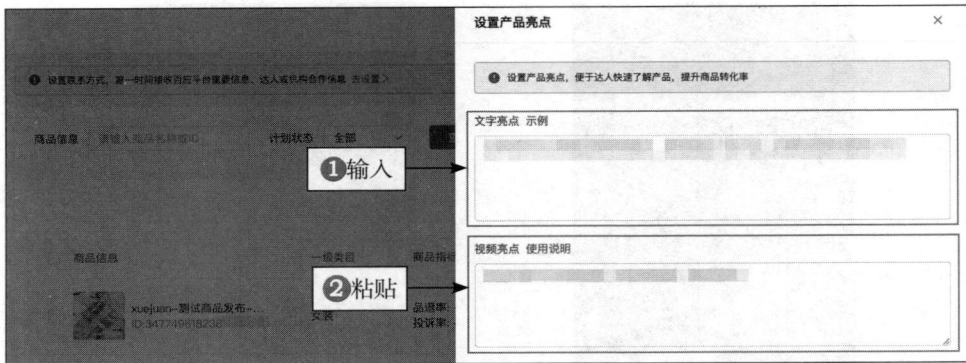

图 10-25　粘贴视频链接

▶▶ 步骤5　即可为对应商品添加产品亮点，增加商品对用户的吸引力。

10.2　使用达人广场

对商家来说，获得更多收益的关键，就在于找到合适的达人进行合作推广，从而提高商品的销量。那么，商家要怎样寻找合适的带货达人呢？对此，商家可以使用达人广场进行达人的筛选，并与合适的达人进行合作。

10.2.1　查找达人并建联

在巨量百应平台的"服务大厅"板块中有一个"达人广场"，商家可以在该广场中查找达人并与之建联（即建立联系），具体操作步骤如下。

▶▶ 步骤1 单击"普通计划"页面左侧菜单栏中的"服务大厅"按钮和"达人广场"按钮，如图 10-26 所示。

图 10-26 单击"达人广场"按钮

▶▶ 步骤2 进入"达人广场"页面，❶在搜索框中输入抖音达人的抖音号名称；❷单击 🔍 图标，进行搜索；❸单击搜索结果中对应抖音号所在的区域，如图 10-27 所示。

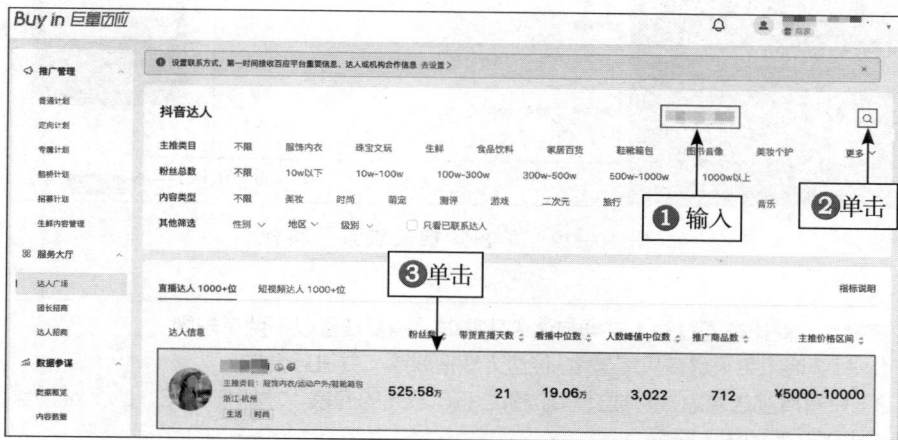

图 10-27 单击搜索结果中对应抖音号所在的区域

▶▶ 步骤3 进入达人信息介绍页面，单击"联系合作"按钮，如图 10-28 所示。

图 10-28　单击"联系合作"按钮

▶▶ 步骤 4　进入合作信息填写面板，❶在该面板中填写相关信息；❷单击"确认联系"按钮，如图 10-29 所示。

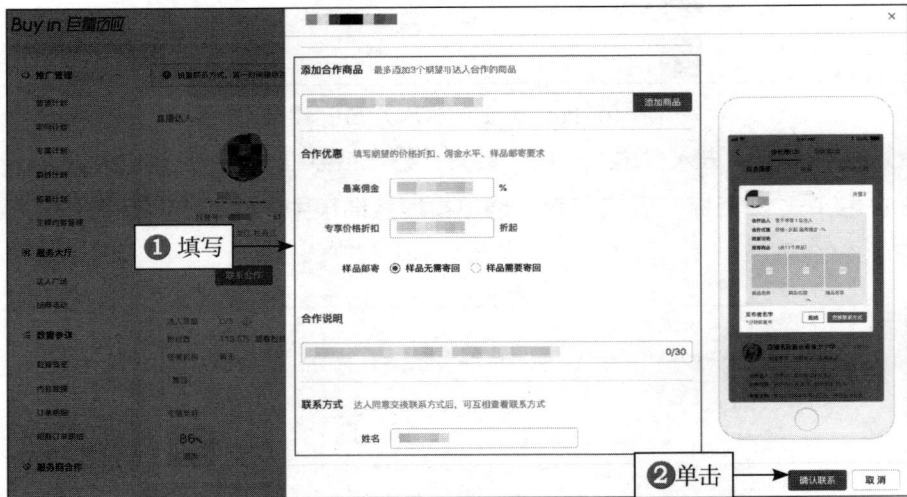

图 10-29　单击"确认联系"按钮

专家指点：商家在通过达人广场与达人建联时，需要注意以下两个规则。
（1）每个商家每天最多只能与 10 位达人取得联系，并进行合作。
（2）只有旗舰店商家或月成交总额超过 100 万元的商家，才能与 LV6、LV7 或粉丝数超过 1 000 万的达人联系。

10.2.2　筛选达人并下单

除了查找并建联之外，商家还可以在达人广场中筛选达人并下单，与合适的达人进行合作。具体来说，商家可以从"主推类目""粉丝总数""内容类型"和"其他筛选"等角度，对达人进行筛选，如图 10-30 所示。

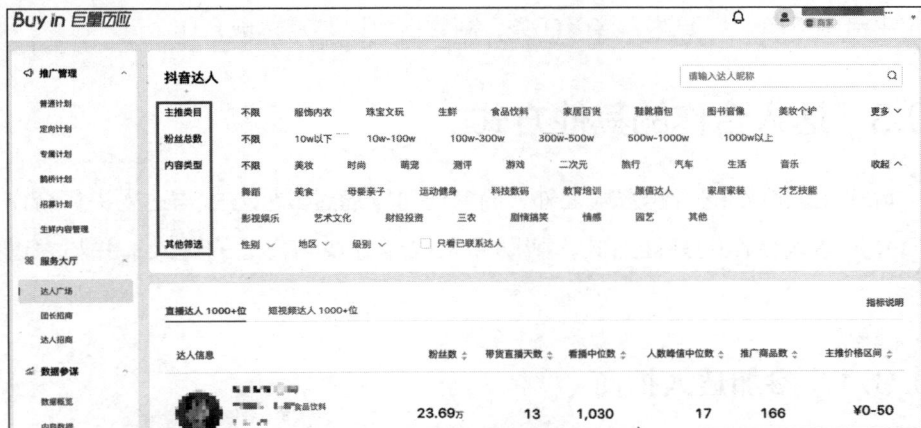

图 10-30　抖音达人的筛选条件

对达人进行筛选之后，运营者可以单击筛选结果页面中对应达人账号所在的位置。执行操作后，即可进入达人信息介绍页面，通过带货口碑和相关数据对达人进行分析，筛选出适合的达人。例如，在"数据概览"板块中，商家可以查看重点指标的数据，并对达人的带货能力进行分析，如图 10-31 所示。

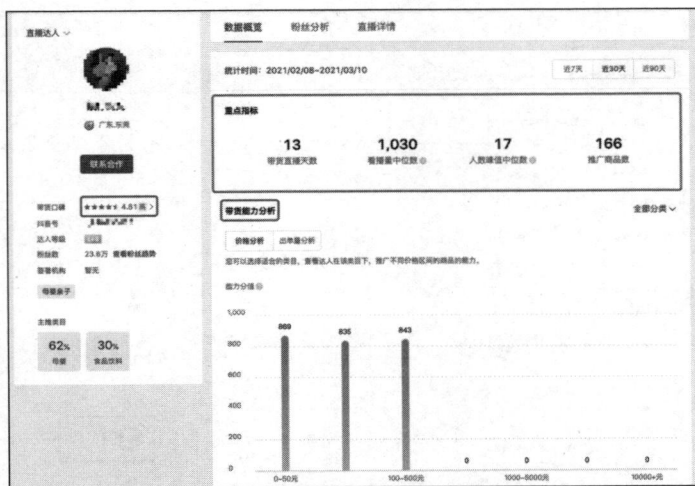

图 10-31　抖音达人的带货口碑和相关数据分析

达人信息介绍界面中包括"数据概览""粉丝分析"和"直播详情"板块，这些板块中依次呈现的是达人账号的数据概览、粉丝数据和直播数据。商家可以根据自身的需求，选择合适的板块进行达人账号的数据分析。

筛选到合适的达人之后，商家可以与达人进行建联，就合作的相关事宜进行协商。确定要合作之后，商家可以创建专属计划任务或定向计划任务，在巨量百应平台中下单。只要达人接受任务，商家便可以与其达成合作。

10.3 达人合作的其他方式

除了上文介绍的合作方式之外，商家还可以通过其他方式与达人进行合作。本节介绍达人合作的其他方式，帮助商家快速寻找到合适的达人，并与之进行合作。

10.3.1 参加达人招商

抖店后台的"精选联盟"面板中会展示各种招商活动，商家可以通过报名招商活动，与达人达成合作。具体来说，商家可以通过如下步骤报名达人招商活动。

▶▶ 步骤1 进入巨量百应平台，❶依次单击"服务大厅"按钮和"招商活动"按钮，进入"招商活动"页面；❷单击"达人招商"按钮；❸单击对应招商活动后方的"立即报名"按钮，如图10-32所示。

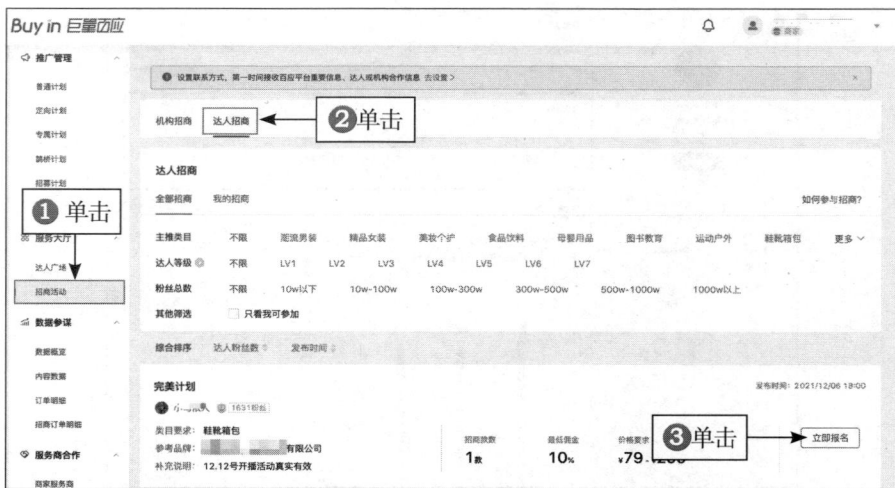

图 10-32 单击"立即报名"按钮

▶▶ 步骤 2 进入对应招商活动的详情页面，单击对应商品类目后方的"报名"按钮，如图 10-33 所示。

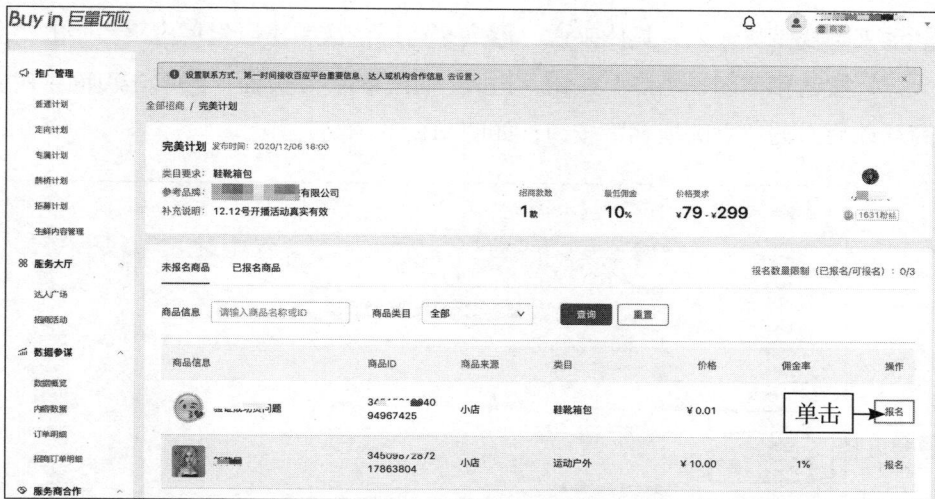

图 10-33　单击"报名"按钮（1）

▶▶ 步骤 3 在弹出的"商品报名"面板中，❶填写相关信息；❷单击"报名"按钮，如图 10-34 所示。

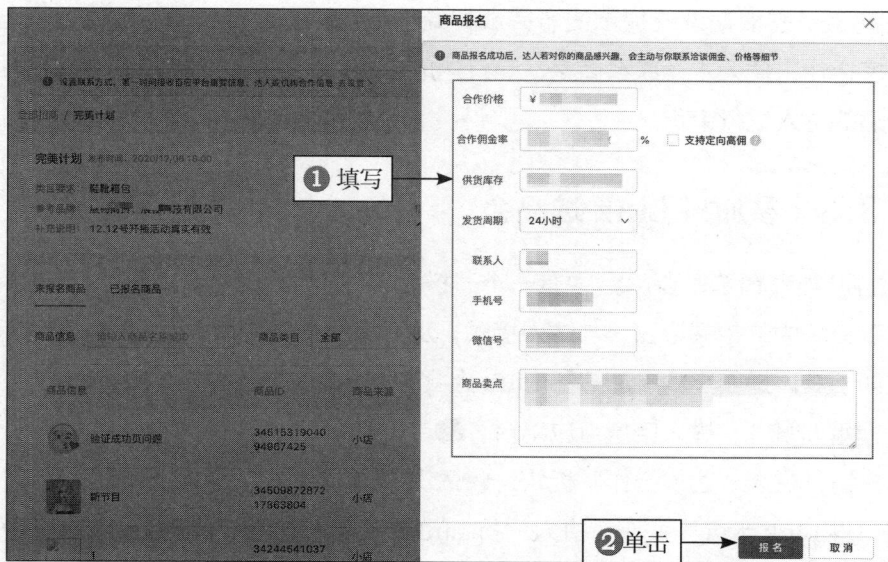

图 10-34　单击"报名"按钮（2）

▶▶ 步骤 4 即可提交招商活动报名信息。达人看到商家的报名信息后，如果对相关商品感兴趣，便会与商家联系，寻求合作。

10.3.2　参加团长招商

"精选联盟"团长有时候会发布招商活动，而商家则可以通过报名这些招商活动来寻找带货达人。具体来说，❶商家可以依次单击巨量百应平台中的"服务大厅"按钮和"团长招商"按钮，进入"团长招商"页面；❷单击页面中对应招商活动后方的"立即报名"按钮，如图 10-35 所示。

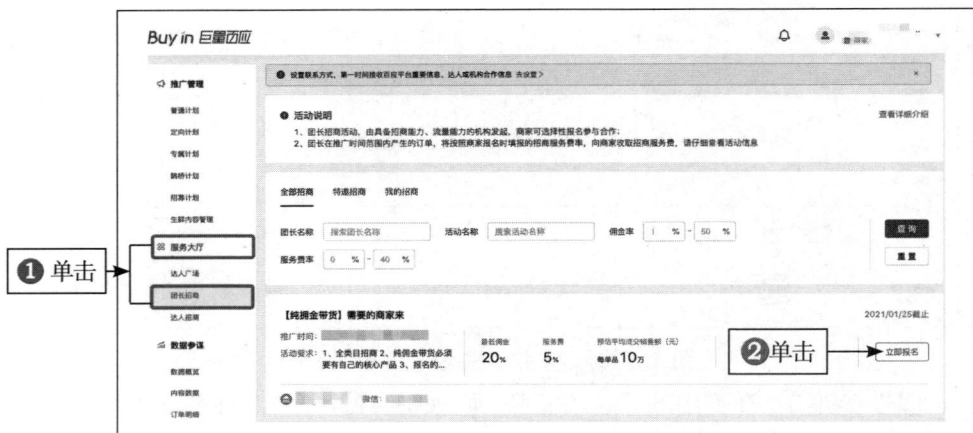

图 10-35　单击"立即报名"按钮

商家只需根据系统提示便可完成招商报名，提交招商信息。如果团长想要与商家合作，便会主动联系商家，而且达成合作之后，还会根据商家的要求，安排合适的达人进行带货。

10.3.3　参加抖 Link 选品会

抖音电商精选联盟平台中有一个"抖 Link（连接）大会"板块，商家可以参加该板块中的相关会议，与达人接触，从而增加合作的机会。例如，商家可以通过如下具体操作步骤参加"抖 Link 大会"中的相关会议。

▶▶ 步骤 1　进入巨量百应平台，❶单击默认页面上方菜单栏中的"达人合作"按钮，进入"达人合作"板块；❷依次单击左侧菜单栏中的"撮合活动"按钮和"抖 Link 大会"按钮，进入"抖 Link"页面；❸单击对应会议信息后方的"前往会场"按钮，如图 10-36 所示。

图 10-36　单击"前往会场"按钮

▶▶ 步骤 2　查看对应会场的相关信息。如果运营者确定要参加该会议，可以单击页面上方的"立即报名"按钮，如图 10-37 所示。

图 10-37　单击"立即报名"按钮

▶▶ 步骤 3　只需根据系统提示填写并提交报名信息，即可报名参加对应的会议。如果报名申请通过了，"活动报名"页面中会显示"报名成功"，如图 10-38 所示。

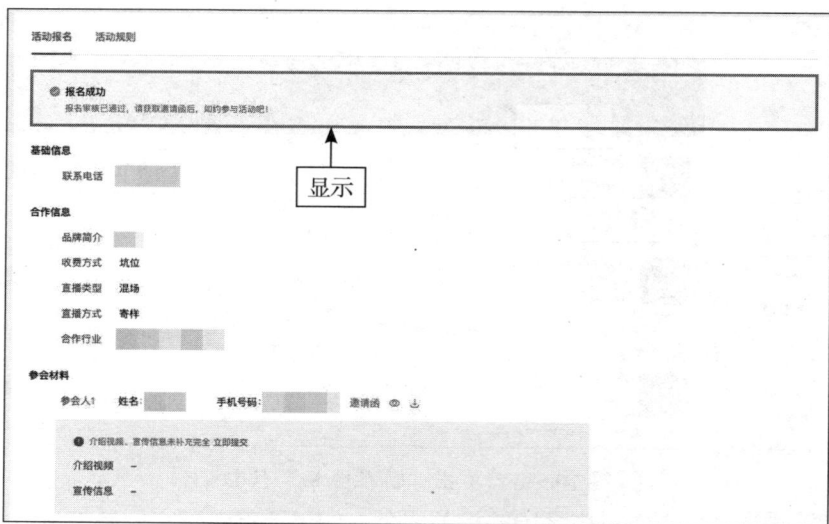

图 10-38　显示"报名成功"

　　如果是线上举行的会议，商家报名成功之后即可在该会议的报名活动页面中看到一张邀请函，如图 10-39 所示。商家可以单击"下载保存"按钮，下载邀请函，以备后用。

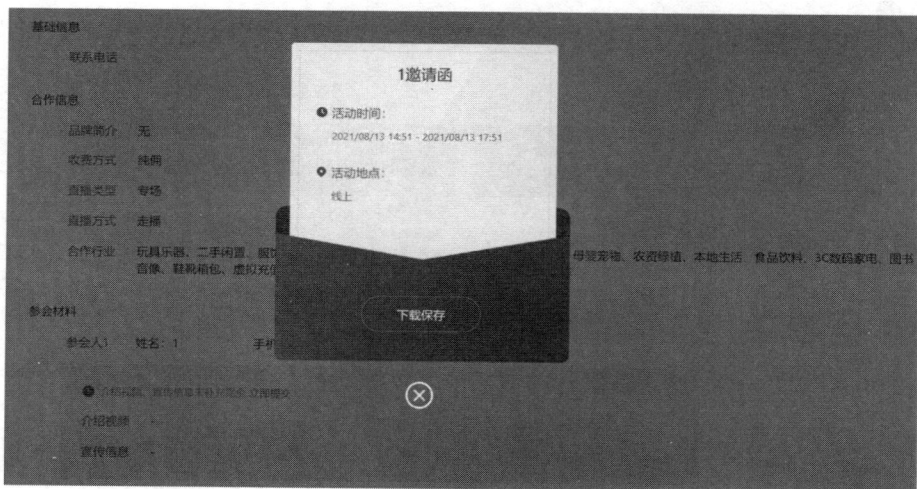

图 10-39　线上会议邀请函

10.3.4　使用星选撮合工具

　　星选撮合是巨量百应平台中的一种官方撮合工具，商家使用该工具时，可以在官方小二（即可理解成平台的客服）的帮助下，高效匹配到合适的达人。图 10-40 所示为关于星选撮合的介绍。

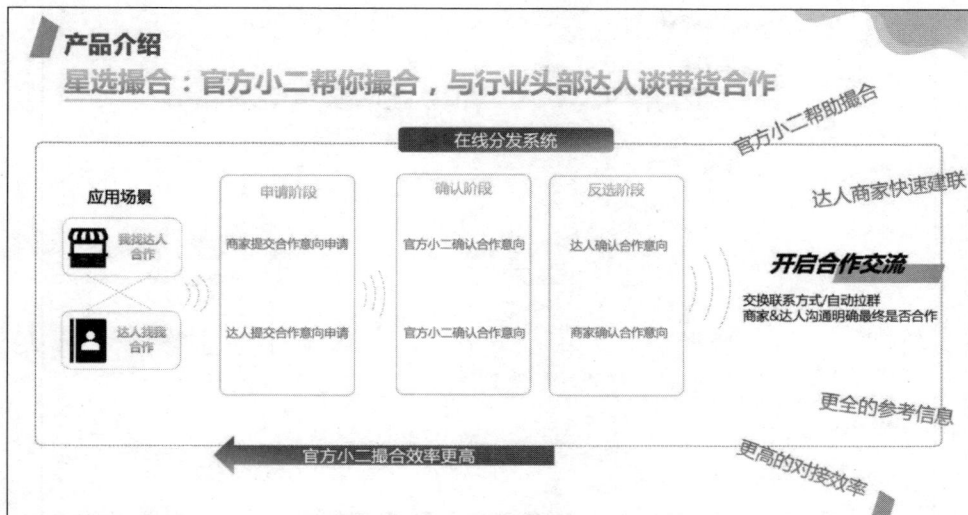

图 10-40　关于星选撮合的介绍

具体来说，运营者可以通过如下操作，在巨量星图平台中匹配到合适的达人。

▶▶ 步骤1　进入巨量百应平台的"达人合作"板块，❶依次单击左侧菜单栏中的"撮合活动"按钮和"星选撮合"按钮，进入"达人找我合作"页面；❷单击"发布合作意向"按钮，如图 10-41 所示。

图 10-41　单击"发布合作意向"按钮

▶▶ 步骤2　进入"发布合作意向"页面，运营者可以在该页面中填写相应達人和商品信息，也可以单击"一键填写"按钮，如图 10-42 所示，让系统自动填写相关信息。

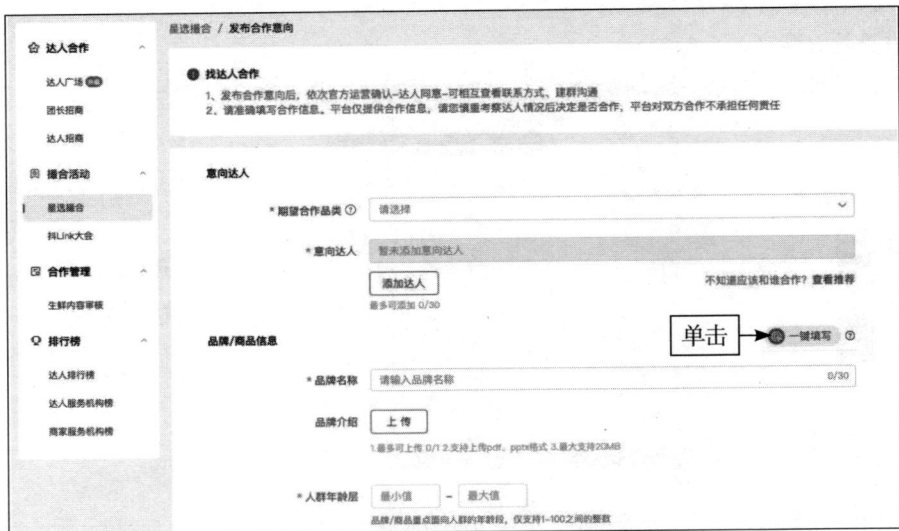

图 10-42 单击"一键填写"按钮

▶▷ 步骤3 在弹出的"确认信息"面板中，单击"确认提交"按钮，如图 10-43 所示。

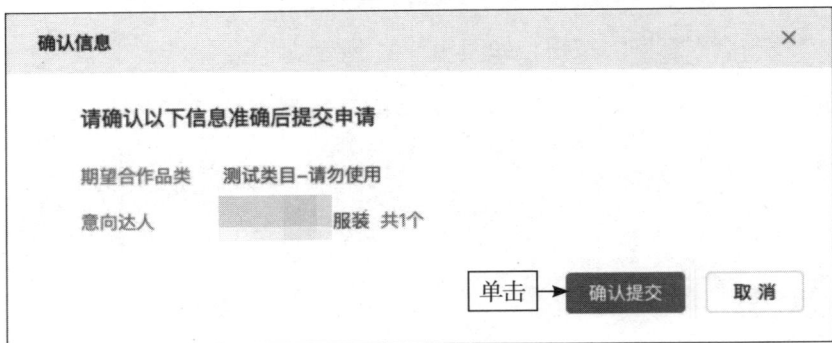

图 10-43 单击"确认提交"按钮

▶▷ 步骤4 即可完成意向单的提交，等待达人接收意向单并进行合作。

另外，提交意向单之后，商家还可以通过如下具操作步骤查看意向单的处理状态。

▶▷ 步骤1 ❶单击"达人找我合作"页面中的"我找达人合作"按钮，进入"我找达人合作"页面；❷单击"申请中"板块中对应达人账号后方的"查看进度"按钮，如图 10-44 所示。

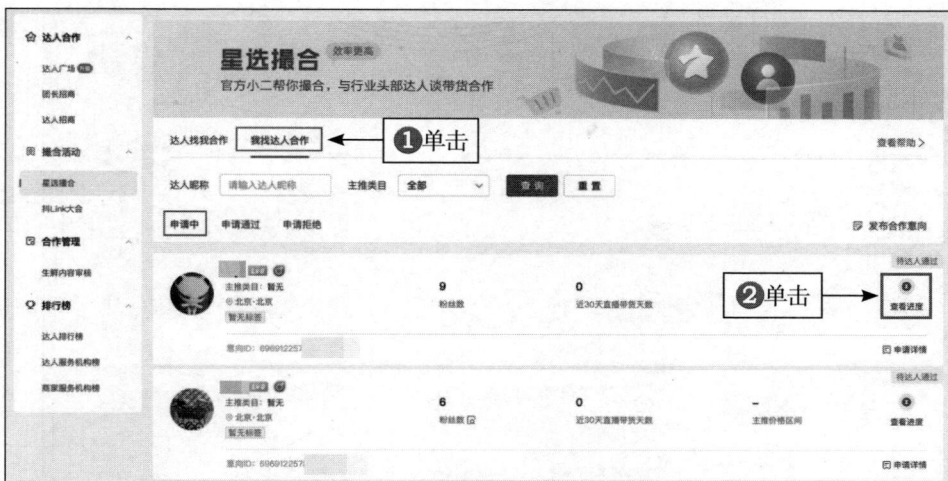

图 10-44　单击"查看进度"按钮

▶▶ 步骤2　在弹出的"查看进度"面板中，查看意向单的处理状态，如图 10-45 所示。

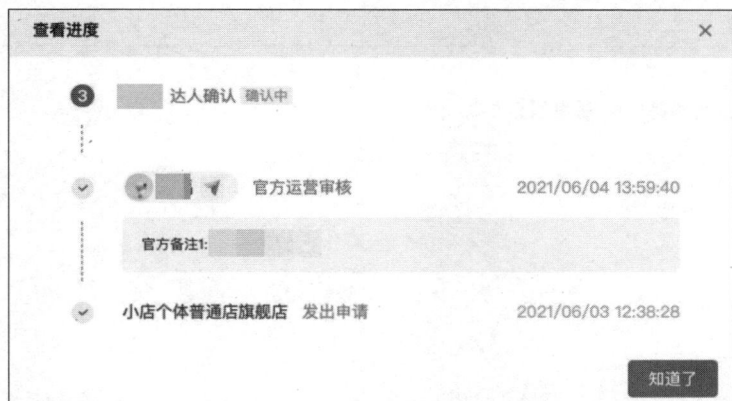

图 10-45　查看意向单的处理状态

10.3.5　参加平台招募计划

除了本章第一节中介绍的普通计划、专属计划和定向计划之外，商家还可以参与巨量百应平台的招募计划。下面介绍参与招募计划的方法。

▶▶ 步骤1　进入巨量百应平台，依次单击"计划管理"按钮和"招募计划"按钮，进入"招募计划"页面，单击对应活动后方的"立即报名"按钮，如图 10-46 所示。

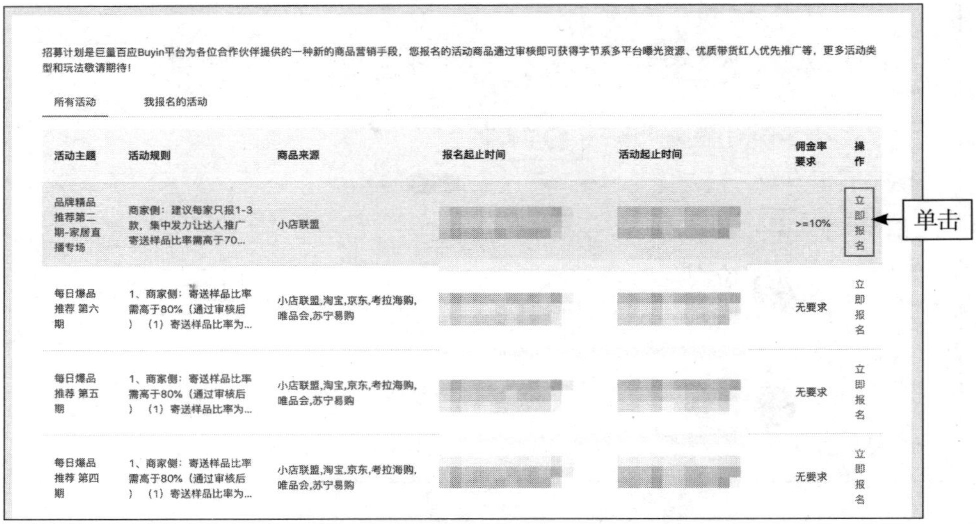

招募计划是巨量百应Buyin平台为各位合作伙伴提供的一种新的商品营销手段，您报名的活动商品通过审核即可获得字节系多平台曝光资源、优质带货红人优先推广等，更多活动类型和玩法敬请期待！

图 10-46　单击"立即报名"按钮

▶▶ 步骤 2　进入活动报名页，单击对应商品后方的"报名"按钮，如图 10-47 所示。

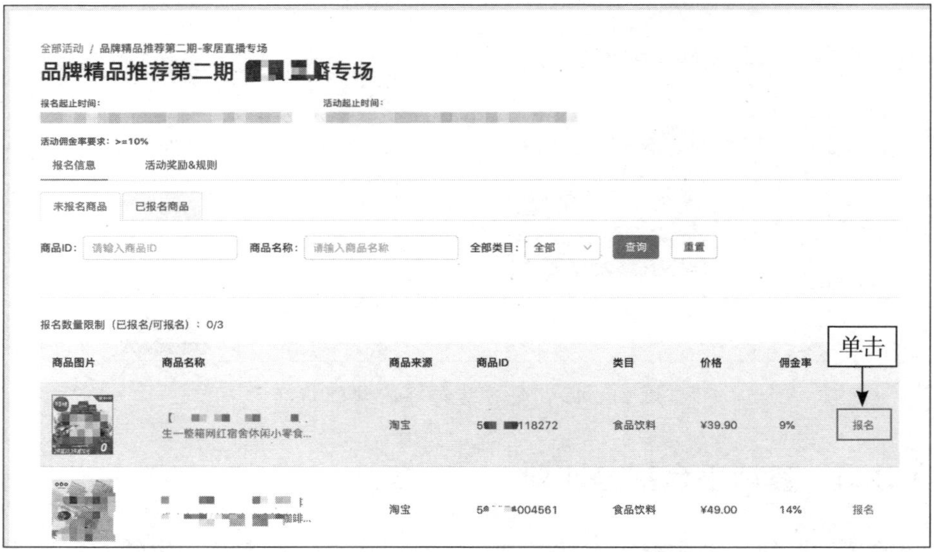

图 10-47　单击"报名"按钮

▶▶ 步骤 3　在弹出的"商品报名"对话框中，❶输入可提供样品数（可提供样品数为 0，表示商家不向达人提供样品）；❷单击"确定"按钮，如图 10-48 所示。

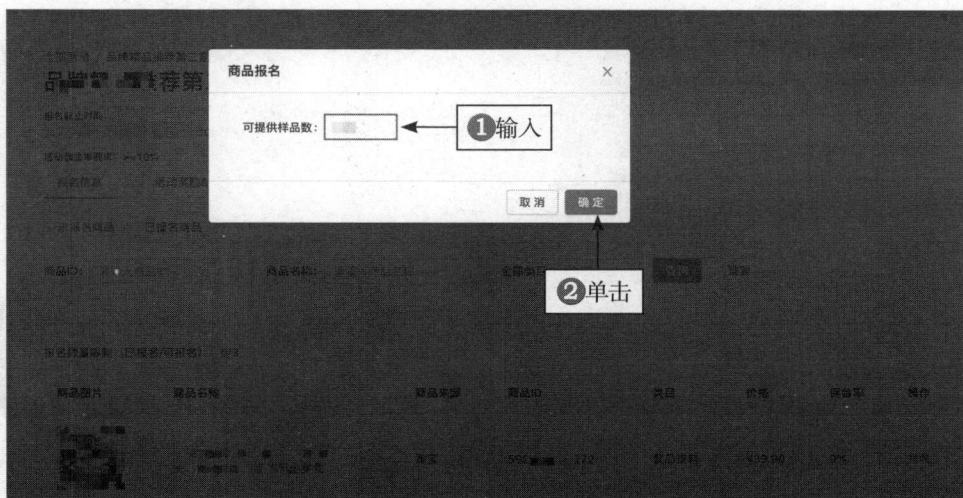

图 10-48　单击"确定"按钮

▶▶ 步骤4　相关商品即可报名参加招募计划的对应活动。

达人合作：高效、精准地寻找带货达人

第**11**章

售后服务：
促进店铺成交
并增加回头率

售后服务会对抖音小店的运营产生直接的影响，通常来说，那些售后服务好的店铺，会获得更多的回头客。本章讲解售后服务的相关技巧，帮助大家更好地促进店铺成交并增加店铺回头率。

11.1 抖音小店的客服服务

在为消费者提供售后服务的过程中，客服服务的质量无疑是非常重要的，只有客服服务的质量上去了，才能提高消费者的满意率，从而在促进店铺成交的同时，增加消费者的回头率。

11.1.1 人工客服接待技巧

抖音小店的客服包括人工客服和机器人客服，相比于机器人客服，人工客服会更有温度，并且往往也更能提供消费者需要的服务。在通过人工客服向用户提供服务时，商家可以通过一些技巧增加用户的购买欲望。

例如，可以通过向用户发送优惠券，让用户更愿意在店铺中消费。需要说明的是，如果人工客服使用子账号接待用户，需要获得权限才能给用户发送优惠券。具体来说，商家可以通过如下操作创建客服优惠券，等有需要时再将其发送给用户。

▶▶ 步骤1 进入抖店后台"子账号管理"页面的"岗位管理"选项卡，单击对应子账号后方的"编辑"按钮，弹出"编辑岗位"对话框。选中"营销工具"中"优惠券"前方的复选框，如图11-1所示。

▶▶ 步骤2 向上滑动对话框，❶选中"飞鸽客服"中"发送优惠券"前方的复选框；❷单击对话框下方的"保存"按钮，如图11-2所示，即可为对应子账号开通发送优惠券权限。

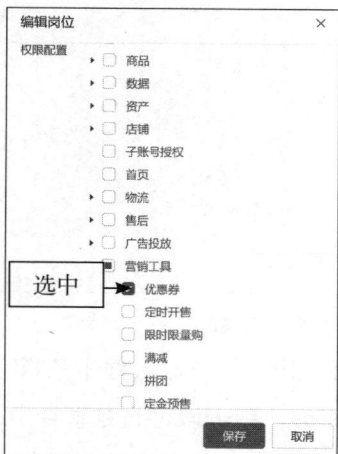

图11-1 选中"优惠券"前方的复选框

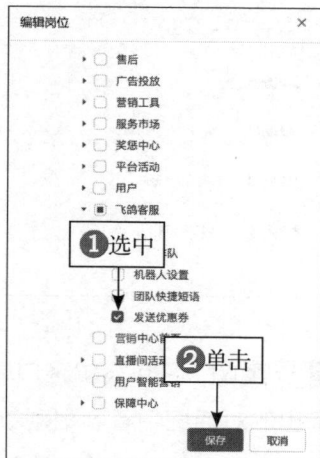

图11-2 单击"保存"按钮

▶▷ 步骤3　进入飞鸽客户端的聊天页面，❶单击输入框中的 🔳 图标，弹出一个对话框；❷单击"前往商家后台创建更多优惠券＞"按钮，如图11-3所示。

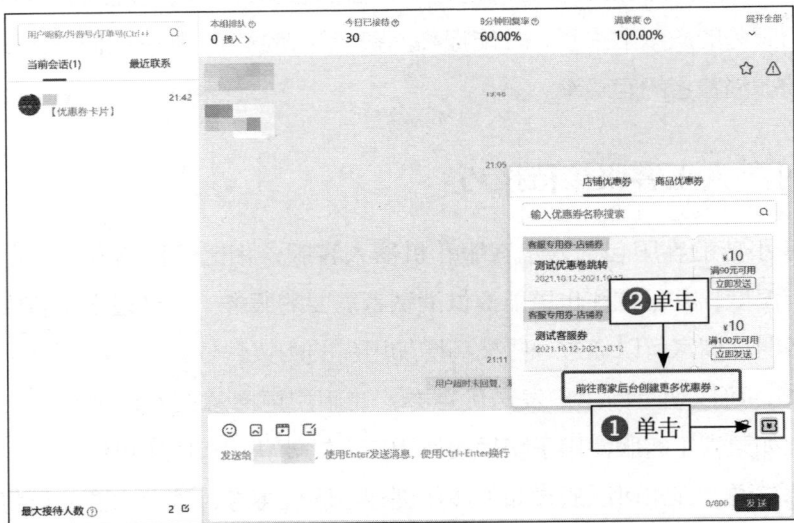

图11-3　单击"前往商家后台创建更多优惠券＞"按钮

▶▷ 步骤4　进入抖店后台的"新建客服专享券"页面，如图11-4所示。商家只需根据提示在该页面中设置相关信息，并单击"提交"按钮，即可完成客服专享券的创建。

图11-4　"新建客服专享券"页面

▶▷ 步骤5　返回飞鸽客户端的聊天页面，此时单击输入框中的 🔳 图标，即可在弹出的对话框中看到刚刚新建的客服专享券，单击该客服专享券中的"立即发送"按钮，即可将其发送给用户。

11.1.2 机器人客服接待技巧

抖音小店为商家提供了飞鸽机器人，商家可以使用该机器人更好地为消费者服务。与人工客服相比，飞鸽机器人服务具有自动提供服务、随时可提供服务、可同时服务多位消费者和无须花费成本等优势。当然，商家要想使用飞鸽机器人，还需先开通机器人功能。具体操作步骤如下。

▶▶ 步骤1 进入抖店后台的"首页"页面，单击▣图标，如图11-5所示。

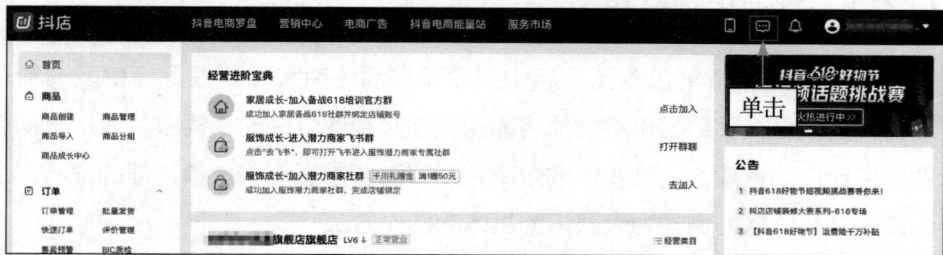

图 11-5 单击▣图标

▶▶ 步骤2 进入飞鸽后台，单击左侧导航栏中的"基础设置"按钮，进入基础设置界面，如图11-6所示。

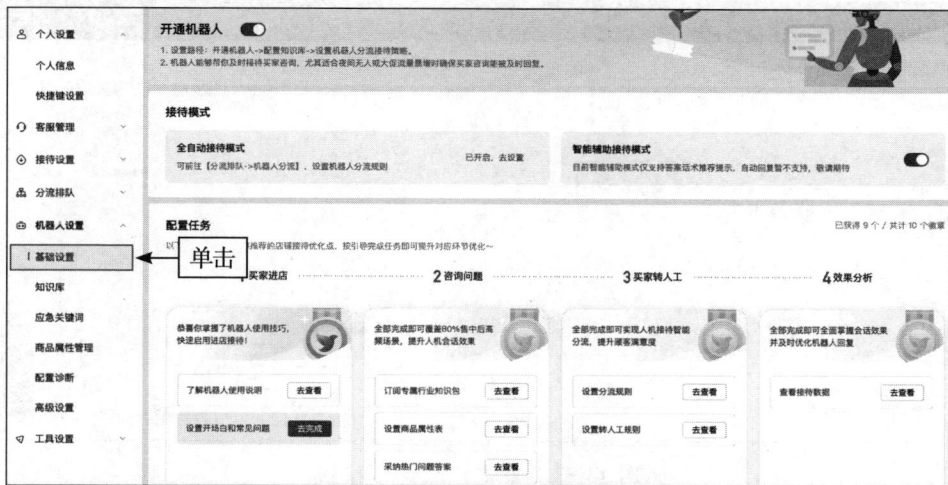

图 11-6 单击"基础设置"按钮

▶▶ 步骤3 商家只需向右滑动"开通机器人"后方的滑块，并完成页面中的配置任务，即可开通机器人功能，使用机器人客服接待用户。

11.2 抖音小店的发货履约

除了客服服务之外，发货履约也是抖音小店售后的重要组成部分。发货履约，顾名思义，就是指根据订单进行发货并履行相关的约定。商家要想做好发货履约，需要重点做好三个方面的工作，即管理店铺订单、订单发货管理和核销卡券管理。本节从这三个方面来为大家讲解商家发货履约的相关技巧。

11.2.1 管理店铺订单

用户在通过抖音平台购买小店中的商品之后，商家需要根据订单及时给用户发货，这既是在履约，也是增加店铺回头率必须要做好的一件事。为了帮助商家做好店铺订单管理，提高发货的效率，商家需要掌握一些订单管理的技巧。下面以修改订单价格为例，为大家讲解具体的操作方法。

▶▶ 步骤 1 进入抖店后台，❶单击左侧导航栏中的"订单管理"按钮，进入"订单管理"页面；❷切换至"待支付"选项卡；❸单击对应订单中的"改价"按钮，如图 11-7 所示。

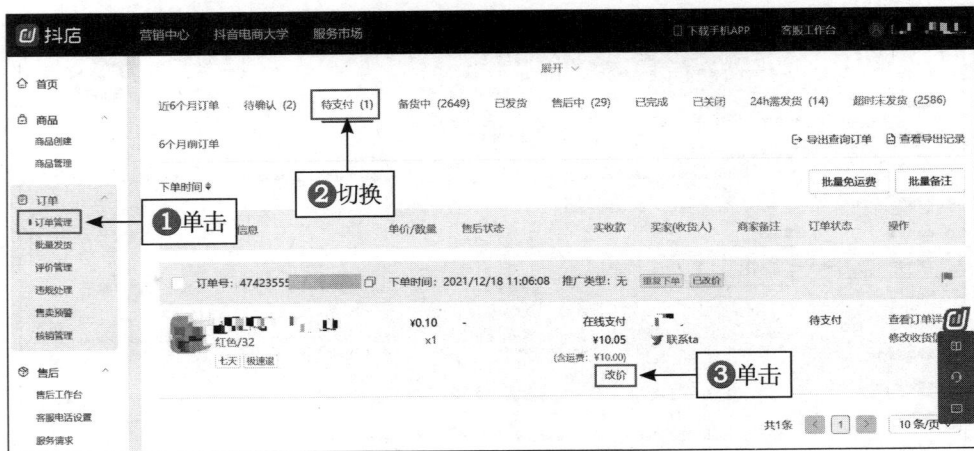

图 11-7 单击"改价"按钮

▶▶ 步骤 2 弹出"改价"对话框，如图 11-8 所示。商家需要在该对话框中设置相关信息，并单击"保存"按钮。

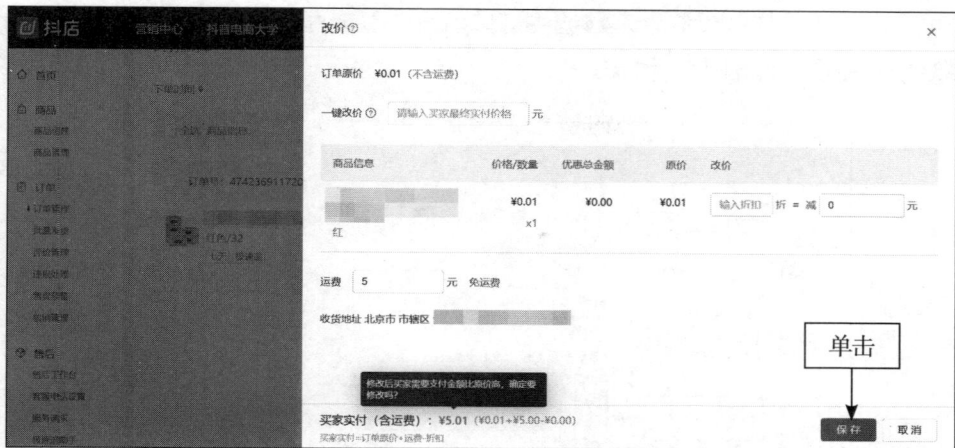

图 11-8　单击"保存"按钮

▶▷ 步骤 3　即可完成订单的改价。

11.2.2　订单发货管理

订单发货管理就是根据抖音小店的订单进行有序发货，从而对发货进行有效的管控。例如，商家可以通过如下操作进行批量发货，提高发货的效率。

▶▷ 步骤 1　进入抖店后台，单击左侧导航栏中的"批量发货"按钮，进入"批量发货"页面。❶单击页面中的"下载模板"按钮，根据模板编辑订单信息；❷单击"立即上传"按钮，如图 11-9 所示，上传编好的订单信息。

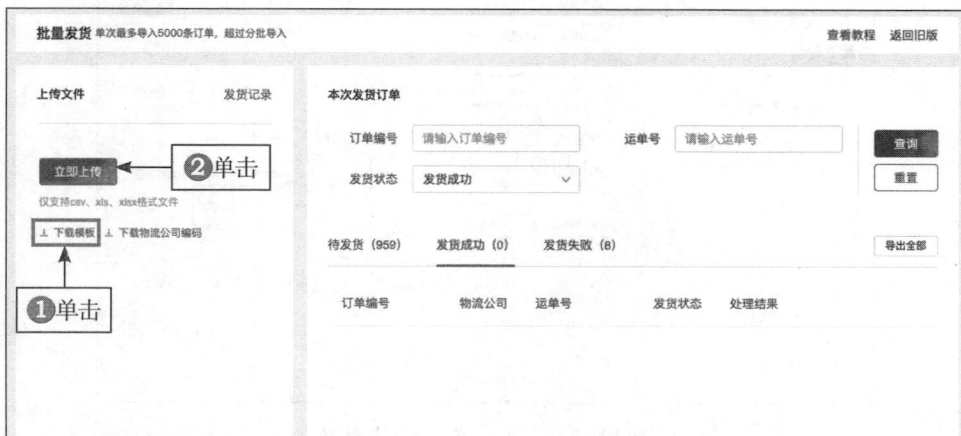

图 11-9　单击"立即上传"按钮

▶▷ 步骤 2　页面左侧会显示上传的文件，同时页面右侧的"代发货"选项卡中会出现相关的订单信息。❶选中订单前方的复选框；❷单击页面下方的"批量发货"按钮，如图11-10所示。

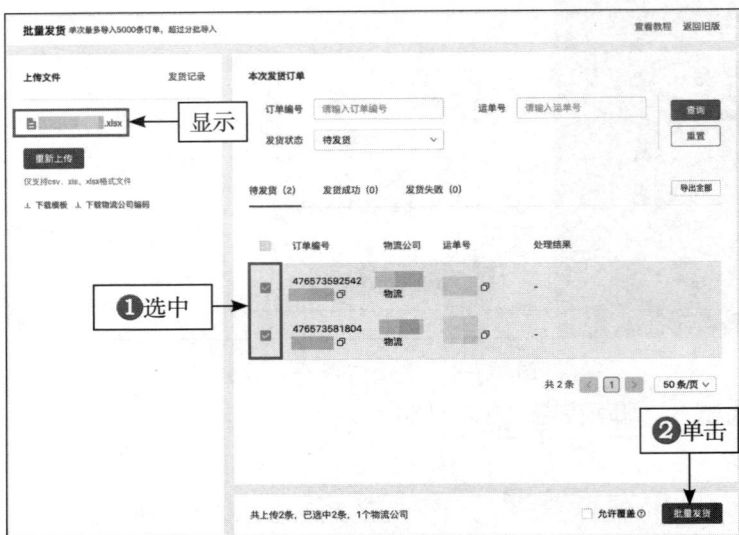

图 11-10　单击"批量发货"按钮

▶▷ 步骤3　切换至"发货成功"选项卡，如果此时选项卡中显示对应订单的发货状态为"成功"，就说明批量发货操作成功，如图11-11所示。

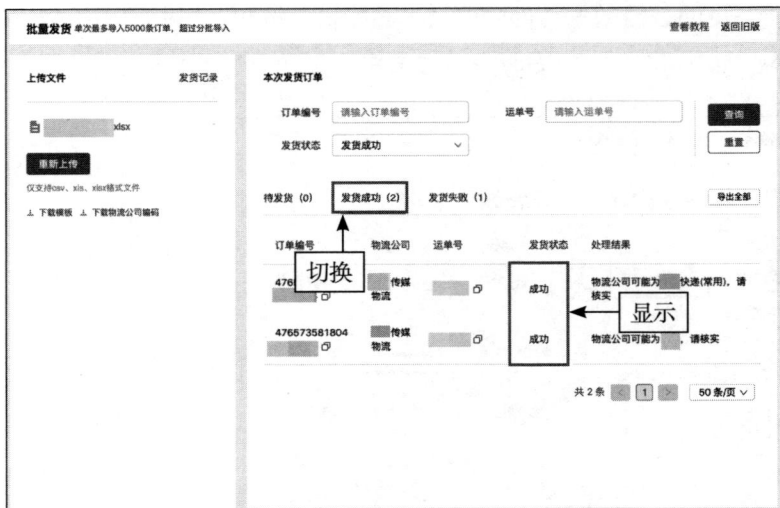

图 11-11　批量发货操作成功

11.2.3 核销卡券管理

核销，简单地理解，就是核实后销账，从而避免出现坏账。在抖音小店的发货履约过程中，商家需要做好卡券的核销管理，验证卡券的有效性。具体来说商家可以通过如下操作进行卡券的核销管理。

▶▶ 步骤 1 进入抖店后台，单击左侧导航栏中的"核销管理"按钮，进入"核销管理"页面的"我要核销"选项卡，如图 11-12 所示。商家需要在该选项卡中输入卡券号，单击"核销"按钮。

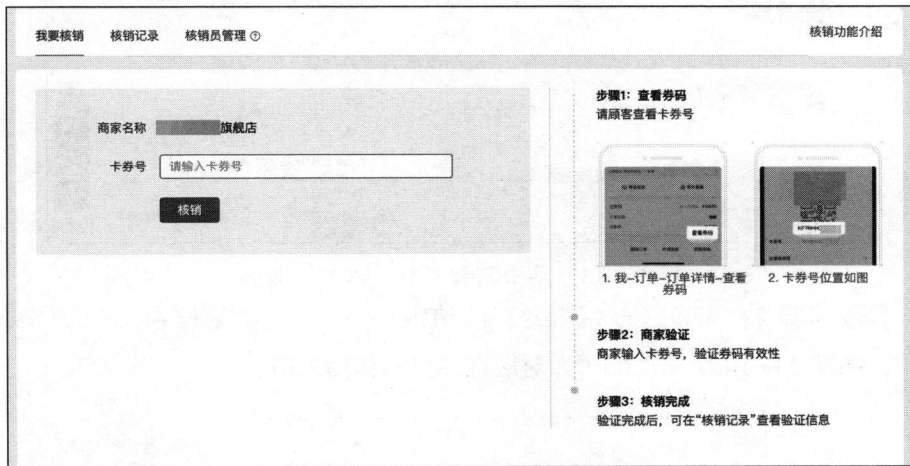

图 11-12 "我要核销"选项卡

▶▶ 步骤 2 即可完成对应卡券的核销。

11.3 抖音小店的售后处理

在抖音小店的运营中，商家可能会有一些售后问题需要处理。本节介绍了处理售后的一些技巧，商家学习了这些技巧之后，可以提高售后的处理效率，提升消费者的满意度，从而增加店铺的回头率。具体来说，本节从消费者的售后入口、处理售后申请和处理平台仲裁三个方面对售后处理的技巧进行介绍。

11.3.1 打开售后入口

为了方便为用户提供售后服务，商家可以为对应订单打开售后入口。具体来说，商家可以通过如下具体操作步骤打开售后入口。

▶▶ 步骤1 进入抖店后台的"订单管理"页面，单击对应订单中的"打开售后"按钮，如图 11-13 所示。

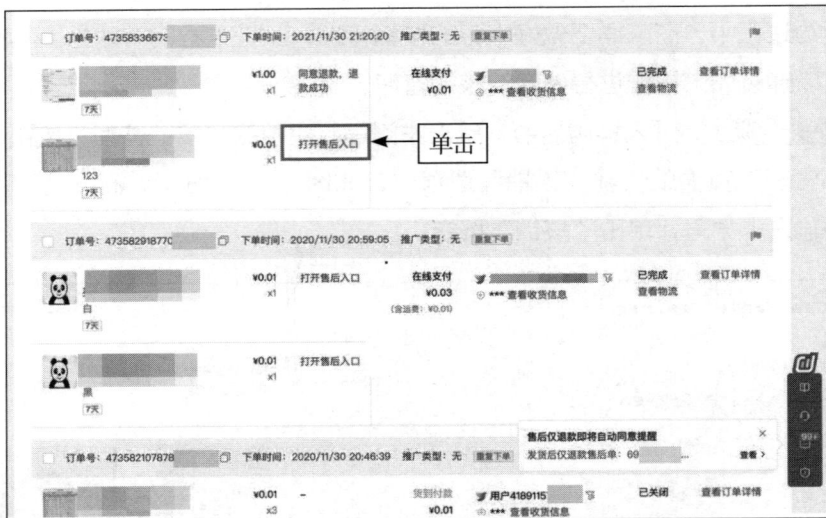

图 11-13 单击"打开售后入口"按钮

▶▶ 步骤2 在弹出的"是否打开订单售后入口？"对话框中，单击"打开"按钮，如图 11-14 所示，即可为对应订单打开售后入口。

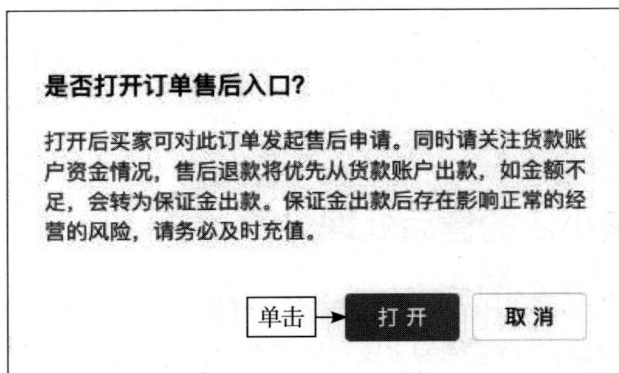

图 11-14 单击"打开"按钮

11.3.2 处理售后申请

当消费者发出售后申请时，商家可以通过一些技巧解决售后问题。例如，商家可以借助抖店后台的小额打款功能，给购买商品的用户一些补偿，增加用户的满意度。具体来说，商家可以通过如下具体操作步骤进行小额打款的设置。

▶▶ 步骤1 进入抖店后台，单击左侧菜单栏中的"小额打款"按钮，进入
"小额打款"页面的"发起打款"选项卡，如图11-15所示。

图11-15 进入"发起打款"选项卡

▶▶ 步骤2 ❶在"发起打款"选项卡中输入订单编号；❷单击"查询"按钮；
❸单击对应订单中的"发起打款"按钮，如图11-16所示。

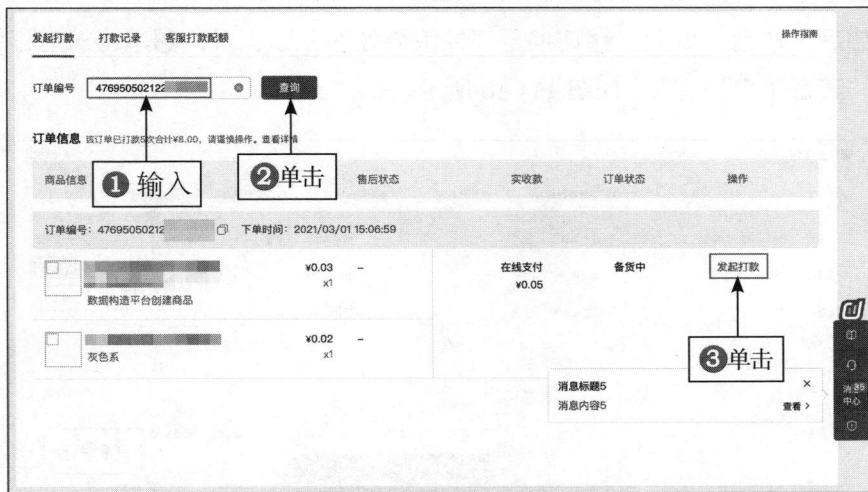

图11-16 单击"发起打款"按钮

▶▶ 步骤3 会弹出"发起打款"对话框，如图11-17所示。商家只需在
对话框中设置相关信息，并单击"确认"按钮，即可完成小额打款的设置。

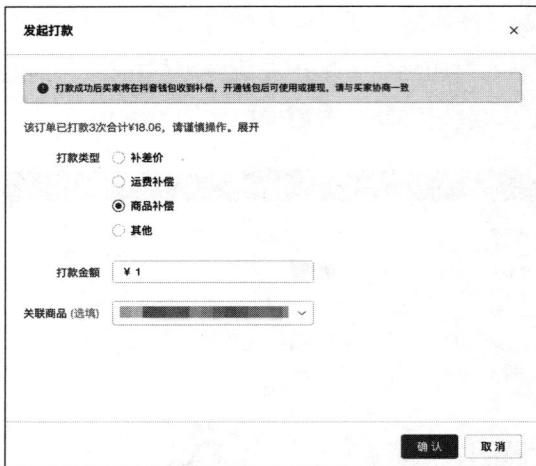

图 11-17　"发起打款"对话框

11.3.3　处理平台仲裁

如果出现了比较严重的问题，消费者可能会申请进行平台仲裁。对此，商家可以通过如下具体操作步骤处理仲裁。

▶▶ 步骤1　进入抖店后台，单击左侧菜单栏中的"售后工作台"按钮，进入"售后工作台"页面，❶切换至"仲裁待处理"选项卡；❷单击对应订单后方的"查看详情"按钮，如图 11-18 所示。

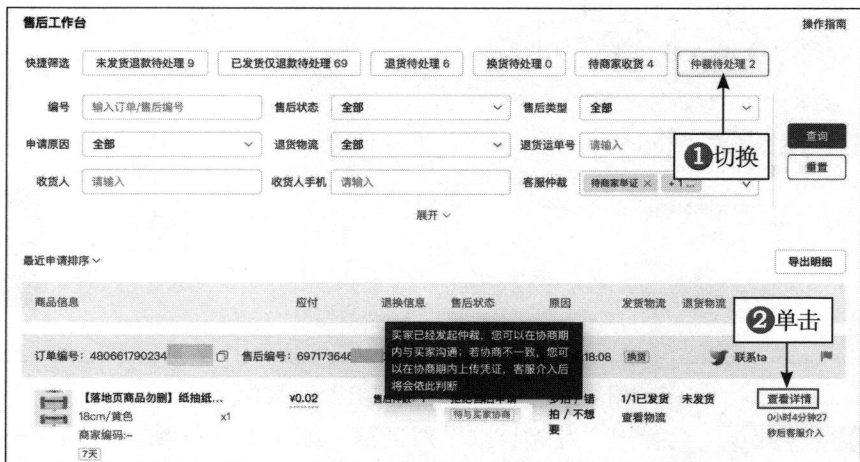

图 11-18　单击"查看详情"按钮

▶▶ 步骤2　在客服接入之前，根据仲裁详情与用户进行协商，协商成功即可完成仲裁处理。如果协商不成功，商家需要在"售后详情"页面的"拒绝申请"板块中单击"上传凭证"按钮，如图 11-19 所示。

图 11-19　单击"上传凭证"按钮

▶▷步骤3　在弹出的"上传凭证"对话框中，❶设置凭证说明的相关信息；❷单击"提交"按钮，如图 11-20 所示。

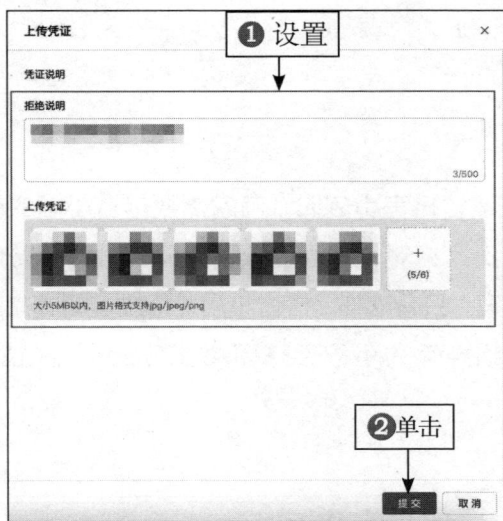

图 11-20　单击"提交"按钮

▶▷步骤4　进行买家寄回和商家退款，即可完成仲裁处理。

第**12**章

资产结算：
通过数据分析
提升店铺收益

在运营抖音小店时，商家需要结合小店的相关数据进行资产结算，并通过数据的分析寻找提升店铺收益的方案，只有这样，抖音小店才能发展得越来越好。本章介绍抖音小店资产结算和数据分析的相关技巧。

12.1 抖音小店的资产结算

为了评估抖音小店的运营情况，商家通常需要定期进行资产结算。因为资产结算涉及的内容比较多，所以很多商家在做资产结算时会感觉有些困难。为了帮助商家做好资产结算，本节将对资产结算的相关内容进行说明。

12.1.1 订单结算明细

商家可以在抖店后台中查看店铺的订单结算明细，有需要的还可以下载相关结算报表，具体操作步骤如下。

▶▶ 步骤1 进入抖店后台，❶依次单击左侧导航栏中的"资产"按钮和"订单结算明细"按钮，进入"订单结算明细"页面；❷单击"生成报表"按钮，如图 12-1 所示。

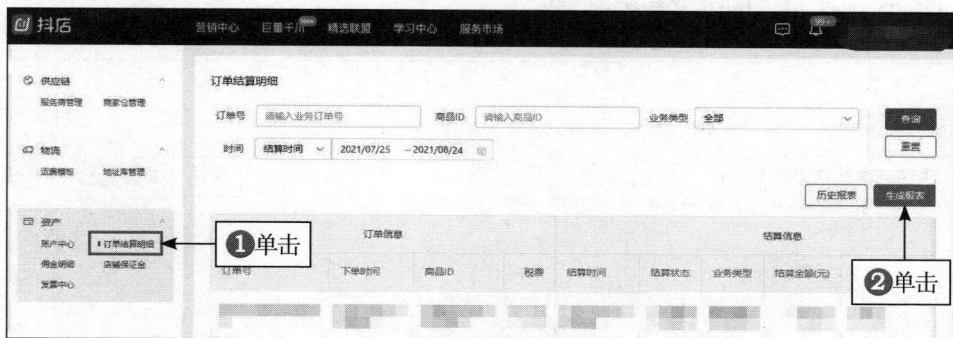

图 12-1 单击"订单结算明细"按钮

▶▶ 步骤2 在弹出的"生成报表"对话框中，单击"确定"按钮，如图 12-2 所示，即可生成报表。

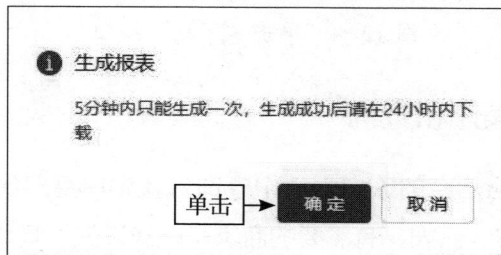

图 12-2 单击"确定"按钮

▶▶ 步骤3 单击"订单结算明细"页面中的"历史报表"按钮，如图 12-3 所示。

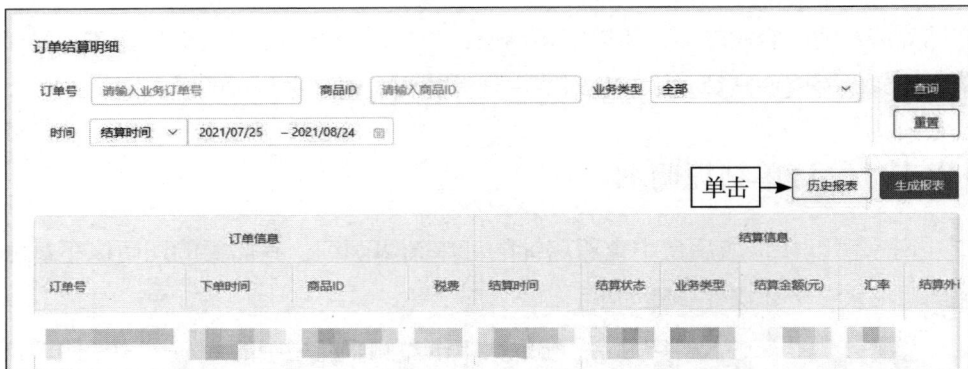

图 12-3 单击"历史报表"按钮

▶▶ 步骤4 进入"历史报表"页面，单击对应报表后方的"下载"按钮，如图 12-4 所示，即可下载该报表。

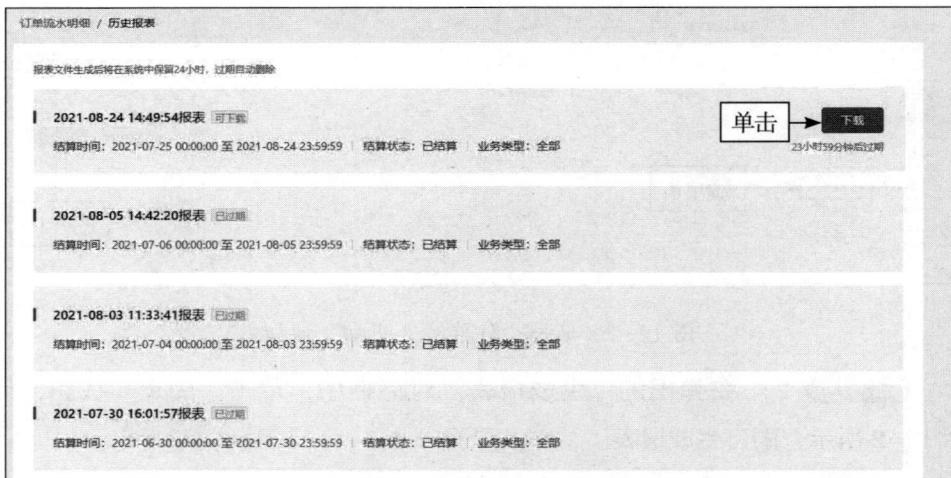

图 12-4 单击"下载"按钮

12.1.2 提现操作和查询

商家可以在抖店后台的账户中心中查询货款账户提现状态、动账明细和提现及提现记录等内容。例如，有需要的商家可以通过如下具体操作步骤将获得的收益进行提现。

▶▷ 步骤1　进入抖店后台，❶依次单击左侧导航栏中的"资产"按钮和"账户中心"按钮，进入"账户中心"页面；❷单击对应账户下方的"提现"按钮，如图12-5所示，这里以微信账户提现为例进行说明。

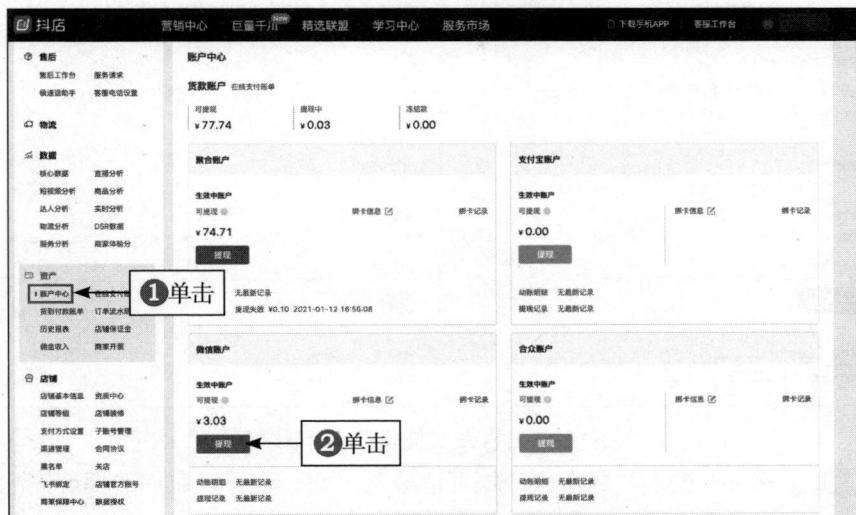

图 12-5　单击"提现"按钮

▶▷ 步骤2　弹出"微信提现"对话框，如图12-6所示。商家需要在该对话框中填写提现至账户、提现金额和验证码，单击下方的"下一步"按钮。

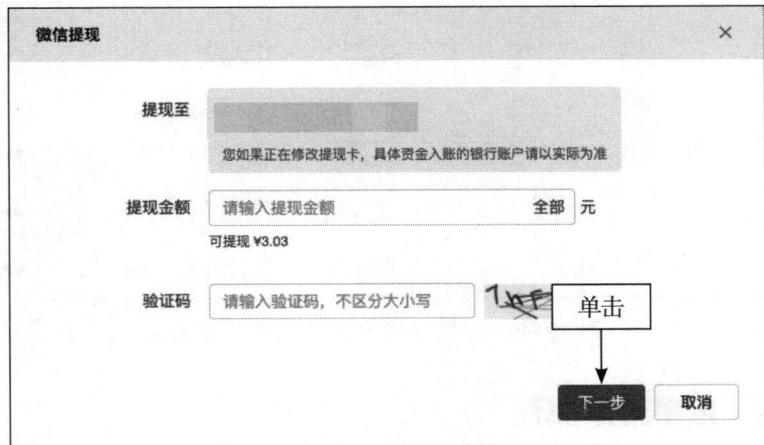

图 12-6　单击"下一步"按钮

▶▷ 步骤3　即可将提现的金额提入对应的微信账户中。

除了提现之外，商家还可以查询提现记录，具体操作步骤如下。

▶▶ 步骤1 进入抖店后台的"账号中心"页面，单击对应账户所在板块中的"提现记录"按钮，如图 12-7 所示，这里以聚合账户的提现记录查询为例进行说明。

图 12-7　单击"提现记录"按钮

▶▶ 步骤2 进入"聚合账户提现记录"页面，查看该账户的提现情况，如图 12-8 所示。

聚合账户提现记录

提现单号	银行账号	创建时间	完成时间	提现金额（元）	状态
69	12	2021/01/12 16:56:07	2021/01/12 16:56:08	0.1	提现失败 原因：请填写与开户名一致的银行账号和开户行
69	11	2021/01/05 18:16:59	2021/01/05 18:17:00	0.01	提现成功
69	11	2020/12/29 13:03:51	2020/12/29 13:03:52	0.01	提现成功
69	11	2020/12/06 11:17:43	2020/12/06 11:17:44	0.25	提现成功

图 12-8　"聚合账户提现记录"页面

12.1.3　账单开票流程

有时候，抖店平台会要求商家开具发票，但是部分商家可能对该平台的相关功能不是很了解，以至于连开发票也不知道如何进行操作。下面介绍抖店商家开票的具体流程。

>> 步骤1 进入抖店后台，❶依次单击左侧导航栏中的"资产"按钮和"发票中心"按钮，进入"商家开票"页面；❷单击"代开票账单"选项卡中对应账单后方的"申请开票"按钮，如图 12-9 所示。

图 12-9 单击"申请开票"按钮

>> 步骤2 弹出"开票教程"对话框，如图 12-10 所示。商家需要阅读对话框中的内容，选中❶"我已知悉开票流程，下次不再出现"复选框，❷单击"去开票"按钮。

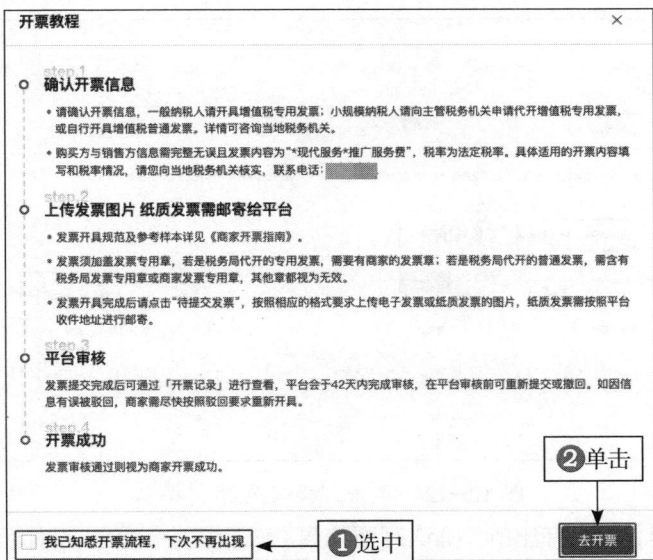

图 12-10 "开票教程"对话框

▶▶ 步骤3 弹出"确认开票信息"对话框，核对对话框中的信息，单击"提交"按钮，如图 12-11 所示。

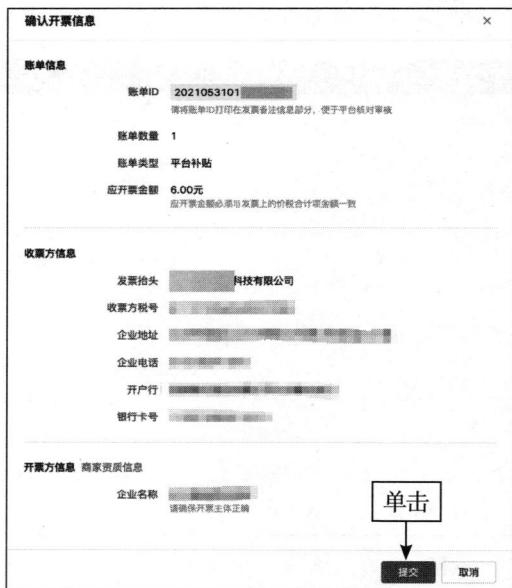

图 12-11　单击"提交"按钮

▶▶ 步骤4 ❶切换至"待提交发票"选项卡；❷单击对应发票后方的"提交发票"按钮，如图 12-12 所示。

图 12-12　单击"提交发票"按钮

▶▶ 步骤5 在弹出的"确认开票信息"对话框中，❶设置对话框中的信息；❷单击"提交"按钮，如图 12-13 所示。

图 12-13　单击"提交"按钮

▶▶ 步骤6　切换至"开票记录"选项卡，显示对应开票信息正在"审核中"，如图 12-14 所示。审核通过之后，商家便可获得对应的发票。

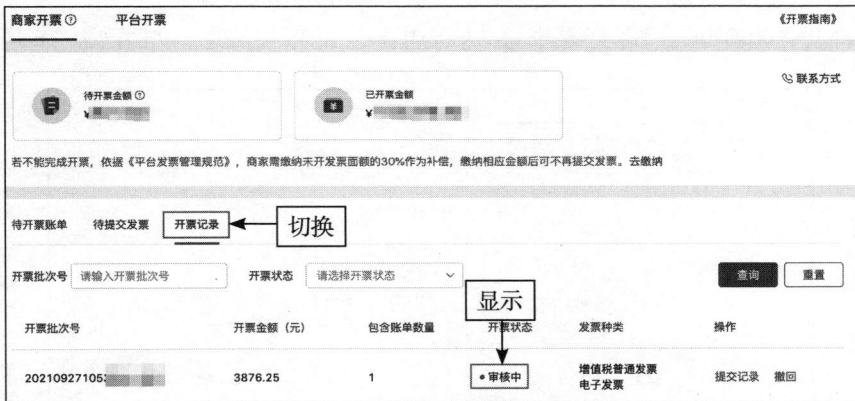

图 12-14　显示对应开票信息正在"审核中"

12.2　使用电商罗盘分析小店数据

抖音电商罗盘是巨量百应平台中的数据分析工具，商家可以使用该工具分析抖音小店的相关数据，在做好资产结算的基础上，制订提升店铺收益的方案。

12.2.1　抖音电商罗盘介绍

抖音电商罗盘是抖音推出的一个官方电商数据分析平台，商家可以通过该平台的数据分析对经营和服务进行诊断，从而看到自身存在的不足，并找到提升店铺运营能力的方案。

12.2.2　查看首页核心数据

商家进入抖音电商罗盘平台的"首页"页面中，即可查看账号的核心数据。具体来说，进入首页后，商家查看账号"今日业绩"的相关信息，如图12-15所示。

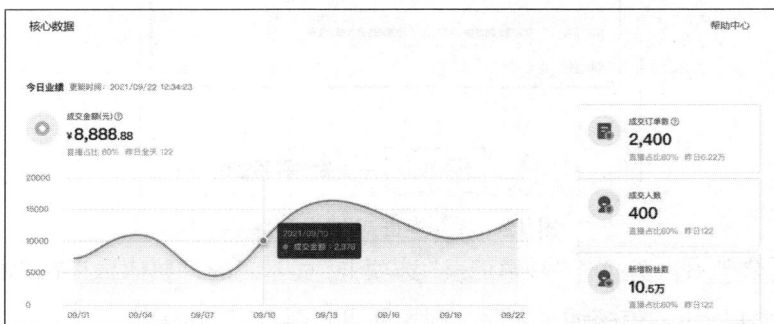

图12-15　查看账号"今日业绩"的相关信息

向上滑动页面，可以查看账号"核心指标"的相关信息，如图12-16所示。

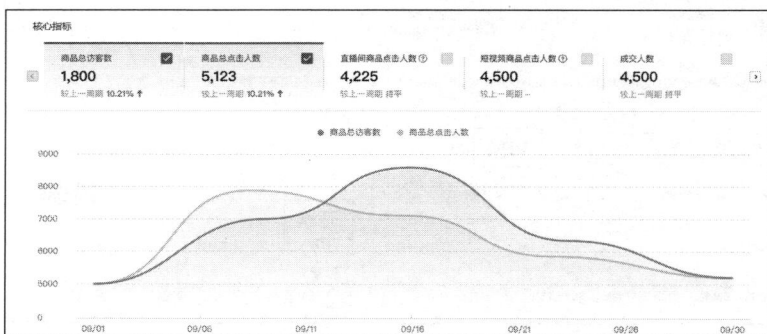

图12-16　查看账号"核心指标"的相关信息

12.2.3　了解相关分析技巧

除了首页的核心数据之外，商家还可以利用抖音电商罗盘的数据分析功能，对相关数据进行分析。下面以商品分析为例进行说明。

商家单击抖音电商罗盘平台导航栏中的"商品分析"按钮，即可进入"商品分析"页面。在该页面的"商品分析"板块中，商家可以通过对交易、售后和评价等指标的筛选，查看商品的相关信息，如图12-17所示。

图 12-17　通过指标筛选查看商品的相关信息

"商品分析"板块的下方是"商品趋势"板块，在"商品趋势"板块中，商家可以通过指标筛选查看商品的变化趋势，如图 12-18 所示。

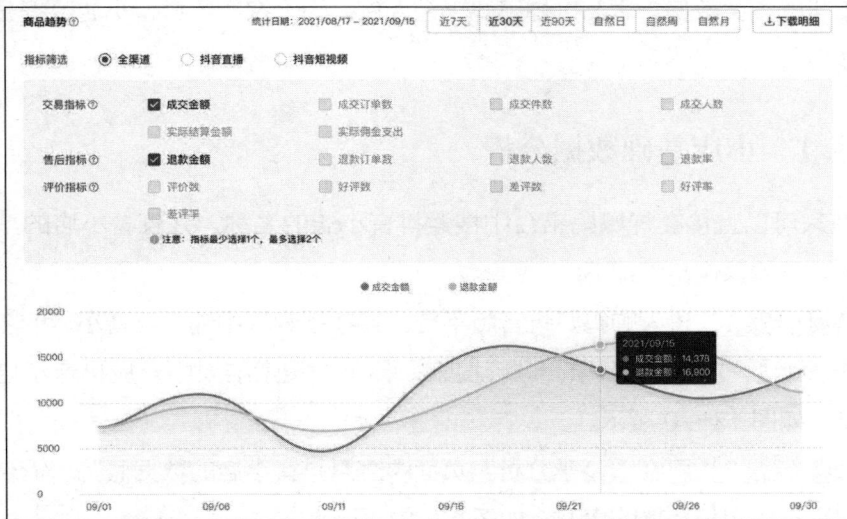

图 12-18　通过指标筛选查看商品的变化趋势

除此之外，商家还可以向上滑动页面，在"成交分布"板块中，查看商品的抖音达人、直播和短视频的成交分布情况。图 12-19 所示为商品的抖音达人成交分布情况。

资产结算：通过数据分析提升店铺收益

图 12-19　商品的抖音达人成交分布情况

12.3　使用蝉妈妈平台分析小店数据

除了上一节介绍的抖音电商罗盘平台之外，商家还可以使用其他平台分析抖音小店的相关数据。本节以蝉妈妈平台为例，为大家介绍抖音小店数据分析的相关技巧。

12.3.1　小店基础数据分析

商家可以直接在蝉妈妈平台中搜索抖音小店的名称，并查看小店的基础数据分析，具体操作步骤如下。

▶▷ 步骤 1　进入蝉妈妈抖音版平台，❶在搜索框中输入抖音小店的名称；❷单击搜索框右侧的 🔍 图标，进行搜索；❸单击搜索结果中对应抖音小店所在的位置，如图 12-20 所示。

▶▷ 步骤 2　可在"基础分析"页面中查看抖音小店的数据概览、销量增长趋势和销售额增长趋势的情况，如图 12-21 所示。

▶▷ 步骤 3　向上滑动页面，还可查看其他基础数据分析情况，如达人销售额占比、达人带货商品数占比、商品品类 Top5 和商品品牌 Top5，如图 12-22 所示。

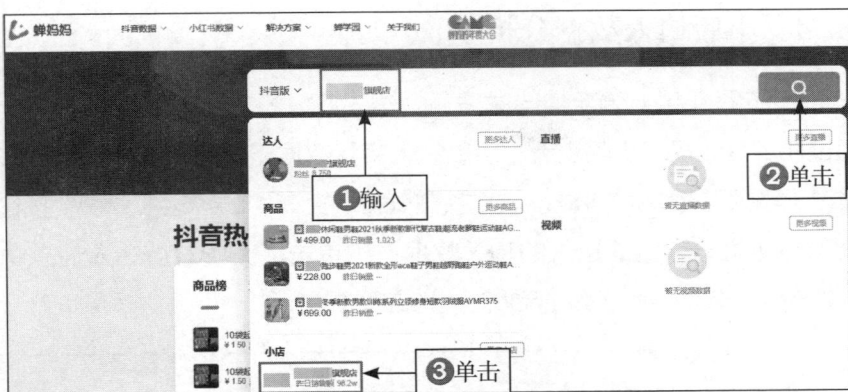

图 12-20　单击搜索结果中对应小店所在的位置

图 12-21　"基础分析"页面

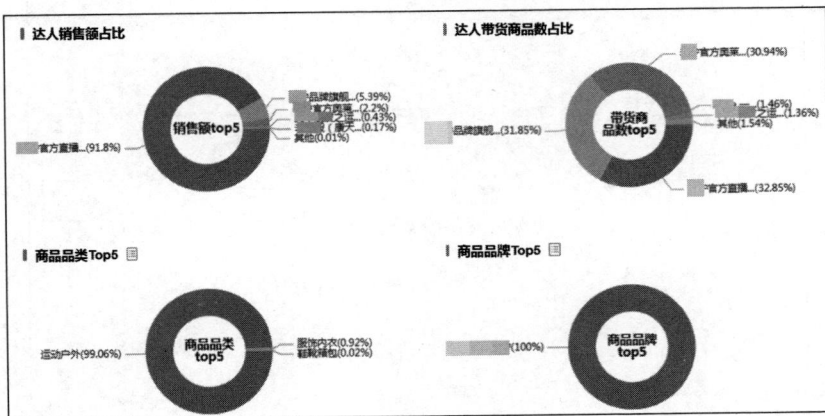

图 12-22　查看其他基础数据分析情况

12.3.2　小店达人数据分析

抖音小店的商品上传至精选联盟后，达人可以添加商品并进行带货。商家可以通过如下具体操作步骤查看小店的达人带货数据，了解这些达人的带货效果。

▶▶ 步骤 1　❶单击对应小店"基础分析"页面中的"达人分析"按钮，即可查看为小店进行带货的达人的相关数据；❷单击页面中对应达人信息中的▦图标，如图 12-23 所示，还可查看达人的关联直播。

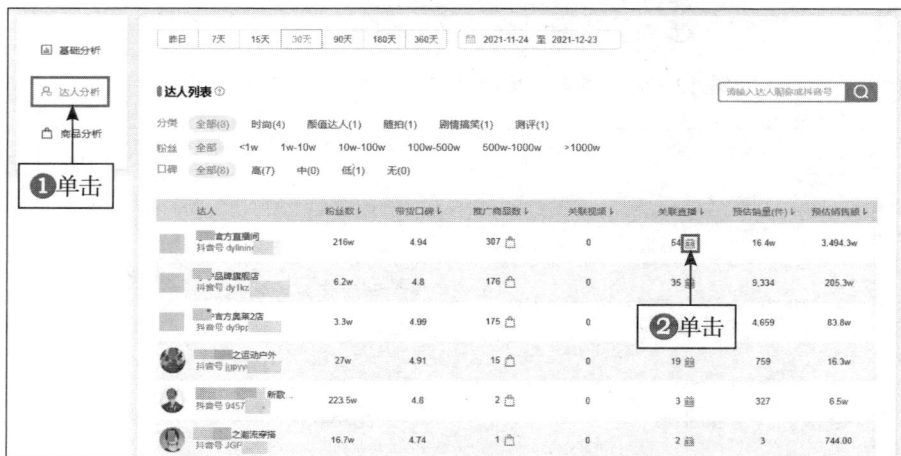

图 12-23　单击▦图标

▶▶ 步骤 2　进入"直播详情"页面，查看达人关联的直播。单击对应直播后方的"查看"按钮，如图 12-24 所示，还可查看该直播的数据详情。

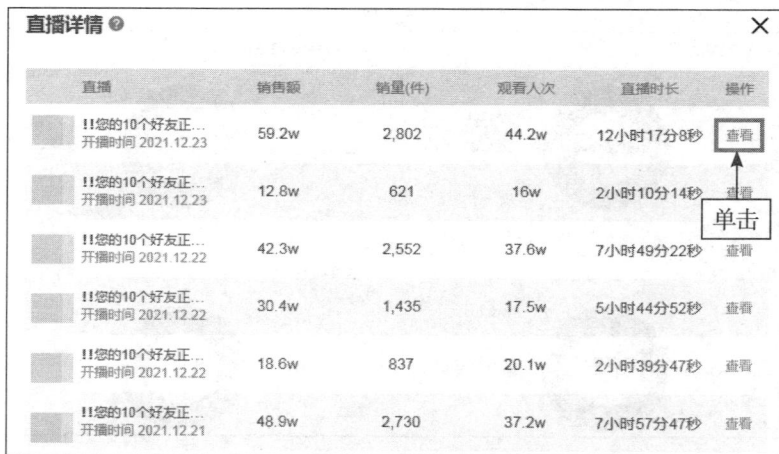

图 12-24　单击"查看"按钮

▶▶ 步骤 3 进入对应直播的数据分析页。图 12-25 所示为某小店关联的某次直播的数据概览和在线流量分析情况。

图 12-25　某小店关联的某次直播的数据概览和在线流量分析情况

12.3.3　小店商品数据分析

在蝉妈妈平台中，商家既可以查看各商品的数据概览，也可以分别查看每种商品的详细数据，具体操作步骤如下。

▶▶ 步骤 1　❶单击对应小店"达人分析"页面中的"商品分析"按钮，即可查看小店商品的数据概览；如果要查看某个商品的数据详情，❷可以单击该商品后方的⬜图标，如图 12-26 所示。

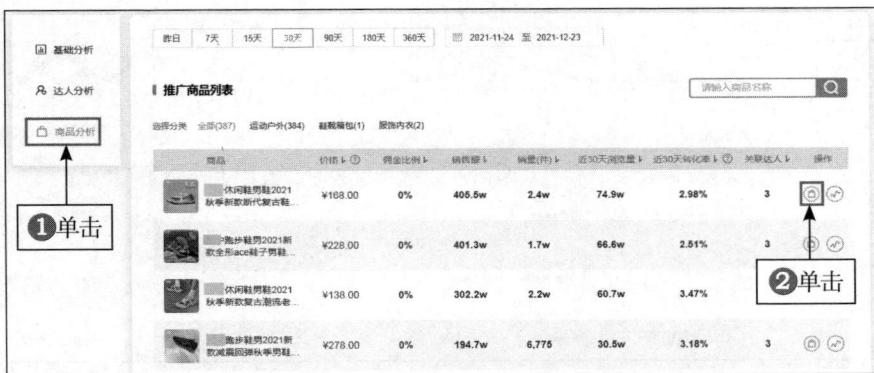

图 12-26　单击⬜图标

▶▶ 步骤2 进入对应商品的"基础分析"页面，商家可以在该页面中查看该商品的数据概览、热推达人趋势和每日视频／直播趋势的相关信息，如图 12-27 所示。

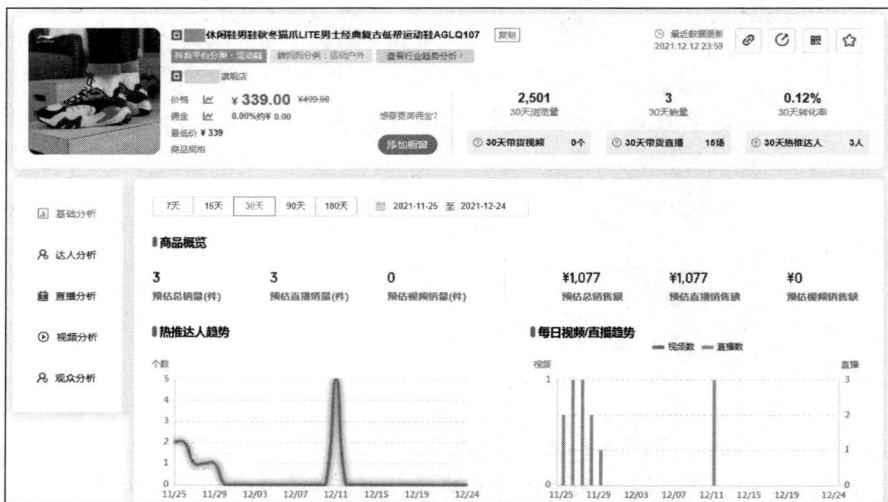

图 12-27 对应商品的"基础分析"页面

▶▶ 步骤3 如果商家要查看某个商品其他方面的数据分析，还可以单击左侧菜单栏中的对应按钮。例如，单击"直播分析"按钮，即可查看该商品的直播数据表现，如图 12-28 所示。

图 12-28 查看该商品的直播数据表现

▶▷ 步骤4 除了商品数据详情之外，商家还可以单击"商品分析"页面中对应商品后方的 ⊘ 图标，如图 12-29 所示，查看商品关联达人的相关信息。

图 12-29 单击 ⊘ 图标

▶▷ 步骤5 进入"关联达人"页面，该页面中会显示关联了商品的达人及达人的直播数据，如图 12-30 所示。如果商家要查看某场直播的详细数据，还可以单击页面中对应直播后方的"查看"按钮，查看该直播的数据详情。

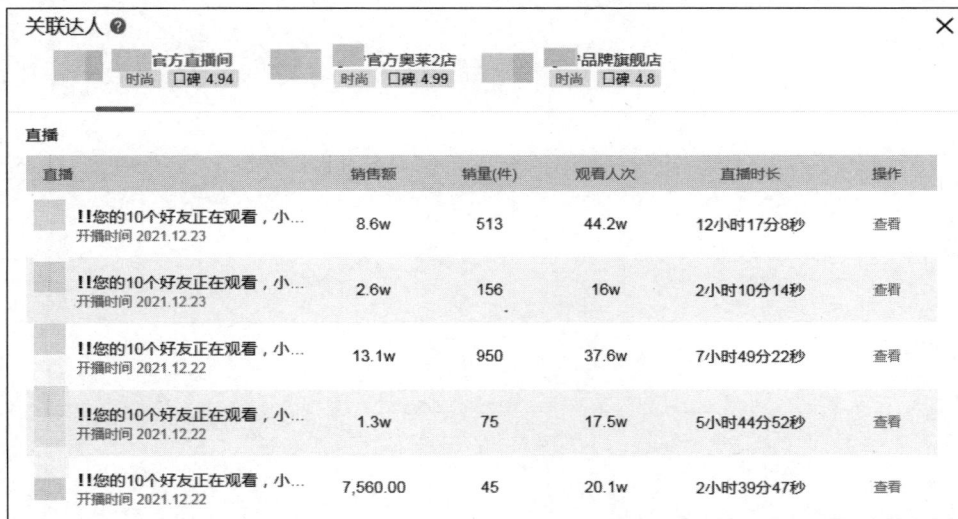

图 12-30 "关联达人"页面

第 12 章

资产结算：通过数据分析提升店铺收益

读 者 意 见 反 馈 表

亲爱的读者:

感谢您对中国铁道出版社的支持,您的建议是我们不断改进工作的信息来源,您的需求是我们不断开拓创新的基础。为了更好地服务读者,出版更多的精品图书,希望您能在百忙之中抽出时间填写这份意见反馈表发给我们。随书纸制表格请在填好后剪下寄到: 北京市西城区右安门西街8号中国铁道出版社综合编辑部 张亚慧 收(邮编: 100054)。或者采用传真(010-63549458)方式发送。此外,读者也可以直接通过电子邮件把意见反馈给我们,E-mail地址是: lampard@vip.163.com。我们将选出意见中肯的热心读者,赠送本社的其他图书作为奖励。同时,我们将充分考虑您的意见和建议,并尽可能地给您满意的答复。谢谢!

- -

所购书名: _____

个人资料:

姓名: _____ 性别: _____ 年龄: _____ 文化程度: _____

职业: _____ 电话: _____ E-mail: _____

通信地址: _____ 邮编: _____

- -

您是如何得知本书的:

□书店宣传 □网络宣传 □展会促销 □出版社图书目录 □老师指定 □杂志、报纸等的介绍 □别人推荐
□其他(请指明)

您从何处得到本书的:

□书店 □邮购 □商场、超市等卖场 □图书销售的网站 □培训学校 □其他

影响您购买本书的因素(可多选):

□内容实用 □价格合理 □装帧设计精美 □优惠促销 □书评广告 □出版社知名度
□作者名气 □工作、生活和学习的需要 □其他

您对本书封面设计的满意程度:

□很满意 □比较满意 □一般 □不满意 □改进建议

您对本书的总体满意程度:

从文字的角度 □很满意 □比较满意 □一般 □不满意
从技术的角度 □很满意 □比较满意 □一般 □不满意

您希望书中图的比例是多少:

□少量的图片辅以大量的文字 □图文比例相当 □大量的图片辅以少量的文字

您希望本书的定价是多少:

本书最令您满意的是:

1.

2.

您在使用本书时遇到哪些困难:

1.

2.

您希望本书在哪些方面进行改进:

1.

2.

您需要购买哪些方面的图书? 对我社现有图书有什么好的建议?

您更喜欢阅读哪些类型和层次的理财类书籍(可多选)?

□入门类 □精通类 □综合类 □问答类 □图解类 □查询手册类

您在学习计算机的过程中有什么困难?

您的其他要求: